民國歷史與文化研究

十八編

第 **6** 冊

民國學術評議制度的創立與學術發展（中）

張 劍 著

花木蘭文化事業有限公司

國家圖書館出版品預行編目資料

民國學術評議制度的創立與學術發展（中）／張劍 著 -- 初
版 -- 新北市：花木蘭文化事業有限公司，2024〔民 113〕
目 4+200 面；19×26 公分
（民國歷史與文化研究 十八編；第 6 冊）
ISBN 978-626-344-635-9（精裝）
1.CST：學術研究 2.CST：學術交流 3.CST：民國史
628.08   112022505

ISBN-978-626-344-635-9

民國歷史與文化研究
十八編　第六冊　　　　　ISBN：978-626-344-635-9

民國學術評議制度的創立與學術發展（中）

作　　者　張　劍
總 編 輯　杜潔祥
副總編輯　楊嘉樂
編輯主任　許郁翎
編　　輯　潘玟靜、蔡正宣　美術編輯　陳逸婷
出　　版　花木蘭文化事業有限公司
發 行 人　高小娟
聯絡地址　235　新北市中和區中安街七二號十三樓
　　　　　電話：02-2923-1455／傳真：02-2923-1452
網　　址　http://www.huamulan.tw 信箱 service@huamulans.com
印　　刷　普羅文化出版廣告事業
初　　版　2024 年 3 月
定　　價　十八編 22 冊（精裝）新台幣 55,000 元　　　版權所有·請勿翻印

民國學術評議制度的創立與學術發展(中)

張劍 著

目

次

第五章　教育部學術審議會學術獎勵的「成功」

　　1944 年 12 月，長期從事黨務工作的陳果夫出版了一本關於教育的專著《中國教育改革之途徑》，在正經歷著豫湘桂大潰敗的軍國大事之際，似乎也是教育文化界不大不小的事體，被書評者稱之為「貧乏中國出版界，忽然發生一陣光芒的異彩」。長期從事國民黨宣傳工作的張道藩主持的《文化先鋒》連續發表兩篇書評予以喝彩。在書評者看來，幾乎不從事教育工作的陳果夫（除 1938 年曾短期擔任過中央政治學校教育長外）寫出這樣的教育專著，具有得天獨厚的優勢。一篇書評說，「正因為他非教育專家，所以他的思想，不受中外教育傳統思想所囿，而能有新的創見，新的理想」。〔註1〕另一篇書評說，因為專門從事教育或教育研究的人，「往往囿於成見，或迷於西洋理論，而不能發掘出新的思想與新的價值」，「倒是不經常作教育工作的人，反而看得透澈」。這些說法表面看來都很有道理，而且有不少的實例可以佐證，但不能按此邏輯進行類推，否則「門外漢」將直接超越專家，「外行超越內行」，教育學畢竟是一門專業學問，不是什麼人都可以憑藉其權力地位說三道四的。但書評者就是如此類推，認為該書「處處都像很平常的道理，實際上處處都有特殊的意義」，如果遵此辦理教育事業，必將獲益匪淺，因此「不但希望教育界人士多看一看，更希望政治界人士也多看一看，因為它不但包涵著教育最高的理想，更包涵著政治最高的理想」。〔註2〕在他們看來，教育外行陳果夫給中國教育指明了一條康莊大道，這自然是吹鼓手們的一廂情願。

〔註 1〕蔣星德：《文化先鋒》第 5 卷第 13 期（1945 年 11 月 30 日）。
〔註 2〕袁應麟：《文化先鋒》第 5 卷第 14 期（1945 年 12 月 15 日）。

其實，早在該書出版之前當年 3 月，陳果夫的父執吳稚暉已經在《出版界月刊》為其作序，譽為「寶典」，予以宣揚：

> 果夫先生好精研學理，但不喜以學理廣泛應用，必應用至於適切。於談說器藝然，於經劃政教亦如此。適切於事實，就學理淵淵以思。語云：心之官則思，思則得之，其成果必較任何為弘大。我國新教育發動已互四十餘年，仿歐效美，並博求鄰倭之所轉譯，雜然採用，繁然補綴，頭痛醫頭，腳痛醫腳，自然不免張冠借戴李頭，不切國情。而人才、經濟、時間，積受莫大之損失。先生固已慨乎言之，而時賢亦往往興歎。然何者為國情，如何為適切？迄未有人為綜合之熟究，精評之列舉。先生《中國教育改革之途徑》乃一一應用學理，淵思有年，遂為國情下一定義，為中國教育呈獻一寶典。〔註3〕

不滿足於黨務工作者形象的陳果夫，希望通過《中國教育改革之途徑》一舉成為教育專家甚而名家，獲得教育界甚至學術界的承認，吳稚暉、張道藩等也不遺餘力地推波助瀾。「無知者無畏」，陳果夫欣欣然以此書參加由其弟陳立夫主導而開啟的教育部學術審議會的學術評獎，載譽而歸似乎「傳檄而定」。

一、教育部志向與學術審議會的成立

南京國民政府成立後，執掌全國教育文化事業的蔡元培一直規劃設立全國性的學術審議機構，大學院大學委員會即其舉措之一。大學委員會「議決全國教育及學術上重要事項」，由當然委員和聘任委員組成，當然委員包括大學院院長、副院長、國立大學校長及副校長；聘任委員 5～9 人，「由大學院院長取得當然委員多數之同意，以大學院之名義聘任」，候選人為「曾任大學院院長、副院長及曾任國立大學校長、副校長」，「具有特殊之教育學識或於全國教育有特殊之研究或貢獻者」，「國內專門學者」。可見其組成以當任的教育官長（包括院長、校長）即當然委員為主，以卸任的教育官長為輔，學人僅僅是點綴而已。第一屆大學委員會當然委員有蔡元培、楊銓、戴季陶、朱家驊、蔣夢麟、張乃燕、易培基、鄭洪年、張謹、金曾澄；聘任委員有李石曾、褚民誼、胡適、許崇清、高魯。〔註4〕僅胡適、高魯差強人意可作為學人代表。蔡元培

〔註 3〕陳果夫：《中國教育改革之途徑·吳序》，正中書局，1944 年。

〔註 4〕《南京國民政府公布大學院大學委員會組織條例（附大學委員會名單）》（1928 年 5 月 3 日），中國第二歷史檔案館編《中華民國史檔案資料彙編》第 5 輯第 1 編《教育》（一），江蘇古籍出版社，1997 年，第 37～39 頁。

辭職，大學院改組為教育部後，仍然設立大學委員會，當然委員包括部長、次長，聘任委員資格不變，人數擴展為 11～19 人，人員組成發生變化，以聘任委員為主，但候選人還是教育官長，學人仍然是「點綴」。新一屆聘任委員有蔡元培、吳稚暉、楊玲、鄭洪年、易培基、張仲蘇、羅家倫、褚民誼、許崇清、高魯、戴季陶、朱家驊。〔註5〕兩屆組成人員除教育部長官改變外，原來的當然委員大多變成了聘任委員，真正的專門學者如胡適不見了蹤影，似乎代表著某種變化。同時，教育部 1929 年的教育改進方案中，擬籌款二百萬元作為獎勵學術研究基金，「顧以時局影響」，沒有具體實施。〔註6〕無論如何，雖有大學委員會的設立，但教育部在學術審議與獎勵事務上並無實質性辦法與舉措，完全停留於紙面言談。

正如上一章所示，中研院評議會成立後曾在學術評議與獎勵方面積極努力，但無論是籌設國家科學研究補助金還是國家科學獎勵金，都需要教育部負責組織與推進。時任教育部長王世杰與中研院關係密切，既無力推進這些措施的實施，以給中研院增光添彩，也不想侵奪中研院的「理想」與「理念」。1938年 1 月，陳立夫接任教育部長，汲取前任朱家驊、王世杰的經驗與教訓，以清華大學工學院院長顧毓琇擔任政務次長，先後以 CC 系高幹張道藩、余井塘、賴璉等擔任常務次長掌握實權，以北京大學出身的吳俊升擔任高等教育司司長，開始實施其「戰時統制」的教育政策。〔註7〕

1938 年 4 月，國民黨臨時全國代表大會通過「抗戰建國綱領」，其中「戰時各級教育實施方案綱要」第 12 項規定：「全國最高學術審議機關應即成立，以提高學術標準」。第一次提出教育部設立全國最高學術審議機關。7 月，國民參政會第一次會議召開，審議提案「各級教育實施方案」第 12 項「學術研究及審議」。該項規定教育部設立全國最高學術審議機關，任務有六項：

（1）統籌全國各大學研究院所之研究科目專題及研究計劃；

（2）主持學位授予事宜；

〔註5〕《國民政府公布修正教育部大學委員會組織條例（附大學委員會委員名單）》（1929 年 2 月 27 日），中國第二歷史檔案館編《中華民國史檔案資料彙編》第 5 輯第 1 編《教育》（一），第 170～171 頁。

〔註6〕《教育部學術審議委員會各種會議記錄》，中國第二歷史檔案館藏，國民政府教育部檔案-五-1350。

〔註7〕鄭天挺曾譏刺陳立夫以辦黨方法辦教育：「今日之教育界，立夫以辦黨之法辦之，幾於不可收拾，改善既不可能，淘汰更不可能。」鄭天挺《鄭天挺西南聯大日記》，第 835 頁。

　　（3）審核出國回國留學生法定資格與學術成績；

　　（4）籌劃國立圖書館、科學館、藝術館、體育館之設立；

　　（5）籌劃聘請外國學者入國講學事宜；

　　（6）審議教育部委託事件。〔註8〕

六項任務中並無學術評議與獎勵事務。國民參政會審議結果，進一步縮減學術審議機關事務範圍，僅承擔上述（1）（2）（5）（6）事項，將教育部學術審議機關任務限定為規劃統籌相關教育事務與大學研究所的科研規劃，取消其審核留學生、設立圖書館等事宜。也就是說，按照參政會審議結果，學術審議機關主要管轄教育部分內之事，與中研院評議會的學術評議獎勵職能毫無關聯。

　　但陳立夫並不放棄，力圖在學術評議獎勵事業上有所作為。1939 年春，第三次全國教育會議通過高等教育改進案，其中有「規定獎勵學術研究技術發明及著作之辦法」的決議。陳立夫繞過國民黨臨全大會與國民參政會的決議，通過全國教育會議賦予教育部學術評議與獎勵功能，直接侵奪中研院評議會職權。同年 7 月，教育部擬訂「學術審議會章程」，1940 年 3 月呈准行政院公布實行。〔註9〕「章程」稱「教育部為審議學術文化事業及促進高等教育設施起見」，設立學術審議會，其任務有八項：

　　（1）審議全國各大學之學術研究事項；

　　（2）建議學術研究之促進與獎勵事項；

　　（3）審核各研究院所研究生之學士及碩士學位授予暨博士學位候選人之資格事項；

　　（4）審議專科以上學校之重要改進事項；

　　（5）專科以上學校教員資格之審查事項；

　　（6）審議留學政策之改進事項；

　　（7）審議國際文化之合作事項；

　　（8）審議教育部長交議事項。

完全突破國民參政會所限定的範圍，第（1）（2）項事務將全國學術研究「促進與獎勵」等學術評議獎勵事宜納入，並最終成為學術審議會最為重要與影響的事務。正如陳之邁所說，學術審議會雖然具體任務有八項之多，但事實上

〔註 8〕杜元載：《抗戰時期教育》，中國國民黨黨史史料編纂委員會編《革命文獻》第
　　　　58 輯，1972 年，第 44～45 頁。

〔註 9〕《教育部學術審議委員會歷次會議記錄決議及有關文書》，中國第二歷史檔案
　　　　館藏，國民政府教育部檔案-五-1349。

「最惹人注意的事項是決定『部聘教授』的人選和依《著作發明及美術獎勵規則》決定受獎的著作發明及美術品」。〔註 10〕

根據章程，教育部長、次長和高等教育司司長為學術審議會當然委員，另設聘任委員 25 人，由教育部直接聘任 12 人，其餘 13 人由國立專科以上學校院長、校長選舉，再由部根據選舉結果聘任。聘任委員應具備下列四個條件之一：（1）現任或曾任公立或已立案之私立大學校長或獨立學院院長；（2）現任或曾任公立研究院院長或研究所所長；（3）曾任公立或已立案之私立大學教授七年以上「著有成績者」；（4）對於所專習之學術有特殊之著作或發明者。學術審議會成員組成完全承襲了大學委員會，唯一區別是其中 13 位聘任委員由國立大學院長、校長選舉。與中研院評議會人員構成也有相似的地方，更有「異趣」之處。與評議會聘任評議員全部選舉不同，學術審議會聘任委員近一半由教育部直接聘任，因此教育部在人員的選擇上有極大的裁量權。也就是說，後起的學術審議會似乎是在大學委員會基礎上吸收了中研院評議會的一些經驗，既繼承大學委員會直接聘任委員的權利，又吸收中研院評議會選舉聘任委員的程序（有本質性區別，中研院聘任評議員由大學教授們推選候選人，學術審議會由大學校長們選舉），介於「專權」與「分權」之間。「章程」還規定聘任委員任期三年，連選連任；設常務委員 5～7 人處理日常事務，由部長從委員中聘任；另設專門委員若干人（非學術審議會成員）負責研究該會及部長交議的專門學術問題；設秘書一人，幹事兩人。〔註 11〕

由章程可見，學術審議會其實在相當程度上是教育部官僚與學界官長組成的機構，作為全國最高學術審議機關，真正在學術上有成就者在其中並無多少位置。除教育部長官作為當然委員外，聘任委員 25 人中 12 人由教育部直接聘任，真正通過選舉者僅 13 人，而這選舉的 13 人也以各學校校長、公立研究機構領導擔任。雖然聘任委員中第三條聚焦於專門從事教育事業的教授，第四條專門選取學術研究成果突出者，但按照這一規定，民國時期最為發達的學科之一生物學主要領導人秉志、胡先驌、錢崇澍等都不能當選（因為他們主持的

〔註 10〕陳之邁：《中國政府》，上海人民出版社，2015 年，第 213 頁（1944 年商務印書館初版影印）。這裡僅聚焦於「受獎的著作發明及美術品」，部聘教授的大致情形參閱拙著《中國近代科學與科學體制化》第 425～428 頁、沈衛威《民國部聘教授及其待遇》（《中山大學學報》（社會科學版）2019 年第 4 期）。
〔註 11〕《教育部學術審議委員會章程》，中國第二歷史檔案館編《中華民國史檔案資料彙編》第 5 輯第 2 編《教育》（一），第 77～78 頁。

是私立專門研究機構）。直接聘任者程序不得而知，對於聘任委員的選舉，教育部另外制訂了選舉辦法，規定聘任委員「由國立專科以上學校院校長用記名投票法分科選舉之。文、理、法三科，每科選舉二人，農、工、商、醫、教育、藝術、軍事及體育七科，每科選舉一人。各科依得票最多者由教育部長聘任為委員」；得票相同「抽籤決定之」。行政院還未審議通過並頒布「章程」前，1939年 12 月，聘任委員就已開始發票選舉。到 1940 年 1 月，「各單位選舉票先後寄部」，計票結果當選者：文科馮友蘭（哲學 10 票）、傅斯年（史學 6 票），理科竺可楨（氣象 7 票）、吳有訓（物理 6 票），法科周鯁生（政治 10 票）、王世杰（法學 6 票），工科茅以升（土木工程 7 票），商科馬寅初（商學 9 票），醫科顏福慶（醫學 10 票），藝術滕固（文藝 8 票）。得票相同需抽籤者，教育蔣夢麟、廖世承各得 6 票，農科辛樹幟、鄒樹文各得 5 票，軍事及體育張伯苓、郝更生、馬約翰、袁敦禮各得 4 票。抽籤結果蔣夢麟、鄒樹文、馬約翰分別當選。〔註12〕首先，聘任委員為何如此分科，原因不得而知，因此其合理性值得討論。按照中研院學科分類，當時已經有數理組、生物組、人文組這樣的大類。按照學術審議會學科分類，科學技術方面僅有理、農、工、醫四科，其他六科屬於人文。第二，「文、理、法」三科為什麼比其他各科人數多，原因也不得而知。無論如何，陳立夫領導的教育部如此操作具有很強隨意性與隱秘性。更值得注意的是，「章程」還未得到行政院批准，陳立夫就實際操作並選舉產生了聘任委員，其「先斬後奏」的能量可以想見。

分析這一群體，馮友蘭為西南聯大哲學系教授兼文學院院長，傅斯年為中研院史語所所長，竺可楨是浙江大學校長兼中研院氣象所所長，吳有訓為西南聯大理學院院長，周鯁生曾任武漢大學教務長，此時赴美協助胡適從事外交事務，王世杰曾任武漢大學校長、國民政府教育部長，時為蔣介石身邊紅人，茅以升任唐山工學院院長，馬寅初曾任立法委員兼財政委員會、經濟委員會主任，時任重慶大學商學院院長，顏福慶為國民政府衛生署署長，蔣夢麟為北京大學校長，滕固是國立藝術專科學校校長，鄒樹文為中央大學農學院院長。這一聘任群體完全是各機構領導人，主要滿足了候選條件的前兩條，即使是馮友蘭、吳有訓、馬寅初、鄒樹文也是各大學下轄院長，與當年的大學委員會組成在一定意義上可以相媲美，沒有一官半職的真正學人可以說難以側身其間。從

〔註12〕 《教育部學術審議委員會章程》，中國第二歷史檔案館編《中華民國史檔案資料彙編》第 5 輯第 2 編《教育》（一），第 79～80 頁。

另一個角度看，候選人後兩個條件即教育或學術上作為似乎並不重要，但 13 人中仍有馮友蘭、傅斯年、竺可楨、吳有訓、周鯁生、王世杰、茅以升、馬寅初等 8 人後來當選首屆中研院院士，說明這一群體還是有相當的學術水平。值得指出的是，13 人中傅斯年、竺可楨、吳有訓、周鯁生、王世杰、茅以升等 6 人同時為中研院評議會第二屆評議員。

　　1940 年 5 月 11 日，教育部學術審議會在重慶召開第一次大會，正式宣告成立〔註13〕，成員除聘任委員外，還有當然委員教部長官陳立夫、顧毓琇、余井塘和吳俊升；12 位教育直接聘任委員吳稚暉、朱家驊、張君勱、陳大齊、郭任遠、陳布雷、胡庶華、程天放、羅家倫、張道藩、曾養甫、趙蘭坪。陳立夫聘吳稚暉、朱家驊、陳大齊、王世杰、張道藩、余井塘、鄒樹文等七人為常務委員。雖然教育部直接聘任的 12 位委員聘任程序不得而知，但還是可以看出其間有濃厚的黨派官僚色彩。朱家驊、程天放、張道藩、曾養甫等都以辦理國民黨黨務聞名，胡庶華此時也積極向 CC 系靠攏，陳立夫自然是他們的頭領；陳布雷、羅家倫也是官場中人，心理學出身的陳大齊早就「棄學從政」，此時供職於考試院，擔任考選委員會委員長；張君勱是國家社會黨黨魁，長期混跡於政黨之間；吳稚暉作為國民黨元老，一直是國民黨高舉的「牌子」；即使經濟學家趙蘭坪也長期任教於中央政治學校，後曾當選國民黨候補中央監察委員。這些委員中僅吳稚暉、朱家驊當選為首屆中研院院士，而且還引起非議（參見本書第七章），僅朱家驊一人為中研院評議會地質組評議員。也就是說，分析第一屆 29 位學術審議會委員，可以明顯看出這一名為國家最高學術審議機關組成成員，在很大程度上是由政府官員、黨務工作者與大學校長、院長等組成，以學術為名的「學術」在其間並沒有什麼「位置」與「名分」，在一定意義上可以看作是以陳立夫為首的「學術俱樂部」。更為重要的是，由部長陳立夫直接任命的 7 位常務委員除中央大學農學院院長鄒樹文外，全是官僚。這雖然有戰時交通梗阻，分散在各地的委員聚集開會不易的客觀理由，但僅一個學人「充斥」其間，實在也說不過去。〔註14〕陳大齊、羅家倫、顏福慶這樣的更具有學人氣的政客不也在重慶嗎？

〔註13〕行政院已審議頒布「章程」，有了完全的合法性。
〔註14〕鄒樹文 1942 年辭去中央大學農學院院長一職，先後擔任教育部農業教育委員會常委、農林部專門委員、貿易委員會蠶絲研究所所長、西北農學院院長等，戰後曾當選國民參政會參政員、立法委員等。他與陳立夫或 CC 系關係如何，有待進一步查考。

　　與中研院作為一個學術機關不同，教育部作為行政院下轄行政機構卻在學術評議與獎勵方面有著這樣的衝動，其動機值得探究。學術評議與獎勵也是一種權力的表達，冠冕堂皇可以說是獎助學術研究以促進學術發展、提高學術水準，但也是控馭學術或學術界的一種形式。資源分配是學術評議與獎勵的核心，教育部的學術評議與獎勵自然也不例外。陳立夫領導的教育部此時在學術評議獎勵方面表現如此積極，在相當程度上可以說是與蔡元培領導的中研院爭奪資源與人才。當朱家驊代理中研院院長後，更是他倆在黨派爭鬥之餘學術資源方面爭奪的一次短兵相接。對於學術審議會的成立，陳立夫後來說是因為在學術與文化政策的制定、學術標準的建立方面，「單憑教育行政人員，是不能處理恰當、也不能樹立權威的」。因此，「我為了尊重學術界的意見，擬建立超乎行政的客觀學術標準，乃設置了學術審議委員會。……委員絕大多數屬於學術界。部聘的委員亦屬於通儒碩學，如吳稚暉、柳詒徵諸先生都是部聘委員。這些部聘委員不單屬於一個學派，在學術審議上具有平衡作用，所以凡是審議會的決定，都能獲得學術界的贊同，……而獲得預期的結果。」〔註15〕多麼光鮮與崇高的言說，「絕大多數」委員屬於學術界，而且他更看重教育部直接聘任的委員，以他們來進行學術派別之間的平衡，「回憶錄」之不可全信由此可見一斑。而且按照他這事後說法，學術審議會的成立，是為了建立標準、制定政策，以彌補行政人員在這些方面的不足，並建立「超越政治」的客觀學術標準。

　　正如上面所分析，學術審議會第一屆29位委員中，充斥著吳稚暉、陳大齊、陳立夫、朱家驊、程天放、張道藩、曾養甫、陳布雷、顧毓琇、余井塘、吳俊升、羅家倫等官僚，其中很多人是陳立夫CC系幹將，官僚們在學術審議活動中是尊重學者們的意見還是以官僚意志統率學者抑或擠壓學者，就成為陳立夫所謂「建立超乎行政的客觀學術標準」的試金石。當然，從另一個角度來看，也許正是由於委員們官場背景在相當程度上促進了學術審議會工作的順利展開。以學者為特徵的中研院評議會可能正是由於其學術性決定了其行動的遲緩，為學術審議會提供了擠壓評議會在學術評議與獎勵方面的機會。在官本位的中國，近代學術發展的一個主要努力方向就是擺脫這種受制於政治權力的窘境，以爭取學術獨立於政治的社會地位，但歷史的現實狀況卻是只有依靠政治強力才能推展學術事業。

〔註15〕陳立夫：《成敗之鑒：陳立夫回憶錄》，正中書局，1994年，第277～278頁。

　　1941 年秋滕固病故，根據程序選舉呂鳳子替補。1943 年 5 月 3～4 日，學術審議會第一屆最後一次會議召開，推舉竺可楨、馮友蘭和鄒樹文為監票人，開票 46 位校長、院長選舉的 13 位聘任委員，結果文科馮友蘭（14 票）、柳詒徵（5 票），理科吳有訓（12 票）、竺可楨（12 票），法學周鯁生（6 票）、錢端升（6 票），商學劉大均（6 票），工科茅以升（5 票，與李熙謀同票，抽籤定），農科鄒樹文（11 票），教育廖世承（8 票），醫科徐誦明（8 票），藝術徐悲鴻（10 票），軍事與體育郝更生（7 票）等 13 人當選。〔註 16〕教育部直接聘任委員為吳稚暉、朱家驊、張君勱、陳大齊、陳布雷、蔣夢麟、王世杰、張道藩、曾養甫、程天放、胡庶華、傅斯年；當然委員陳立夫、顧毓琇、余井塘和吳俊升；常務委員吳稚暉、朱家驊、陳大齊、王世杰、張道藩、余井塘、茅以升。與上屆相比，選舉聘任委員柳詒徵取代傅斯年，錢端升取代王世杰，劉大均取代馬寅初，廖世承取代蔣夢麟，徐誦明取代顏福慶，徐悲鴻取代呂鳳子，郝更生取代馬約翰，13 人中有 7 人改換，應該說更替幅度很大，但傅斯年、王世杰、蔣夢麟進入直接聘任委員。直接委員中，相對學術性人物郭任遠、羅家倫、趙蘭坪去職，其他政治性人物全部沒有「挪窩」，全體委員會 29 人中，僅有 7 人更換。可以說，審議會核心力量並沒有改變，還是完全掌控於陳立夫的黨派官僚手中。第二屆委員有馮友蘭、柳詒徵、吳有訓、竺可楨、周鯁生、錢端升、茅以升、吳稚暉、朱家驊、王世杰、傅斯年等 11 人當選首屆中研院院士，與第一屆 10 人相比，學術性並沒有本質性的改進。常務委員中也僅以茅以升替代鄒樹文，其他政治性人物完全不動。

　　1944 年 11 月，朱家驊接任教育部長，當然委員隨之改換，朱家驊、朱經農、杭立武、趙太侔繼任，但未指明朱家驊的聘任委員由誰繼任〔註 17〕。1945 年秋趙太侔出掌山東大學，遺缺周鴻經補之；1946 年冬朱經農掌光華大學，遺缺田培林補之。該屆委員會 1946 年 4 月期滿〔註 18〕，後奉命延至 1946 年 12 月。1946 年 12 月，第三屆委員會誕生，當然委員朱家驊、杭立武、田培林、周鴻經；聘任委員 25 人吳稚暉、蔣夢麟、陳立夫、胡適、陳大齊、茅以升、張道藩、竺可楨、吳有訓、傅斯年、馬寅初、張君勱、鄒秉文、徐悲鴻、

〔註 16〕樊洪業主編：《竺可楨全集》第 8 卷，第 559 頁。

〔註 17〕抑或沒有繼任或陳立夫繼任？

〔註 18〕按章程規定聘任委員任期三年，因此第二屆任期為 1943 年 5 月到 1946 年 4 月，教育部教育年鑒編纂委員會編《第二次中國教育年鑒（民國二十三年至三十六年）》（商務印書館，1948 年）第 866 頁說該屆任期到 1945 年 4 月有誤。

葉企孫、羅宗洛、王世杰、周炳琳、周鯁生、汪敬熙、李四光、艾偉、王星拱、戚壽南、袁敦禮。〔註19〕聘任委員中哪些人是直接聘任、哪些人由選舉產生，不得而知。但從學科分類，似乎可以分析出一些選舉委員，文科胡適、傅斯年，理科不能確定（竺可楨、吳有訓、葉企孫、羅宗洛、李四光、艾偉都屬於理科），法科也不能確定（王世杰、周炳琳、周鯁生屬於法科），農科鄒秉文，工科茅以升，商學馬寅初，醫科戚壽南，教育王星拱，美術徐悲鴻，軍事與體育袁敦禮。與第二屆相比，新增聘任委員陳立夫、胡適、馬寅初、鄒秉文、葉企孫、羅宗洛、周炳琳、汪敬熙、李四光、艾偉、王星拱、戚壽南、袁敦禮13人，陳布雷、王世杰、曾養甫、程天放、胡庶華、柳詒徵、馮友蘭、廖世承、鄒樹文、徐誦明、錢端升、劉大均、郝更生13人去職。這次去職的13人中多人為政客官僚，而增加的13人中除陳立夫外都是學人，也就是說第三屆委員中學者比重大大增加，這也許可以看作是委員會逐步學術化的一個標誌。第三屆聘任委員中有吳稚暉、胡適、茅以升、竺可楨、吳有訓、傅斯年、馬寅初、葉企孫、羅宗洛、王世杰、周鯁生、汪敬熙、李四光等13人為首屆中央研究院院士，加上當然委員朱家驊共14人，幾乎佔據委員會成員一半，與第一屆10人、第二屆11人相比，學術性有所提升，這自然與朱家驊擔任教育部長有極大的關係，似乎也表明了陳立夫與朱家驊黨爭之外在教育系統的「角力」。

當然委員屬於教育部長官，隨時更換，沒有任期制。無論是部長陳立夫、朱家驊，還是還是次長顧毓琇、余井塘、朱經農、杭立武、田培林，高等教育司司長吳俊升、周鴻經，他們在學術審議會中雖屬於「主人」，如何作為將極大地影響學術審議會的運行，但由於任職期限的不確定性，也可能使他們在學術評議中處於「客位」，將權力讓渡於聘任委員。三屆聘任委員共有吳稚暉、朱家驊、張君勱、陳大齊、陳布雷、胡庶華、王世杰、程天放、羅家倫、張道藩、曾養甫、趙蘭坪、郭任遠、馮友蘭、傅斯年、竺可楨、吳有訓、周鯁生、茅以升、馬寅初、顏福慶、滕固、蔣夢麟、鄒樹文、馬約翰、呂鳳子、柳詒徵、錢端升、劉大均、廖世承、徐誦明、徐悲鴻、郝更生、胡適、鄒秉文、葉企孫、羅宗洛、周炳琳、汪敬熙、李四光、艾偉、王星拱、戚壽南、袁敦禮等43人擔任，其中朱家驊、陳立夫還曾任當然委員。仔細分析整個名單，學人（包括已棄學從政者）還是不少，按照學術審議會的學科分類，文科馮友蘭、傅斯年、

〔註19〕《教育部學術審議委員會各種會議記錄》，中國第二歷史檔案館藏，國民政府教育部檔案-五-1350。

柳詒徵、胡適，理科郭任遠、竺可楨、吳有訓、葉企孫、羅宗洛、汪敬熙、李四光，法科王世杰、周鯁生、周炳琳、錢端升，農科鄒樹文、鄒秉文，工科茅以升，商科馬寅初、劉大均，醫科顏福慶、徐誦明、戚壽南，教育蔣夢麟、廖世承、艾偉、王星拱，藝術滕固、呂鳳子、徐悲鴻，軍事及體育馬約翰、郝更生、袁敦禮等 33 人，總體上還是學術中人佔據主導地位。〔註20〕也就是說，雖然每屆名單中政治人物佔有優勢，但整個學術審議會成員群體還是學術人物為主，這就是弔詭之處。

　　教育部學術審議會的學術評議與獎勵，就是由這樣一群人具體操作與運行，學人與政治人物們在其間如何博弈，將為學術界留下什麼樣的學術評議與獎勵成果？

二、評獎規則、程序的確立與演化

　　1940 年 5 月 11～13 日，學術審議會召開第一次大會，審議《補助學術研究及獎勵著作發明案》，其中說：「抗戰建國，雖以軍事為中心，而學術文化之發展與經濟物質之建設，尤為爭取最後勝利與完成建國使命之重要途徑。關於補助學術研究與著作發明之獎勵，似應即付施行。」〔註21〕呈請政府從 1941 年開始撥款 20 萬元列入教育文化事業項下，其中 10 萬元用於補助研究，10 萬元用於獎勵著作發明，由學術審議會主持。其中相關獎勵條文如下：

　　　　（五）著作及科學暨技術發明之獎勵，由本會於每年上半年開會時審查決定之。

　　　　（六）著作之獎勵由本會每年就文學、哲學、自然科學、應用科學、社會科學及古代經籍研究各類中，每類選拔最佳之著作若干種獎勵之，每種獎金二千元至一萬元。

　　　　（七）著作之獎勵以最近三年出版之著作為原則。

　　　　（八）科學暨技術發明之獎勵由本會每年就自然科學、應用科學、工藝製造選拔最有價值之發明若干種獎勵，每種按其價值予以

〔註20〕33 人中理科人才最多，7 人中有 6 人當選首屆院士，文科 4 人全部榮膺院士，法科 4 人中 3 人當選院士，農工商三科共 5 人中僅 2 人當選院士；教育 4 人、醫科、藝術、軍事及體育各 3 人共 13 人無一人當選院士，這自然與中研院院士選舉時其學科設置有關如無軍事與體育，也與這些學科的學術性有關。全部 43 人中有 17 人當選首屆院士。

〔註21〕《教育部學術審議委員會各種會議記錄》，中國第二歷史檔案館藏，國民政府教育部檔案-五-1350。

二千元至一萬元之獎金。

（九）科學暨技術發明之獎勵，以最近三年之發明為原則。

（十）著作及發明之獎勵，以寧缺毋濫為原則，每年審查時倘某種無最佳之著作或發明，得暫停該類之獎勵。

（十一）每年審查獎勵案時，除本會委員得提出應予獎勵之候選人外，著作人及發明者，得自行申請，惟必須經專家二人以上之推薦。〔註22〕

另外，以20萬元中的10～15%獎勵美術。

可見，獎勵分為著作和發明兩類，為最近三年成果，除學術審議會委員提出候選作品與候選人外，主要採取推薦與自行申請相結合的「請獎」模式，遵循寧缺毋濫原則。該案修正通過後，由常委會擬訂獎勵規則，提請第二次大會討論通過，並制定了《著作發明及美術獎勵規則》，主要條文如下：

（二）著作之獎勵分文學（包括文學論文、小說、劇本與詩歌）、哲學、自然科學、社會科學、古代經籍研究等五類。科學暨技術發明之獎勵分應用科學、工藝製造等二類。美術類之獎勵包括繪畫、音樂、建築及雕塑。

（三）教育部每年就全國學者之著作發明及美術製作中，按照前條所稱各類選拔最佳之著作與美術製作及最有價值之發明若干種獎勵之。每年辦理上項獎勵時，倘某種無最佳之著作與製作或最有價值之發明者，得暫缺該類之獎勵。

（四）獎勵之著作發明或美術製作以最近三年內完成者為原則。

（五）著作發明及美術製作得獎者之候選人除教育部逕行提出及學術審議委員會委員推薦外，原著作人發明者或美術著作者得自行申請。

（六）自行申請者繳送之介紹書，須由專家二人出具之。此項專家應合於下列資格之一：

1. 曾任或現任大學教授，擔任有關該項著作或發明之學科者。

2. 研究院所之研究員，原係研究該項學科者。

3. 對該項學科確有研究，已有重要著作者。

〔註22〕《教育部學術審議委員會各種會議記錄》，中國第二歷史檔案館藏，國民政府教育部檔案-五-1350。

　　（七）著作發明及美術作品之獎勵於每年秋季辦理之，自行申請獎勵者應於每年六月底以前呈送教育部，以憑辦理。

　　（九）經審查合格之各種著作發明及美術作品由教育部按照其價值每種給予二千元到一萬元之獎金。上項獎金得指定一部分為試制費用。〔註23〕

「規則」進一步明確了學科分類，將「應用科學」從著作類剔除，發明類也沒有「自然科學」的位置，「文學」包括文學論文、小說、劇本與詩歌。最終確定獎勵著作包括文學、哲學、自然科學、社會科學和古代經籍研究五類，發明分應用科學和工藝製造兩類，美術包括繪畫、音樂、建築及雕塑等，這樣獎勵共分八類（美術為一類，不細分）。確立採取提名「推薦制」與「請獎制」相結合的方式，推薦除審議會委員外，教育部亦可「逕行提出」，但不知教育部如何「逕行提出」，是部長、次長或司長個人以其權威與權力提名還是經過一定的程序後合議提出？還詳細規定了「請獎」時兩位推薦專家資格，必須是介紹作品相關領域的卓著研究者。「規則」頒布後，1941年開始施行。由此，從1914年北京政府教育部就曾想實施的學術獎勵制度終於在27年後的1941年得以實現，到1948年4月20～21日在南京召開第三屆學術審議會第一次大會選決第六屆獲獎作品，共舉辦了六屆，為一批在中國近代學術發展史上有極大影響的學術作品與學人頒布了政府獎項。隨著評獎工作的逐步運行，評獎規則與程序也不斷修正，以求進一步規範化，主要表現在下述幾個方面。

　　第一，確定了獎勵等第劃分的標準及限定各等第的數量。1942年4月16日，學術審議會第一屆第三次大會在重慶舉行，選決第一屆獲獎作品。對作品等第標準形成決議：具有獨創性或發明性，對於學術確係特殊貢獻者列一等；具有相當之獨創性或發明性，有學術價值但不及第一等者列二等；在學術上具有參考價值或有裨實用但不及第一等第二等者列三等；「各類作品，一律嚴格審選，給獎名額，寧缺毋濫」。學術評議與獎勵中最難把握的自然是標準的確立，標準確立後如何運用只能由參與其間者本著自己的理解做出判斷。標準中諸如「具有獨創性或發明性」「對於學術確係特殊貢獻者」「具有相當之獨創性或發明性」等說法，實在是模糊與歧義的文字表述，具有極強的伸縮性與可變

〔註23〕《教育部學術審議委員會歷次會議記錄決議及有關文書》，中國第二歷史檔案館藏，國民政府教育部檔案-五-1349。

性,都是運用之妙存乎一心的東西,而不是實實在在的尺寸,需要評判者根據自己的主觀感覺做出判斷。〔註24〕因此,正如下面將要述及的情況一樣,對於同一成果,不同人的可能做出完全不同的判斷,給予不同的等第。最終是否獲獎及其等第是綜合各方意見的結果,這其間的微妙之處自然值得玩味與探討,體現的只能是相對的公正與公平。當然,專家審查中「英雄所見略同」是總體趨勢,由此取得一致意見,評選出名副其實的作品。

第一屆決議一等獎每類最多一名,獎金1萬元;二等獎每類2~4名,獎金各5000元;三等獎每類至多4名,獎金各2500元。通過選決,第一屆一等獎2人,二等獎10人,三等獎17人,另有7人不合給獎標準,但申請人已費較長時間精心研究,特議決請教育部酌予獎勵,以資繼續研究,各獎助2000元。沈霽春論文決議再請專家複審,並授權下次常委會根據審查結果給予獎勵等第。經專家審查,第七次常委會決定給予二等獎,但獎金僅2500元。〔註25〕這樣本屆獎金共計12.9萬元,超過規定10萬元多達2.9萬元。

獎勵分為文學、哲學、古代經籍研究、社會科學、自然科學、應用科學、工藝製造、美術共八類,按照寧缺毋濫的原則,一等獎僅兩名,有六類空缺;二等獎按最低標準每類2名,也應有16名,僅有10名;三等獎最多可有32名,剛剛超過一半。對獎勵具體數量的控制真正體現了以學術為標準的獎勵準則,也真正做到了「寧缺毋濫」的原則,為以後各屆獎勵評選樹立了標杆與典範。據參加本次會議的馮友蘭回憶,他的《新理學》和金岳霖的《論道》同被選為一等獎,但因每類只有一個一等獎,《論道》只得屈居第二。〔註26〕此後

〔註24〕 這種等第標準規定的模糊性自古已然,宋太宗分進士等第為三甲五等,「學賦優良,詞理精純為一等。才思賅通,文理周率為第二。文理俱通為第三。文理中平為第四。文理疏淺為第五。然後臨軒唱第一二等曰及第,三等曰出身,四等五等曰同出身」。鄧嗣禹《中國考試制度史》,商務印書館,1936年,第179~180頁。

〔註25〕 《教育部學術審議委員會組織條例草案、工作概況等文件》,中國第二歷史檔案館藏,國民政府教育部檔案-五-1347。

〔註26〕 馮友蘭:《三松堂自序》,三聯書店1984年,第110~111頁。馮友蘭獲得一等獎,金岳霖屈居二等獎,不知是否與馮友蘭是委員並出席會議有關。如果沒有迴避原則,馮在現場自己不提出「禮讓」,在與金岳霖的競爭中自然處於優勢。馮友蘭還說:「當時通貨膨脹還不十分屬害,一萬元獎金還算一個相當大的數目。這種評議,就只舉行過這一次。不知道因為什麼原故,以後就沒有人再提評選的問題了。」作為兩屆學術審議會委員的馮友蘭(任期到1946年12月),後來還多次參加最後的選決大會,不知為何僅僅記住了他獲得一等獎的這次會議及其結果。「回憶錄」的可靠性,由此亦可見一斑。

每屆基本上嚴格遵循了這一準則。如 1943 年 5 月 3～4 日，第一屆第四次大會選決第二屆獲獎作品時，審查獎勵標準及給獎名額，議決仍照第三次大會決議辦法辦理，「惟某類應獎作品較多時，得將其他各類餘額酌予移充」。獎金一等獎 1.5 萬元，二等獎 8 千元，三等獎 4 千元，獎助者 2～3 千元。按照這一修改，第二屆一等獎 4 件，二等獎 19 件，三等獎 25 件，另有 13 項獲得獎助，獎金總數超過 33 萬元，其中自然科學類一等獎三件、二等獎和三等獎各 6 件、社會科學三等獎 6 件都得益於「其他各類餘額酌予移充」。為避免由於各類之間獎項的無限制「移充」，1946 年 12 月第二屆第四次大會作出了修正：若某類作品達不到標準，其額數可移他類，但總數不得超出原名額；每類一二等名額不足，可將次一等名額增加，但總數不得超出原名額。〔註27〕按照此第二屆第四次大會修正的規定，第二屆自然科學類一二三等獎數量都超額了，因此，這一修正可謂「有的放矢」。

　　從六屆獲獎作品的結果看，在獎勵等第與數量控制上真正是做到了寧缺毋濫的原則。〔註28〕按照規定六屆可遴選 48 件一等獎，但實際上僅有 15 件作品獲得一等獎，分別為第一屆 2 件（馮友蘭《新理學》、華羅庚《堆壘素數論》）、第二屆 4 件（周培源《激流論》、蘇步青《曲線射影概論》、吳大猷《多元分子振動光譜與結構》、呂鳳子《四阿羅漢》）、第三屆 6 件（湯用彤《漢魏兩晉南北朝佛教史》、陳寅恪《唐代政治史述論稿》、陳建功《富里級數之蔡荼羅絕對可和性論》、楊鍾健《許氏祿豐龍》、吳定良《人類學論文七篇》、杜公振等《瘴病之研究》）、第四屆 2 件（勞幹《居延漢簡考釋》、林致平《多孔長條之應力分析》）、第六屆 1 件（王福春《三角級數之收斂理論》），不足三分之一，其中第五屆一件也沒有，實在是「嚴格控制」。這些一等獎作品無論是人文社會科學還是科學技術，都是中國近代學術史上具有重要影響的成果，基本上為這些彪炳中國學術史冊的學人們的代表作或成名作。二等獎的數量控制也很嚴格，多門類多屆沒有，如文學第一二屆、哲學第二三五屆、古代經籍研究第五六屆。

　　第二，不斷修正完善獎勵規則，避免獲獎專業戶的出現。根據第一屆辦理經驗，學術審議會第一屆第六次常委會對「獎勵規則」予以修正：將自然科學

〔註27〕《教育部學術審議委員會各種會議記錄》，中國第二歷史檔案館藏，國民政府教育部檔案-五-1350。
〔註28〕六屆具體獲獎作品、獲獎人及其分析，參閱下章。

由著作獎勵改入科學技術發明類；將美術獎勵具體分為繪畫（包括國畫、西洋畫及圖案等）、雕塑、音樂（包括樂典與樂理）、工藝美術。規定申請人每類每人只能以一件作品參與申請，第一次未獲獎者，可以將原作品詳加修正後再次申請，但以一次為限；申請著作必須正式出版（10 萬字以上，因印刷困難可例外），發明必須詳細說明發明經過，必要時需呈繳圖樣及發明作品等。另外，規定中小學教課用書、通俗讀物、記錄表冊或報告說明、三人以上合編著作、翻譯、編輯各家著述而無特殊見解者、字典及辭書、演講集等都不在著作獎勵之列；發明若無正確的學術根據及說明、發明程序不明或發明事項未完成者、他人已經發明者、無法實驗或證實者都不能列入。

許多修改規則早在 1918 年北京政府的學術審定會章程中就有比較詳細的規定。歷史剛剛翻過幾頁，就被拋到腦後，「以史為鑒」從何說起。在具體的實施過程中，上述修正規則似乎並沒有嚴格執行。例如申請人每類只能以一件作品申請就沒有很好控制，第三屆審查作品中鄭鳳瀛〔註29〕《天蠶形態及解剖之研究》經曾省〔註30〕審查認為內容不完備，似一般大學畢業生論文，暫緩獎勵；但因作者同時有《湖南百蠟蟲之研究》請獎，選擇該文複審。兩文都屬於應用科學類農學，違反了申請規定，但還是請專家予以審查。第六屆文學類林之棠〔註31〕以《錦屏樓詩詞稿》和《務頭論》同時申請，都獲得

〔註29〕 本著打撈日益被遺忘的民國學人目標，本書對申請獎勵的申請人、介紹人、評審專家盡可能予以簡介，聲名顯赫者與軍政人物就不饒舌（獲獎者下章將具體簡介，正式候選首屆中研院院士150位候選人後面章節也有介紹），生平不詳者盡可能搜羅，實在沒有信息者只能闕如。**鄭鳳瀛**（1906～？），廣東東莞人。畢業於中山大學農學院，留校任助教。旋離校先後任職華南蠶絲改良場、湖南省推廣繁殖站、農林部第一國營農場等，在長翅目昆蟲研究上有貢獻。戰後赴臺，再轉居加拿大，曾任聯合國衛生官員。

〔註30〕 **曾省**（1899～1968）：又名省之，浙江瑞安人。1917 年畢業於南京高等師範學校，留校任教，1927 年獲得東南大學學士。1929 年留法，1931 年獲里昂大學博士。曾任山東大學、四川大學農學院院長，華中大學生物系教授、中南農業科學研究所副所長、中國農業科學院植物保護研究所研究員等，文革中受到迫害，投井自殺（沈其益《科教耕耘七十年——沈其益回憶錄》，中國農業大學出版社，1998 年，第 79 頁）。農業昆蟲學家，在害蟲生物防治研究上有開創性成果。

〔註31〕 **林之棠**（1896～1964）：福建福安人。1926 年畢業於北京大學，後讀研究生，1931 年畢業。曾任中學教員，後轉大學任教，曾任北平大學講師，華中大學中文系主任。1952 年院系調整任華中師範學院教授，1958 年調東北，任吉林師專、長春師專教授。1962 年任中央民族學院分院（中南民族學院）教授。

專家審查；哲學類李相顯以《道德問題》《名人哲學》同時申請，也都得到專
家審查。

　　另外，還是有一些教科書、翻譯之類作品充斥評獎作品中，這似乎應在最
初的審查過程中根據規則予以揀出。如第三屆審查作品中，任明道〔註32〕《經
濟昆蟲學》經鄒鍾琳審查，屬教科書性質，並多譯述及採錄他作而成；蕭士珣
〔註33〕《理論力學大綱》經束星北〔註34〕審查，表明作者對於理論力學並無
深刻瞭解；萬鼎梓《星相簡易觀測法》潘璞〔註35〕認為係通俗之天文常識，非
專門著作。〔註36〕下面將具體分析的第六屆評審作品中也有不少這樣的例證。
當然，這也從一個側面反映了學術審議會對評獎的重視，是否真正屬於學術作
品需要相關專家界定，不是學術審議會「行政工作人員」可自行做主剔除的。
也就是說，學術審議會日常工作人員在作品的學術含量上沒有發言權，其最初
審查主要在申請程序是否合於標準。如第三屆共收到作品 222 件，其中合於規
定交付審查 189 件，不合規定未交付審查 30 件，另有江炳旭〔註37〕工藝製造

〔註32〕 **任明道**（1901～1983）：浙江永嘉人。1926 年畢業於南京高等師範學校，先後
　　　　任職漢口衛生局、中央農業實驗所。1935 年留美，1937 年獲明尼蘇達州立大
　　　　學碩士。先後任職福建省農業改進所、浙江省農業改進所、中正大學、英士大
　　　　學、江西農業專科學校等。1950 年調農業部病蟲害防治局藥械處副處長，1954
　　　　年調瀋陽農學院任植保系主任，1964 年去職專任教授。中國現代生物防治開
　　　　拓者和新農藥事業奠基人之一。
〔註33〕 **蕭士珣**：生平不詳，抗戰期間曾任教西北師範學院物理系，1949 年後曾任教
　　　　東北師範大學，1958 年學校教務處教材科曾出版其所編《理論力學》教材，
　　　　1982 年獲中國物理學會「從事物理教學 50 周年」表彰。
〔註34〕 **束星北**（1907～1983）：江蘇南通人。先後就讀之江大學、齊魯大學，1926 年
　　　　留美，初入堪薩斯拜克大學，旋轉舊金山加州大學。1927 年 7 月遊歐，先後
　　　　就學愛丁堡大學、劍橋大學，獲碩士。1930 年 9 月返美，翌年獲麻省理工學
　　　　院碩士。歷任中央軍官學校上校教官、浙江大學教授等。1952 年院系調整，
　　　　任山東大學教授。在肅反、反右和文革中深受迫害。早年曾從事相對論研究，
　　　　未能取得有實質意義的成果。
〔註35〕 **潘璞**（1906～1971）：江蘇建湖人。金陵大學本科畢業，留法以太陽觀測方面
　　　　論文獲得巴黎大學國家科學博士。1939 年回國，曾任中研院天文所研究員、
　　　　重慶大學數理系主任、暨南大學天文數學系主任。政權轉換之際赴臺，曾任臺
　　　　灣師範大學數學系主任，南洋大學數學系主任、理學院院長等。1961 年轉香
　　　　港，任中文大學新亞書院高級講師、數學系主任。
〔註36〕 《教育部學術審議委員會歷次會議記錄決議及有關文書》，中國第二歷史檔案
　　　　館藏，國民政府教育部檔案-五-1349。
〔註37〕 **汪炳旭**：生平不詳，1942 年曾以「正時儀」獲得經濟部三年專利，所謂「工
　　　　藝製造一件」不知是否就是此「正時儀」，後任重慶大學水運專業教授。

一件、廈門大學校長薩本棟介紹的陳元敦〔註38〕計算尺一支、賀國光介紹的交通大學學生任能容〔註39〕「南洋式計算尺」一支直接提請常委會審核。〔註40〕

1944年5月3～4日，學術審議會第二屆第二次大會舉行，選決第三屆獲獎作品。決議凡上兩屆獲獎者以同類作品請獎而不能獲得比上兩屆較高等第者，不予獎勵，請教育部酌予獎助金。〔註41〕這一規定無論從哪方面看，都是促進學術發展的高明之舉，至少產生兩個方面的作用：一是可以避免一些獲獎專業戶的出現，直接結果是促進年輕學人的成長；二是提倡高水平研究，而不是同水平甚至低水平的重複研究。這樣，我們就可以看到獲獎作品中的一些現象：第一，馮友蘭、華羅庚、蘇步青、周培源、吳大猷、陳寅恪、湯用彤等成名成家者早早獲得一等獎，他們以後就不能再參與評獎並最終獲獎，給其他人留下獲得一等獎的空間與機會。第二，那些兩次獲獎者，都是因為前次獲獎等第較低的緣故，如社會科學方面，施之勉《古史摭實》獲第四屆三等獎，《漢史考》獲第六屆二等獎；自然科學方面，王福春《富里級數之平均收斂》獲得第三屆三等獎，《三角級數之收斂理論》獲得第六屆惟一的一等獎；應用科學方面，徐冠仁、盧浩然《栽培稻植物性狀之遺傳研究》獲得第三屆三等獎，徐冠仁又以《異型稻雜種不孕性之遺傳研究》獲得第五屆二等獎。第三，一些人因為以前曾獲得等第較高的獎項，直接影響了此後能否再次獲獎。如古代經籍研究方面，楊樹達以《春秋大義述》獲第一屆二等獎，第三屆《積微居金文說》

〔註38〕 **陳元敦**（1902～1997）：又名允敦，福建泉州人。1927年畢業於燕京大學。歷任安溪礦務學校、泉州晦鳴中學校長，廈門大學、福州大學、華僑大學教授。1937年任教廈門大學，期間用土辦法在簡陋環境批量生產精確計算尺，滿足社會需求。1949年將此計算尺製造技術獻給國家，政府以此創辦四達尺廠進行生產。

〔註39〕 **任能容**：生卒年不詳，湖北蒲圻人。1941年以同等學力考入交通大學（重慶校區），1944年冬入成都空軍機械學校高級班學習，旋考取美國空軍機械學院高級班進修飛機修理維護。1947年秋回國，次年10月回母校任教，教授機械製圖、投影幾何、理論力學、材料力學等課程，1985年退休。

〔註40〕 《教育部學術審議委員會歷次會議記錄決議及有關文書》，中國第二歷史檔案館藏，國民政府教育部檔案-五-1349，第274頁。薩本棟作為廈門大學校長推薦自己學校教員的發明，符合第三屆評獎過程中教育部希望大學和研究機構推薦的要求。賀國光（1885～1969，湖北蒲圻人）作為軍政要員直接推薦自己的同鄉的發明，似乎就與學術審議會的規定相衝突，說明其間可能存在「請託」。他們直接推薦的作品都未能獲得獎項，在一定程度上說明學術審議會抵擋了權力對學術評議的侵擾。

〔註41〕 《教育部學術審議委員會歷次會議記錄決議及有關文書》，中國第二歷史檔案館藏，國民政府教育部檔案-五-1349。

未能達到一等獎水平，不能獲得獎勵，只能獲 4000 元獎助金。自然科學方面，張宗燧《對於合作現象之貢獻》獲得第一屆二等獎，第三屆以《物質點在電磁場中之能量動量張量》申請，被評為二等獎，大會議決不再給獎，同樣改為獎助；馬廷英以《古氣候與大陸漂移之研究》獲第三屆二等獎，第四屆《泥盆紀氣候及當時諸大陸相對位置論》也只得給予與二等獎相同之獎助金。當然也有例外，唐燿兩次以「木材材性研究」分別獲得「應用科學」類第四屆二等獎和第六屆三等獎，這種特例出現的具體原因待考。

第三，修正完善評獎流程。首屆評獎作品收到後，由審議會先後送請專家 2 人分別初審、複審，初審複審均認為及格者由第七次常委會提出第三次全體大會決審。〔註42〕第二屆作品由學術審議會專門委員〔註43〕或另請專家審查，須經 3 人以上審查均認為合格，學術審議會大會最後予以認定。將審查專家由第一屆的 2 人增加到 3 人以上，嚴格審查環節，表明在學術水平認定上的謹慎。因為同一件作品兩個人如果意見一致比較好取捨，如果不一致或相反如何取捨？有了三個人的審查，就有一個多數意見。後來隨著郵寄費用的提升，送審費用不斷增加，而總結歷年經驗，發現送審作品中每年有三分之一水平低劣，因此對送審流程提出修訂意見：以後除推薦介紹作品必須嚴格送審外，自己申請作品應嚴格按照規定的形式與內容審核，如不合規定者不予送審，經專家一人審查無獎勵必要的經常委會議決認可後不再送審。〔註44〕但這修改意見似乎沒有得到認真的貫徹實施，因為 1946～1947 年的第六屆評獎，「為作綜合比較起見，每部作品均於可能範圍內送請專家三人審查。若均認為無獎勵之價值者，即將審查人意見節錄函告申請人，作品亦發還。如有一專家認可給予獎者，即將專家審查意見另列詳表提請本屆會議決選。」〔註45〕也就是說，只要有一位專家審查給予獎勵，就需要開大會時議決，顯示了學術審議會的謹慎。值得注意的是，作品如果不能獲獎，不僅將作品發還，還要將審查意

〔註42〕《教育部學術審議委員會組織條例草案、工作概況等文件》，中國第二歷史檔案館藏，國民政府教育部檔案-五-1347。

〔註43〕學術審議會設立專門委員，有陳東原、吳正華、任泰、張北海、汪懋祖、黎東方、高陽等人。《教育部學術審議委員會組織條例草案、工作概況等文件》，中國第二歷史檔案館藏，國民政府教育部檔案-五-1347。

〔註44〕《教育部學術審議委員會歷次會議記錄決議及有關文書》，中國第二歷史檔案館藏，國民政府教育部檔案-五-1349。

〔註45〕《教育部學術審議委員會各種會議記錄》，中國第二歷史檔案館藏，國民政府教育部檔案-五-1350。

見函告申請人，這不僅是對申請人學術人格的尊重，而且對提升申請人學術水平有大幫助，因為通過審查意見申請人明白了自己的不足，知曉如何進一步改進自己的研究，由此提升自己的研究能力與水平。這也從一個側面反映了學術審議會作為一個政府機構對知識及知識人的尊重，只有服務學術與學術研究的理念。

作品送專家審查時，第一屆採用評分辦法，由審查人逐項就其價值給予分數並加評語，最後核填總分及總評。後總結經驗，確定了 13 項標準：（1）作者觀點或所代表之思想是否正確，（2）參考材料是否詳瞻，（3）結構是否完善，（4）有無特殊創見，（5）是否有獨立體系或自成一家學說，（6）是否為有系統之敘述或說明，（7）整理前人學說有無改進之點或特殊貢獻，（8）是否適合國情或對於我國社會經濟及農工業各方面之影響如何，（9）是否有學理根據，（10）是否確係發明與創作，（11）發明程序是否明顯是否可以實驗證明，（12）是否能普遍應用，（13）技術是否精巧。審查人就其審查作品的類別性質，按以上有關各點詳加評判填注意見，「並請於總評欄內綜合評述所審作品或發明品之價值及其特點，最後請敘明應否予以獎勵，如認為應予以獎勵，並請……注明應予給獎等第」。〔註 46〕這 13 條標準是對此前較為籠統的「獨創性或發明性」「對學術確係特殊貢獻」等的具體細化，但最終予以獎勵等第時，審查人還是得參考一二三等獎的前述標準。這 13 條中除第一條似乎相關政治意識形態（具體所指似乎不很明確〔註 47〕）外，其他只關涉學問本身諸如材料、結構、體系、研究基礎等等。無論這些條文具有多少的合理性、學術性與可操作性，是否恰當、是否行之有效，但可看出為了使獎勵最大可能地做到公正合理，學術審議會可謂苦心孤詣，其作為與努力值得讚賞。

第四，為避免真正有學術水平的作品遺漏，學術審議會一直努力擴大影

〔註46〕《一九四六至一九四七年度學術獎勵著作申請書及審查意見》（二），中國第二歷史檔案館藏，國民政府教育部檔案-五-1359（2），任何《學術獎勵著作品審查意見表》都附錄有上述標準。

〔註47〕「思想正確」所指不容易理解，當時「正確的思想」是什麼思想？「不正確的思想」又是什麼？這些似乎都沒有明確所指。後面的研究表明，如今看來當時似乎是「正確思想」的三民主義、國父學說、總裁理論等研究都沒有獲獎，而言之成理的馬克思研究卻得獎，表明這一條「作者觀點或所代表的思想是否正確」更可能是從邏輯自洽角度立論的，因為自然科學的研究如何體現「思想正確」？下述審查專家對一農業科學作品有評語為「思想合理，觀點正確」，可見這裡的「思想」不是我們今天通常意義上的「思想」，似乎是指學理上的理論表述。

響，並一再要求各位委員擔當起推薦與介紹的責任。1943 年 5 月 3～4 日，第
一屆第四次大會時，指出前二屆獲獎作品中，「間有一兩類未盡能代表近年研
究之成績，為選拔免於遺漏起見，請各委員負責多為推薦優良作品」。〔註48〕
因此，1943 年 6 月 1 日開始舉辦第三屆評獎時，「為廣徵國內最近完成之各類
優良作品」，除在重慶、昆明、成都、桂林、湖南、江西、陝西、福建等處登
報公告申請獎勵應行注意之事項外，並「分別函請本會委員及全國專科以上學
校與研究院所推薦或介紹合於規定之各類著作發明及美術作品，俾全國學人
均有獲得此項獎勵之機會」。〔註49〕學術審議會已認識到其成員的侷限性，希
望真正代表學術界的大學和研究機構積極推薦研究成果與發明創造，進而擴
大其影響，促進學術研究的發展。1945 年 6 月 7 日，教育部長朱家驊還專門
致函學術審議會各委員稱：

> 去年五月本會第二屆第二次大會復有請各委員負責多為推薦優
> 良作品之決議，茲以本年度學術獎勵業已開始舉辦，為使國內創作發
> 明優良作品儘量獲選而免遺珠起見，再函請就見聞所及，對於確具學
> 術價值合於規定之著作發明及美術作品廣為推薦，毋任感盼。〔註50〕

學術審議會評獎有委員推薦與作者自行申請兩種管道，在學術審議會看來，發
動委員推薦、擴大委員推薦的力度，依靠作為專家的委員們對學術前沿的把握
與對學術的洞察力，可以減少一些真正優秀的作品「遺漏」，以免「遺珠之憾」。
真正反映學術發展的高水平作品獲得獎勵給學術獎勵活動帶來的是榮譽，低
水平作品獲獎除給予獲獎者榮譽以外，給學術獎勵活動帶來的是負面影響。因
此，學術審議會一再想方設法網絡真正的「優秀作品」，也有不斷提升其學術
獎勵活動權威性的考慮。

　　學術審議會在評獎過程中如何遵循這些規則與流程，這些規則與流程如

〔註48〕《教育部學術審議委員會各種會議記錄》，中國第二歷史檔案館藏，國民政府
　　　　教育部檔案-五-1350。

〔註49〕《教育部學術審議委員會歷次會議記錄決議及有關文書》，中國第二歷史檔案
　　　　館藏，國民政府教育部檔案-五-1349。

〔註50〕《教育部學術審議委員會各種會議記錄》，中國第二歷史檔案館藏，國民政府
　　　　教育部檔案-五-1350。信函後並抄送 1945 年推薦學術獎勵作品應行注意事項：
　　　　（1）接受推薦期限為即日起到 1945 年 9 月 30 日；（2）推薦手續：經推薦之
　　　　作品仍需由原作者填具申請書連同作品三份一併掛號重慶青木關學術審議
　　　　會。作品如果為五萬字以上著作因出版困難，可繳送繕寫稿本。外文著作要翻
　　　　譯成中文。

何具體實施操作，現存檔案較為完整地保存了學術審議會第六屆評獎活動中評審專家評審材料的摘要，部分保存了評審專家的全文評審資料，一些學人的書信或日記也有一些相關記錄或記載，為研究奠定了極好的資料基礎。

三、評獎規則與流程操作分析（一）：推薦、申請與專家審查

1942 年 10 月，作為學術審議會文科委員的傅斯年專門致函學術審議會，推薦史語所郭寶鈞所著《中國古銅器學大綱》，這可作為委員推薦的代表。傅斯年在推薦信中如是說：

> 近廿年來，治三代秦漢金文之學盛極一時，人才踵出，著作充棟。然治古籍見知於世者，每無發掘之經驗，而有發掘之經驗者，則多尚未整理舊有文獻，故金石與發掘，似為兩派。此非學術之宜久安於此者也。

> 南陽郭寶鈞子衡氏，曾參加並主持中央研究院發掘工作之不少部分，發掘經驗，積將十年，成績卓然。而平日研治古書，鉅細之義，概無捐棄。近年著有《中國古銅器學大綱》一書。承其借觀，讀後欣欣嚮往。蓋兼近代治考古學與淵源自昔之金石學之所長，誠足為數年中之一部偉著矣。近聞會中徵求著作之請獎勵者，斯年以備會末席，敢依定章為之推薦。原稿聞已徑寄貴會，斯年所見是其底稿，故不必重寄矣。〔註 51〕

傅斯年的推薦信可以作為學術作品「推薦信」或「評閱意見書」的典範，從相關研究的現狀指出研究成果的獨特性、學術價值與意義。前面提及第三屆學術審議會所收 222 件作品中，軍政要人賀國光和廈門大學校長薩本棟推薦的作品需要常委會審定，因為他們不是學術審議會委員沒有直接推薦權，是否合乎要求需要常委會決定。當然，像傅斯年這樣積極響應教育部號召的學術審議會委員畢竟不多（正如前面所指出那樣，主要原因是組成成員學人太少，自然也就沒有鑒別能力與推薦能力）〔註 52〕，相對推薦而言，「請獎」是主要途徑與模式，無論是推薦還是申請，都需要填寫申請書，都需要經過嚴格的專家審查程序。

〔註 51〕 王汎森、潘光哲、吳政上主編：《傅斯年遺札》第 3 卷，第 1333～1334 頁。
〔註 52〕 傅斯年還曾推薦陳寅恪《唐代政治史述論稿》和楊鍾健、卞美年《許氏祿豐龍》，兩者都獲得一等獎，郭寶鈞著作獲得二等獎，可見其學術鑒賞力，作為民國學界「學閥」自有其相當的合理性。

　　按照規定，申請獎勵首先必須填寫一份說明書，不同類別（如前所述八類）的說明書格式不完全一樣，但都必須包括申請人的詳細資料（姓名、年齡、性別、籍貫、地址、學歷、經歷等），更重要的是必須詳細介紹申請作品的情況（名稱、所屬類別、完成時間、內容要點、學術貢獻等），還有介紹人對作品的評價等。下面選取古代經籍、社會科學史學、自然科學和應用科學四類說明書及其審查專家審查意見實例，展示申請與專家審查具體樣本的同時，分析不同學科的不同特點，特別是專家審查意見的風格與他們關注的重點。

　　表 5-1-1 是時任四川大學副教授楊明照《漢書顏注發覆》申請「古代經籍」類獎勵所填具的申請說明書。其間值得注意的是作者自己對「著作經過」「內容要點」和「學術貢獻」的自述，實在是很值得今日學者們的借鑒。「著作經過」不僅敘述了研究緣起，而且還詳細論列了時間線上的具體研究過程；「內容要點」與「學術貢獻」可以看出成果的概貌與在前人研究基礎上的推進。兩位介紹人余嘉錫和孫人和[註53]都是相關研究領域專家，他們的介紹性評語可謂極盡褒揚之能事，余嘉錫以為楊明照定案顏師古注漢書剽竊如「南山之不可移」，可以與清代經師考證《左傳》賈達、服虔注平起平坐；孫人和以為經過楊明照的努力，顏師古抄襲之處「皎若列眉」，而且使用其研究方法推而廣之，「古籍中異同之說、因仍之跡，彰彰叫考焉」。需要指出的是，余嘉錫與孫人和兩人都沒有介紹他們自己，這不符合學術審議會要求。如果學術審議會工作人員不瞭解他們，他們是否合符介紹人資格，都需要進一步查證。當然，楊明照申請「說明書」也沒有介紹自己年齡、性別、籍貫等基本情況，屬於不合格「說明書」，按照相關規定或退回重填或不予審查，剔除評審行列，但學術審議會並沒有這樣處理。[註54]

[註53] 孫人和（1894～1966）：字蜀丞，江蘇鹽城人。北京大學國文系畢業，先後任教北平師範大學、中國大學、輔仁大學、暨南大學等，曾任中國大學國文系主任、暨南大學文學院院長。政權鼎革後，曾任中央文史館館員。藏書家、文獻學家和詞學家，著有《論衡舉正》《抱朴子校補》《唐宋詞選》等。

[註54] 筆者修改至此時，正困居因「新冠疫情」被封城的上海，以保障人民生命安全為宣傳口號的封城中，出現了那麼多因為規定（其是否合理、合情乃至合法姑且不論）而不能出門就醫、出門後不能入院救治或不能及時救治導致死亡等人道主義災難。可見，死守規定，不能從人性出發，沒有人道主義精神，這「平庸的惡」，會造成多少人類悲劇與悲慟！與主題無關，立此存照而已（2022 年 4 月 12 日）。

表 5-1-1　專門著作申請獎勵說明書（古代經籍）
中華民國三十六年五月十五日

申請人	姓名	楊明照	年齡		性別		籍貫	
	地址			通信處				
	學歷							
	經歷							
專門著作	名稱	漢書顏注發覆						
	類別	古代經籍研究						
	出版年月	中華民國三十五年五月一日						
	著作經過	曩讀《舊唐書·顏師古傳》，謂其叔父遊秦撰《漢書決疑》，為學者所稱；師古後注《漢書》多取其義。因憶遊秦逸說，司馬貞《史記索隱》，閒加徵引；乃取遷《史》固《書》，展卷並觀。覺《史記》三家注所引舊說，與顏注同者不一而足。是小顏之注襲用前修，不僅大顏一人已也。後遊北平，先後繆主燕京大學及中國大學文選講席。課餘即較理選注，所獲益多。歸蜀已【以】後，復取書傳注疏、經典音義及唐宋類書，瀏覽弋釣。所得足以發顏氏覆者，更倍於昔。爰為論列，用成茲篇。						
	內容要點	顏氏襲取前賢成說，有三十七家之多。而其襲取之方，則不外訓詁、音讀、釋事、數典四端。本文以舊說撰人為主，依班《書》次第，條列孰為乾沒訓詁，孰為因仍音讀，孰係釋事相襲，孰系數典沿用。雙方具備，昭然若揭。						
	本著作在學術上之特殊貢獻	前人抉發顏氏掠美之疾者，有王鳴盛、洪頤煊、朱一新、蕭穆、王先謙諸家。惟皆持論空闊，徵證單簡。本文多方捃摭，所得共三十七家，都三百六十二條，皆為之疏通證明。不惟發顏氏之覆，抑且鉤舊注之沉，於治《漢書》學者，諒有裨益。						
	曾否獲得何種獎勵	未						
	已往曾否向本會申請獎勵	未						
	介紹人對於本著作之評語	余嘉錫：顏師古注《漢書》，時人謂為班固功臣，與杜預之注《左傳》等。故顏注行，而二十五家之注盡廢。自《舊唐書》言其叔父撰《漢書決疑》，師古多取其義，遂有掠美之嫌，然猶未涉及他家也。至王鳴盛始據《史記集解》《毛詩疏》以證其攘取舊注。惜其所舉不詳，故未能片言折獄。作者博考群書，具引原文，以與顏注逐條比勘，得其真贓實據，然後此案判定如南山之不可移。其功不在清代經師考證《左傳》賈、服注之下。						

	孫人和：杜預注《左氏》，屢用漢說，而旁攻賈、服。五臣注《文選》，多出舊文，而表擊崇賢。顏注《漢書》，竊取範圍，尤為廣博，前儒雖間有論列，而未能詳徵博引，遂使舊誼源流本末倒植【置】。楊君之作，考索勤劬，訂正精審，條理密察，綱舉目張。顏注襲用之處，皎若列眉，匪特為讀《漢書》者之助。即依其法，以推證他書，則古籍中異同之說、因仍之跡，彰彰可考焉。
介紹人：余嘉錫、孫人和	

資料來源：《一九四六至一九四七年度學術獎勵著作申請書及審查意見》（二），中國第二歷史檔案館藏，國民政府教育部檔案-五-1359（2）。

　　學術審議會收到申請書，初步審查合格後，將材料寄送專家進行審查，專家審查也有專門「審查意見表」，表 5-1-2 是楊明照成果三位審查人錢穆、顧頡剛、陳延傑審查意見匯總。

表 5-1-2　學術獎勵著作品審查意見表（楊明照）〔註55〕

著者編號	獎 50 號 A 四	送審日期	中華民國卅六年六月初七日
著作名稱	漢書顏注發覆		
審查意見	顏師古注《漢書》，自昔推重，號為班氏忠臣。《新【舊】唐書》則謂其多取其叔顏遊秦決疑之說。至清代王鳴盛《十七史商榷》始謂其剿襲舊注，洪頤煊《漢書叢錄》謂其多掩他人之說，王先謙《漢書補注》於師古注文用舊說者皆為證明，以資識別。本書承其意，凡列三十七家，三百六十二條，以證顏汪之掠美。然平心論之，實亦未可一概。姑舉本書所舉第一例，曹大家注《幽通賦》諸條為例。		
總評〔註56〕	（一）巨滔天而泯夏。李善注《文選》引曹大家：滔，漫也；泯，滅也；夏，諸夏也。 師古注：滔，漫也，言不畏天也；泯，滅也；夏，諸夏也。 按此條顏注上文，又引應劭曰：巨，王莽字巨君也；張晏曰：彪遇王莽之敗，憂思歌謠也。若師古專為剿竊，何為應、張兩家，不一併掩之乎？考師古原敘：「凡舊注是者，則無間然，具而存之，以示不隱；其有指趣略舉，結約未伸，衍而通之，使皆備悉。」此處應、張兩家原注，即所謂「無間然者」；曹大家注，則「指趣略舉，結約未伸」，顏增「言不畏天也」五字，正所謂「衍而通之」也。此乃顏師古精密勝李善，而今顧以剿竊識之，可乎？		

〔註55〕每份意見表後面都附有填表注意事項，包括三個方面，一是審查標準，為前文提到的 13 條；二為要求在總評欄指明是否給予獎勵及獎勵等第（附有前文提到各等第標準）；三為「請於一周內審查完竣填表寄送，原表如篇幅不敷，請用另紙填寫」。

〔註56〕錢穆的「審查意見」一氣呵成，將「總評」欄空間也全部占滿，因此沒有另起「總評」意見。

（二）將圮絕而罔階。李注引曹大家：圮，毀也；言己孤生童，微陋鄙薄，將毀絕先祖之跡，無階路以自成也。

師古注：圮，毀也；固自言孤弱，懼將毀絕先人之跡，無階路以自成。

按此條顏略改曹大家舊注，實亦較勝。此亦見顏注之精美，不得譏其剽竊。

（三）畔回穴其若茲矣，北叟頗識其倚伏。李善引曹大家：畔，亂也；回，邪也；穴，僻也。下引淮南子塞翁失馬一節。

師古注：畔，亂貌也；回穴，轉旋之意也。下引淮南子塞翁失馬一節。

按此條曹大家注，將「畔回穴」三字分散並列釋之，實失文旨。顏注「回穴，轉旋之意」，固較曹注為勝。而「畔，亂貌」也，較曹注增一「貌」字，更覺精美。蓋「畔」字乃以形容下面「回穴」二字之狀態者。故顏注曰「亂貌也」較曹注「亂也」二字，精卓超出甚遠。此處不僅見顏注勝於舊注，亦見顏注遠勝李善之僅引舊字矣。試問此等處，顏氏既感舊注未妥，衍而通之，焉得仍存舊名？

以上偶舉三則，全書三百六十二條，倘平心觀察，恐如此例者斷不在少處。王先謙補注謂：「原其本意，非必掩襲前賢，或因己說冥符，不復割捨，尚非巨累。」此雖未能發揮顏注精美超過前人舊注之實情，而憑想當然之臆說，尚不失忠厚謹慎之用心。本書逐字逐句鉤稽甚勤，收羅至三百六十二條之多，而不能平心一比其異同，於顏注稍異前人處略加衡量，遽以行竊偷取等字眼，將一代巨著輕輕抹殺，似亦非著書之正道。惟本書搜羅之細，用力亦復不淺。倘能繼續加以一番平心衡量之功，則未始不足為顏注之忠臣也。竊謂本書參考詳備，應可得第二等獎。是否，請公決。

審查人	錢穆　九月十日

審查意見	顏師古注《漢書》，隱括前修成文，不個別指出。本文作者以其不免掠美，因廣搜史籍所見諸家注釋、音讀、釋義之與顏注同者，詳加比勘，明其出處，凡得曹大家、胡廣、荀悅及顏遊秦等卅七家，都三百六十二條。發覆之功，比擬閻百詩之考證古文《尚書》。功力之深，鉤稽之勤，至堪欽佩。
	總評

<table>
<tr><td rowspan="2">總評</td><td>本篇可作校勘學之示範，頭腦細密，技術精巧。</td></tr>
<tr><td>惟注釋取便後學誦習，與考證之文不同，原不必詞皆己出。本文只能指出顏師古作注，曾參考三十七家之書，不能確定其存心攘奪。故本篇之發明性不高，惟確具學術價值，擬列入第三等。</td></tr>
</table>

審查人	顧頡剛

審查意見	顏師古注《漢書》，精密有獨到處。《四庫提要》稱其「疏通證明，為班固功臣」。此非過言也。是編以顏注「多據前修成說，攘為己有」，乃搜出贓證以發其覆，其詆毀亦太甚矣。顏注又何嘗攘竊成說哉！如《孝元帝本紀》「北假田官」注，引李斐曰：「主假賃見官田與民，收其假稅也，故置田農之官。」晉灼曰：「《匈奴傳》：『秦始皇渡河，據陽山、北假中。』《王莽傳》：『北假膏壤殖穀。北假，地名。』」師古曰：「晉說是也。」此非顯著解者之名歟？且《天文志》同引孟康、韋昭、張晏、蘇林、晉灼、如淳、宋均、李奇、應劭諸家之說，皆著其名。而「師古曰」只一見，亦未嘗掠

		人之美也。即或與前人說解者有相同者，亦偶然之事。詎可以此，遂讞定其罪案哉？
	總評	昔郭璞注《爾雅》，沒前人之名，余蕭客謂為「攘善無恥」。今是編謂顏注《漢書》多剿襲前人成文而沒其名，遂為之發其覆。此亦余蕭客之志也。然顏注中引「孟康曰」「晉灼曰」等，不一而足。其體例頗近於集解，並非掠美。與郭注《爾雅》者自有軒輊。且此於輯佚，頗□能策勳。而對於《漢書》則無獨創之見，又未有發明。是以不予獎勵焉。謹擬。
審查人	陳延傑	

資料來源：《一九四六至一九四七年度學術獎勵著作申請書及審查意見》（二），中國第二歷史檔案館藏，國民政府教育部檔案-五-1359（2）。

可見，錢穆洋洋灑灑發表了不少不同意見，並對作者「不能平心一比其異同」，對顏師古注釋不同於前人處「略加衡量」，「遽以行竊偷取等字眼，將一代巨著輕輕抹殺」，認為「似亦非著書之正道」，看似非常嚴厲的批評並有為學道德上的指責，卻惟因「搜羅之細，用力亦復不淺」，「參考詳備」，給予二等獎；顧頡剛雖然言語上評價很高，諸如「發覆之功，比擬閻百詩之考證古文《尚書》」，「功力之深，鉤稽之勤，至堪欽佩」云云，但卻因未能最終確定顏師古是存心剽竊，因此「發明性不高」，僅給予三等獎；陳延傑直接指出作者研究結論不能成立，不予給獎。審查人錢穆、顧頡剛都是楊明照就讀燕京大學研究院時的老師。楊明照回憶說，他當時選修過顧頡剛《春秋史》、聞一多《詩經》、容庚《古文字學》和錢穆《經學概論》等課程，「他們各不相同的治學方法，對我都有一定的影響」。〔註57〕雖然「審查意見表」中沒有楊明照的名字，但楊明照成果早已在《中國文化研究彙刊》發表，兩人應該已經知道。因此，顧頡剛、錢穆兩人審查時應該知曉審查對象是他們學生楊明照的成果。三人「總評」意見不一樣，成果最終獲得三等獎，似乎綜合了三人意見，其實更看重顧頡剛、錢穆的評論。

表 5-2-1 是金陵大學中國文化研究所專任研究員兼文學院副教授劉銘恕以《中外交通史論叢》申請獎勵的說明書。雖然填具說明書時間是 1945 年 10月，應屬於 1946 年屆，但表格格式與 1947 年屆完全一樣。劉銘恕「著作經過」「內容要點」與「學術貢獻」的自述，也非常到位與簡潔。

〔註57〕楊明照：《自傳及著作簡述》，北京圖書館《文獻》叢刊編輯部、吉林省圖書館學會會刊編輯部編《中國當代社會科學家》第 4 輯，書目文獻出版社，1983年，第 219 頁。

表 5-2-1　專門著作申請獎勵說明書（社會科學）
中華民國三十四年十月三十日

申請人	姓名	劉銘恕	年齡	36	性別	男	籍貫	河南息縣
	地址	成都金陵大學		通信處	成都金陵大學中國文化研究所		
	學歷	北平中國大學國文系畢業、國立北平師範大學研究院歷史科學門肄業、日本早稻田大學研究部研究史學兩年					
	經歷	山東省立圖書館編輯、金陵大學文化研究所專任研究員兼文學院副教授					
專門著作	名稱	中外交通史論叢：1. 南詔來襲與成都大秦景教之摧殘；2. 蘇萊曼東遊記證聞；3. 宋代海上通商史雜考；4. 元人雜劇中所見之火祆教；5. 鄭和航海事蹟之再探。					
	類別	史學					
	出版完成年月	內 1245 諸篇皆前兩年完成與刷出者，第 3 篇為今年春完成者					
	著作經過	民國卅年春來蓉為金大文化研究所整理研究金石文字，而中外交通史亦淺學所素喜者，於時賢此類論著故仍未嘗釋手，加之與中國古代以及近世有密切關係之南洋風雲日急，遂不期而草成鄭中貴航海事蹟數篇。今春因為歷史系諸生說中國南洋交通史，披覽舊籍，偶有以為心得者，遂又輯為宋代通商史一文。					
	內容要點	內容約三點：1. 關於國際貿易史者；2. 關於中外交通史及文化之交流者；3. 關於外來宗教如火祆教、景教、猶太教以及回教之新的考說者。					
	本著作在學術上之特殊貢獻	本稿所討論者大抵皆為專門名家所曾注意與研究者，然本稿之輯乃基於新史料之發現者，些許新資料將於前列三點之既往的考說自偶有糾正、補正以及創通之處，是即拙稿之特殊貢獻也。					
	曾否獲得別種獎勵金	無					
	以往曾否向本會申請獎勵	無					
介紹人對於本著作之評語							
介紹人：徐益棠、徐中舒							

資料來源：《一九四六至一九四七年學術獎勵摘要及學術獎勵著作品審查意見表》，中國第二歷史檔案館藏，國民政府教育部檔案-五-1359（1）。

　　與余嘉錫、孫人和對楊明照作品讚譽有加不同，劉銘恕兩位介紹人徐益棠、徐中舒並沒有對作品作出評論，這自然不符合規則。同樣地，兩位介紹人也沒有注明自己的職稱與職位，這也不符合規則。學術審議會似乎並不以為忤，經審查後還是以為合格，給兩位審查專家陳寅恪和陳垣審查，表 5-2-2（1）和 5-2-2（2）是兩位審查專家的意見。

　　因劉銘恕請獎屬於 1946 年屆，學術審議會給陳寅恪的審查意見表與後來標準表格不同：第一，表名不同，陳寅恪填具者僅為「審查意見表」；第二，更為重要的是，陳寅恪表有作者姓名，完全暴露了評審的匿名性（雖然可能因為相關研究學術共同體很小，審查專家們都知曉評審對象，但程序上的匿名還是必須的），陳垣的表格就已經改進了。這說明學術審議會在程序與規範上有一個不斷改進的過程。因為戰後復員等各種原因，學術審議會最終決定將1946～1947 年兩屆合併，因此同為一件作品，陳寅恪審查編號與陳垣編號不同。陳寅恪、陳垣兩位審查意見可謂言簡意賅，陳寅恪以為沒有達到「極有系統之理想境界」，因此給予二等獎；陳垣直接讚賞，以為至少給予二等獎，最終劉銘恕獲得本屆社會科學類二等獎。

表 5-2-2（1）審查意見表（劉銘恕）

著者姓名	劉銘恕 104A	
著作名稱	宋代海上通商史雜考等五種六冊	
審查意見	所呈請獎之五種著述，皆為中外交通史範圍。考證材料甚為詳贍。所列諸條中頗有創獲之處，唯以限於所論之範圍及取材之性質，故未能達到一極有系統之理想境界。然即就所得到之成績而言，亦可謂好學深思，難能可貴，不得不加以獎勵者矣。	
	總評	取材詳贍，頗有創獲，擬請給第貳等獎。
審查人	陳寅恪　民國卅五年十二月十六日〔註58〕	

表 5-2-2（2）學術獎勵著作品審查意見表（劉銘恕）

著者編號	獎字 127 號 A	送審日期	中華民國卅六年三月十四日
著作名稱	中外交通史論叢五種六冊		

〔註58〕陳寅恪於當日致函教育部學術審議會稱：「寄上審查意見書及原審查文件（五種共六冊），請即將酬金寄下為感。」《一九四六至一九四七年學術獎勵摘要及學術獎勵著作品審查意見表》，中國第二歷史檔案館藏，國民政府教育部檔案-五-1359（1）。

審查意見	右五種六冊，細讀一遍，欽佩無已。著者對於搜集材料方法，似有充分練習，故凡子部集部有關本題材料，均能鉤稽檢拾，運用自如，足見曾下苦工，確有心得。顧亭林所謂採銅於山者，庶爾近之，不徒乞靈於圖書集成
總評〔註59〕	等類書，抄錄成文而已。至於考訂方法，亦極精密，有左右逢源之樂，無牽強附會之談。即得採用前人學說，亦能沿流溯源，觸類引申，補充新證，時有青出於藍之處。此等著作至少應予以二等獎。
審查人	陳垣　民國卅六年五月

資料來源：《一九四六至一九四七年學術獎勵摘要及學術獎勵著作審查意見表》，中國第二歷史檔案館藏，國民政府教育部檔案-五-1359（1）。

　　表 5-3-1 是著名數學教育家與數學史家許蒪舫〔註60〕以《古算法之新研究續編》申請獎勵說明書。可見，無論是作者的自述還是兩位介紹人胡敦復、秦蕑明的評論，幾乎不觸及作品本身，全聚焦於「發揚國粹、為民族爭光」的宏大敘事上。

表 5-3-1　專門著作申請獎勵說明書（自然科學）中華民國三十六年三月十日

	姓名	許蒪舫	年齡	42	性別	男	籍貫	江蘇省江陰縣
申請人	住址	無錫前洲青城中學		通訊處		無錫北禪寺巷十六號王祖芬轉交		
	學歷	江蘇省立水產專門學校畢業						
	經歷	曾任無錫弘毅育才等中學校長，錫南道南等中學教導主任，胡氏競志錫光等中學數理教員，前江蘇省教育廳《江蘇學生》雜誌特約撰述，現任青城中學校長。						
專門著作	名稱	古算法之新研究續編						
	類別	數學						
	出版年月或完成時間	中華民國三十四年十月						
	著作經過	著者因鑒於中國古人對於數學一科發明不謂不早，著作不謂不多，雖進步毋遲，然對科學上之貢獻殊大，乃自西算輸入，古算竟湮滅不彰，歎我國固有文化之行將淪亡，爰廣羅古籍著為是書。						

〔註59〕同前述錢穆一樣，陳垣也沒有分開審查意見與總評。
〔註60〕許蒪舫（1906～1965）：江蘇江陰人。1924 年畢業於江蘇省立水產學校，擔任中小學數學教師，曾任無錫道南中學教務主任、教導主任，弘毅中學、育才中學校長等。在普及中國數學史和初等數學知識方面貢獻卓著，著有《古算法之新研究》《數學補習用書》等。

內容要點	擷取中國古代數學之精華，繹為公式以□正數學之原理，加以解釋，並反覆推算不遺餘蘊。	
本著作在學術上之特殊貢獻	發揚中國固有之文化，俾今之習西算者能□知國算，油然而生愛國之心。	
曾否獲得何種獎勵	否	
以往曾否向本會申請獎勵	否	
介紹人對於本著作品之評論	胡敦復：夫學何分東西何分古今，苟有畀於後學，不必先知先覺也。即藉前人之所治所覺貫通之推闡之，足以發揚我國之文化丕變我國之人心風俗也。 秦蕙明：該書釐然秩然，頗見好學深思之功。使他日治算學者得此，因許子之思而引起其研究之興趣，群策群力，發揚固有之國粹，為民族爭光，則許子之功豈淺鮮哉！	
介紹人	胡敦復、秦蕙明	

資料來源：《一九四六至一九四七年學術獎勵摘要及學術獎勵著作品審查意見表》，中國第二歷史檔案館藏，國民政府教育部檔案-五-1359（1）。

　　檔案中還附有胡敦復的長篇《介紹書》，仍然闡述中國古算學之偉大，而對於許蒓舫該書具體內容及其在中國數學史研究上的價值仍無申說。學術審議會請錢寶琮〔註61〕、胡坤陞〔註62〕和孫光遠〔註63〕進行審查，表5-3-2是他們的審查意見匯總。

〔註61〕**錢寶琮**（1892～1974）：字琢如，浙江嘉興人。1908年留英，1911年獲伯明翰大學土木工程學士。歷任浙江省民政司職員、南洋大學附屬中學教師、江蘇省立第二工業學校教師、南開大學數學系教授、浙江大學數學系教授、中科院自然科學史研究室研究員等，主編《科學史集刊》。中國數學史大家，與李儼並稱。

〔註62〕**胡坤陞**（1901～1959）：字旭之，四川樂山人。1924年畢業於南京高等師範學校，留校任教。1929年留美，1932年獲芝加哥大學博士。歷任清華大學教授、中央大學數學系主任、重慶大學數學系主任、四川大學教授等。中國變分學奠基人之一。

〔註63〕**孫光遠**（1900～1979）：原名鎕，浙江餘杭人。1920年畢業於南京高等師範學校，留校任教。1925年留美，1928年獲芝加哥大學博士。歷任清華大學教授、中央大學理學院院長、南京大學教授。中國微分幾何和數理邏輯奠基人之一，中國最早在國際性數學期刊發表論文並取得影響的數學家之一，陳省身就讀清華大學碩士研究生導師。

表 5-3-2 　學術獎勵著作品審查意見表（許蒓舫）

著者編號	獎字 13 號	送審日期	中華民國卅六年三月二十四日
著作名稱	古算法之新研究續編		
審查意見	作者用代數符號解釋劉徽重差術、王孝通緝古算術、李冶測圓海鏡之九容術、秦九韶數學九章之大衍求一術及朱世傑四元玉鑑之垛積術，淺近易曉，殊便初學。惜王孝通、李冶、秦九韶、朱世傑諸家學術之奧窶未能深入研究，似尚須再事補足，庶不負古人著作之意。中國數學自漢以來有精美之作品、有進步之歷史，我人於古學不絕如縷之時，研治古代算書，實為當世急務。蓋一則可以修訂數學發展史，一則可以補充數學教材也。作者是書雖於古代數學史之考證無所獲見，而整理舊學，說理明顯，便於中學數學教學者之參考，則其功不可沒也。		
	總評	本書整理前人學說，說理明顯，具有相當之獨創性，可為中學教學之參考書而有其教育價值。	
審查人	錢寶琮　民國卅六年五月七日		
審查意見	我國古算大多說明未詳，辭句晦澀。本書取多種古算，用圖形及公式詳細說明其立法原理及御算步驟，對於古人功績頗有表彰。惟其各種結果總不出初等數學範圍，其價值僅系歷史的而已。		
	總評	本書整理前人學說具有相當功績，但並無獨創或發明性之學術價值，似無獎勵之必要。	
審查人	胡坤陞　民國卅六年五月五日		
審查意見	作者以近代數學方法與符號解釋我國古代數學之結果（西洋數學入中國之前），頗為詳盡，但述而不作，不能視為有創作之論文。		
	總評	閱者有兩種意見：一為以學術立場論，未能予以獎勵（因本著盡可供中等學校之參考，談不上有學術性）；二為以提創研究我國古代科學立場論（是否值得提創，閱者不參加意見），可酌量予以獎勵。	
審查人	孫光遠　民國卅六年五月五日		

資料來源：《一九四六至一九四七年學術獎勵摘要及學術獎勵著作品審查意見表》，中國第二歷史檔案館藏，國民政府教育部檔案-五-1359（1）。

　　中國古算史研究經李儼、錢寶琮等開創人的潛心研究與努力，已有極好的研究基礎，對於許蒓舫僅可供中學數學教學參考的普及性成果，中算史大家錢寶琮雖以為有「獨創性」但僅有中學教學參考的「教育價值」，是否給獎並無明確表示，但按照規定中學教參自然不能獲獎；具體從事現代數學研究的胡坤陞、孫光遠都以為沒有什麼原創性與學術價值，自然沒有給予獎勵的理由；似乎顯現了審查專家們意見的一致性，作品自然未能獲獎。

　　表 5-4-1 是福州協和大學教授王清和申請科學技術發明類獎勵說明書，表格與前面三個著作類有所不同，「著作經過」變成了「發明程序」，「內容要點」

變成「學理根據及內容要點」，表現了學術審議會對技術進步與著作這兩種完全不同的成果呈現形式關注點的差別。

表 5-4-1　科學技術發明申請獎勵說明書（應用科學）中華民國三十六年七月

申請人	姓名	王清和	年齡	39	性別	男	籍貫	河北省三河縣
	地址	福州協和大學		通訊處	福州協和大學			
	學歷	金陵大學農學士、清華大學農業研究所研究生						
	經歷	福建省立農學院講師，福建協和大學農學院副教授、教授						
名稱		抵抗散黑粉病小麥品種之育成						
類別		應用科學						
完成時間		中華民國三十五年六月						
發明程序		將 11000 餘小麥品系用人工授病法接種，前後經八年之久選得散黑粉病抵抗品種共 76 個，且亦抵抗銹病。同時舉行生理分化試驗，凡經五載結果 21 處之病菌鑑別為 14 個生理小種。						
學理根據及內容要點		根據植物病理學之學識及作物育種之原理試驗而得，內容要點見發明程序欄。						
本發明在科學或技術上之貢獻		小麥散黑粉病非常普遍，烈害處竟達 10～20%。推廣抗病品種可以不用溫湯處理而能減去病害之損失，增加農民收入。至於該病菌生理小種在中國尚係首次試驗。鑑別小種不特為純粹科學之研究並有助於抗病育種工作，且為確定推廣區域之根據。						
曾否獲得何種獎勵或專利權		第一篇曾得教育部甲種著作獎金						
曾否向本會申請獎助		此篇未曾向貴會申請獎勵						
介紹人評語		育種工作本極困難，而抗病育種更加繁難。王教授清和素富研究精神，此乃八年心血之結晶。在抗戰期間尚能完成此偉大試驗，尤為難能可貴。對於科學及農民之貢獻均大也。此項試驗成功在中國尚為創舉，有利於國計民生至巨。						
介紹人		林成耀〔註64〕：曾任協和大學、雲南大學農藝系主任；陳維：曾任金陵大學、廣西大學教授及協和大學農藝系主任。						

資料來源：《一九四六至一九四七年度學術獎勵著作申請書及審查意見》（二），中國第二歷史檔案館藏，國民政府教育部檔案-五-1359（2）。

這是一份相對標準的申請說明書，不僅有介紹人的評語，也有介紹人自己的簡介。值得注意的是，與前面兩個表格中介紹人評語各自表達不同，這裡綜

〔註64〕林成耀：生卒年不詳，留學美國康奈爾大學、路易斯安那大學，獲碩士。回國後曾任雲南大學農藝系主任、福建協和大學農學院院長、福建省研究院動植物研究所長、福州大學校務委員、福建師範大學教授等。1991 年享受政府津貼。

合了兩個人意見的陳述。表 5-4-2 是王清和作品三位審查人沈宗瀚〔註65〕、陳鴻逵〔註66〕、朱健人〔註67〕的「審查意見表」匯總。

表 5-4-2　學術獎勵作品審查意見表（王清和）

著者編號	獎字 206B 二		送審日期	中華民國三十六年八月二十五日
著作名稱	抵抗散黑粉病小麥品種之育成			
審查意見	一、文內各觀點正確，總題用《抵抗散黑粉病小麥品種之育成》則嫌勉強。蓋育成一新品種，非僅測驗某一病害之抵抗力即可。總題宜為《小麥散黑粉病抵抗品種及其生理小種之鑒定》 二、文末所引參考材料限於王清和氏一人作品，對於此項問題研究最具成績 Hanna 及 Bever 等氏結果未加介紹，文末亦未引及。 三、全文為兩篇個別發表之論文，非一氣呵成，結構尚欠完善。 四、在接種技術方面尚有創見。 五、鑒定生理小種及抗病品種，在原則和方法上多仿照銹病，但本研究系以中國散黑粉病為對象，自有其獨立體系。 六、敘述頗有系統 七、無整理前人學說之處。 八、此項研究為小麥育種及防治小麥散黑粉病之基本工作，於明瞭散黑粉病生理小種之分布及抗病品種後，可以加強育種工作，藉以減少麥病損失。 九、有學理根據。 十、中國小麥抵抗散黑粉病品種之鑒定，及擬訂中國小麥散黑粉病菌生理小種鑒定表，均係創作。 十一、發明程序應可實驗證明 十二、可用於育種及抗病研究方面，受有地域限制，本研究結果能否應用於全國各地，尚待研究。 十三、技術尚精巧。			

〔註65〕沈宗瀚（1895～1980）：浙江餘姚人。1918 年北京農業專門學校畢業。1923 年留美，次年獲喬治亞大學碩士，1927 年獲康奈爾大學博士。歷任金陵大學教授、農藝系主任，中央農業實驗所總技師、副所長、所長，臺灣農村復興委員會委員、主任，亞洲蔬菜研究和發展中心理事會主席等。作物遺傳育種學家，農業經濟行政管理專家。

〔註66〕陳鴻逵（1900～2008）：廣東新會人。1926 年畢業於金陵大學，留校任教。1931 年留美，1934 年獲艾奧瓦農工學院博士。歷任浙江大學農學院植物病蟲害系主任、浙江農業大學植物保護系主任，曾兼任浙江省農業科學院植物保護研究所所長等。植物病理學家，中國植物病害檢疫工作奠基人之一。

〔註67〕朱健人（1904～1983）：江蘇泰興人。1929 年畢業於中央大學，1936 年獲德國慕尼黑大學博士。曾任四川大學、中央大學、南京大學教授，南京農學院圖書館館長等。長期從事植物生理的教學和科研。

	總評	本文為作者八年不斷研究之結果,同性質之研究在國內尚為僅見。麥病方面對於銹病及腥黑粉病之生理小種研究最多,具體抗病育種亦最具成績。散黑粉病抗病研究則因接種較為繁難,尚少成就。本文作者能以多年努力,製成生理小種鑒別表,實有貢獻於學術。此外,於一萬二千餘小麥品系中以多年接種實驗,鑒定抗病品系七十六個,實有助於小麥改良工作。擬請給予二等獎。
審查人	沈宗瀚	
審查意見		思想合理,觀點正確,學術上確有重大貢獻
	總評	著者對於小麥散黑粉病之抗病麥種及該病菌之生理小種確有深切之研究,是其八年以上研究之結晶。在我國實際之需要及純粹學識之探討上,此項發明均甚有價值。此項研究之貢獻似可第二等之獎勵
審查人	陳鴻逵	
審查意見		工作本身頗饒興趣,且亦具有毅力,在抗戰中堪稱佳作
	總評	列入第三等
審查人	朱健人 九月十一日	

資料來源:《一九四六至一九四七年度學術獎勵著作申請書及審查意見》(二),中國第二歷史檔案館藏,國民政府教育部檔案-五-1359(2)。

　　與前面專家的審查意見不同,時任中央農業實驗所所長沈宗瀚非常敬業,洋洋灑灑按照審查標準一一對應評述,不僅指出審查作品的理論與實踐價值所在,更指出作品存在的問題,諸如沒有整理前人研究成果、題目與研究內容不完全符合等,並徑將作品題目予以改正。充分體現了沈宗瀚的敬業精神與職業道德,展現了他作為中國近代農學專家的水平。相對而言,其他兩人的意見就顯得單薄多了,陳鴻逵「思想合理,觀點正確」實在不知所指為何;朱健人「頗饒興趣」「亦具有毅力」的評說似乎與成果「風馬牛不相及」。沈宗瀚、陳鴻逵給予二等獎,朱健人給予三等獎,最終王清和獲得二等獎,看來學術審議會最終還是採納了多數人的意見,當然更大可能性是以真正的專家沈宗瀚的意見為意見。

　　上述四個實例具體展示了學術評議過程中最為重要的環節—專家審查。「審查意見表」最能體現專家學術水準,包括具體「審查意見」與「總評」,最終起作用的是「總評」。專家們自然也各種各樣,有的認真負責,不厭其煩地指出作品的獨到之處與存在的問題,並提出商榷意見與修改方向,錢穆、沈宗瀚、錢寶琮為代表;有些專家言簡意賅,點到為止而恰到好處,陳寅恪、陳垣、顧頡剛、胡坤陞、孫光遠為代表;當然也有些專家寥寥數語,似乎言不及

義，朱健人「庶幾近之」。有些批評性意見甚為嚴厲，可謂單刀直入，如陳延傑、錢穆、胡坤陞的直接批評，沈宗瀚指出王清和作品參考資料與前人研究總結方面的缺陷；有些批評意見卻甚為溫和與婉轉，如錢寶琮、孫光遠。同時，也可以發現，專家們在意見上雖大多「英雄所見略同」如陳寅恪與陳垣、胡坤陞與孫光遠，但也有見解不一致的地方，如陳延傑與顧頡剛、錢穆。

學術審議會收到專家們的審查意見後，由工作人員將審查專家意見進行摘要，作成表 5-5 一樣的表格（第六屆獲獎作品「專家審查意見摘要」見本章附錄），提請學術審議會召開會議時選決。學術審議會召開大會時，首先分專業進行小組審查（分文、理兩組），決定作品是否獲獎及其獲獎等第；最後由大會決定是否獲獎及獲獎等第。下面以第六屆評獎為例，具體分析除美術外各類作品專家審查意見、小組審查意見與大會選決的具體情況，分析專家審查意見、小組審查意見與最終大會選決之間的關係，探討評議過程中學術審議會委員們所大致遵循的一些基本原則。〔註68〕

表 5-5　審查專家意見摘要一覽表

編號：9B 一	請獎著作		初審情形			審查小組意見
申請人：王福春	名稱	三角級數之收斂理論	審查人	審查意見摘要	等級	
			周鴻經	五篇討論富氏級數之 Reisz 氏求和性內容，均為獨創；餘二篇討論三角級數之絕對求和性，討論此問題者實為第一人，對學術確有特殊貢獻	一等	一等
介紹人：竺可楨	內容摘要		胡坤陞	諸篇中所得結果均極饒興趣，富有學術價值	一等	大會決定
介紹人意見			熊慶來	作者於三角級數近代理論有相當之創獲性貢獻	二等	一等

〔註68〕藝術作品由於其獨特性，專家審查與最後決議與其他各類作品不同，由學術審議會聘請藝術專家組成專門審查委員會進行審查（音樂作品交禮樂館），最後由學術審議會大會選決，因此，這裡就不具體討論這類作品。本節及下節分析所用材料除注明外都源於《一九四六至一九四七年度請獎作品審查意見摘要》（中國第二歷史檔案館藏，國民政府教育部檔案-五-1357 第 478～622 頁）和《全國學術團體一覽表及學術獎勵摘要》（中國第二歷史檔案館藏，國民政府教育部檔案-五-1351 第 1～139 頁），不再一一注明。

資料來源：《全國學術團體一覽表及學術獎勵摘要》，中國第二歷史檔案館藏，國民政府教育部檔案-五-1351。「小組審查意見」和「大會決定」為筆者添加，本章附錄也一樣，不再說明。

四、評獎規則與流程操作分析（二）：小組審查

　　1948 年 4 月 20～21 日，教育部學術審議會第三屆第一次大會在教育部會議室舉行，選決第六屆獲獎名單。本屆是 1946～1947 年兩屆合併，收到合格作品僅 145 件，加上上屆移交 50 件，共 195 件，均交專家審查。除美術外共 181 件，其中文學 26 件、哲學 12 件、社會科學 54 件、古代經籍研究 15 件、自然科學 23 件、應用科學 49 件、工藝製造 2 件。評獎流程的各個環節的具體情況及其最後獲獎分布見表 5-6。

表 5-6　1946～1947 年度學術獎勵處理情形及最終獲獎情況統計表

單位：件

類　別	著　作				發　明			合　計
	文　學	哲　學	社會科學	經籍研究	自然科學	應用科學	工藝製造	
專家未審移交下屆	2	1	2	0	1	0	0	6
專家審竣不予獎勵	7	1	8	4	4	11	1	36
專家審竣提會決選	17	10	44	11	18	38	1	139
專家審查獲獎	6	5	16	1	8	19	1	57
小組獲獎	2	0	10	2	8	19	1	42
最終獲獎	2	1	8	2	6	14	1	34

資料來源：《教育部學術審議委員會各種會議記錄》，中國第二歷史檔案館藏，國民政府教育部檔案-五-1350。最後二行數據由檔案《一九四六至一九四七年度請獎作品審查意見摘要》（中國第二歷史檔案館藏，國民政府教育部檔案-五-1357）和《全國學術團體一覽表及學術獎勵摘要》（中國第二歷史檔案館藏，國民政府教育部檔案-五-1351）統計所得。「哲學」獲獎 1 件由「社會科學」移充。

注：「專家審竣不予獎勵」指所有審查專家都認為不應給予獎勵；「專家審竣提會決選」指審查專家中至少有一人認為應給予獎勵（包括「專家審查獲獎」在內）；「專家審查獲獎」指所有審查專家都認為應給予獎勵。

　　除移交下次（當然沒有下次）的 6 件作品，分析進入審查階段的 175 件作品。人文社會科學方面文學 24 件、哲學 11 件、社會科學 52 件、古代經籍研究 15 件共 102 件作品申請獎勵，專家直接否決文學 7 件、哲學 1 件、社會科學 8 件、古代經籍研究 4 件共 20 件，占 19.6%，比例並不高；分別占各類比例文學 29.1%、哲學 9.1%、社會科學 15.4%、古代經籍研究 26.7%，文學和古代經籍研究被審查專家們直接否決比例較高，但也不到三成。需要會議選決的作品，除所有專家都認為給予獎勵者外，僅有前述古代經籍研究楊明照一件不是三位專家都給予獎勵而最終獲獎，其他都被否決，因此在一定意義上也屬於被專家否決。這樣擴充，直接和間接被專家否決者文學類 18 件、哲學 6 件、社會科學 36 件、古代經籍研究 13 件共 73 件，比例達到 71.6%，即近四分之三的作品被專家否決；各類比例文學 75%、哲學 54.5%、社會科學 69.2%、古代經籍研究 86.7%。也就是說，審查專家將絕大多數的作品否決了，留給小組審查和大會選決的作品並不多。

　　科學技術方面自然科學 22 件、應用科學 49 件（工藝製造 2 件不予考慮）共 71 件，被專家直接否決者自然科學 4 件、應用科學 11 件共 15 件，占 21.1%，與人文社會科學基本持平。直接和間接否決者自然科學 14 件、應用科學 19 件共 33 件，占 46.5%。相比人文社會科學的超過七成被審查專家否決，科學技術方面僅不到一半被否決，這是人文社會科學和科學技術方面的不同，原因有待進一步探究，其中自然科學 63.6% 與人文社會科學相近，應用科學僅 38.8%，不到四成。

　　小組審查在人文社會科學方面對審查專家意見否決比例相當大，文學類 6 件作品否定 4 件，哲學類 5 件作品完全否定，社會科學類 16 件中也否決了 6 件，只有古代經籍研究從審查專家否決中「挽救」了楊明照一件，似乎說明小組委員更看重顧頡剛、錢穆的意見，而否決了陳延傑的意見，在一定意義上也是否決專家意見。這樣，專家肯定的 28 件作品中被小組委員否決 16 件，比例高達 57.1%。表 5-7 是被否決 15 件成果的大致情形，它們具體為什麼被否決，檔案中沒有小組討論會議記載，無從知曉，這裡從僅能作出一些類別上的分析與推測，並通過申請人、介紹人、審查專家相互之間的關係等方面予以一定的討論。〔註 69〕

〔註 69〕　表格中缺介紹人作品，可能屬於學術審議會委員直接「推薦」，僅有兩件，可見學術審議會委員們確實沒有盡到他們應盡的「推薦」職責。

表 5-7　小組審查意見否決人文社會科學類專家意見一覽表

類　別	申請人	作品名稱	介紹人	審查人	審查結果
文　學	賴維周	草莽集		汪東 徐英	三等 三等
	鄒國彬	休明鼓吹集	林尚賢 李獨清	汪東 沈尹默	三等 三等
	林之棠	務頭論	徐嘉瑞 傅懋勳	汪東 盧前	三等 二等或 三等
	鄭業建	中國修辭學集說釋例	劉大杰 趙景深	王易 呂湘	二等 三等
哲　學	姜琦	三民主義哲學	許壽裳 李季谷	浦薛鳳 吳康 陳立夫	二等 一等 二等
	李相顯	道德問題	金澍榮 黎錦熙	黃建中 吳康	三等 三等
	梁世豪	三民主義概論	何寒威 盧政鑑	陳立夫 梁寒操 崔載陽	三等 三等 三等
	虞愚	怎樣辨別真偽	余謇	金岳霖 宗白華	二等 三等
	崔載陽	三民主義哲學	余曾登 朱謙之	梁寒操 陳立夫	三等 三等
社會科學	謝廷信	銀行成本會計	何儀朝 龔清浩	楊端六 許哲士 雍家源	三等 二等 二等
	陳果夫	中國教育改進之途徑		金澍榮 徐養秋	二等 一等
	趙琛	刑法總則	劉克雋 孫曉樓	王覲 張慶楨	三等 三等
	何任清	法學通論	章益 李聖三	周鯁生 陳顧遠	二等 三等
	周曙山	五十年來中國國民黨史表解、中國國民黨史概論	程天放 郭漢鳴	梁寒操 陳立夫	三等 二等
	陳國琛	文書改革在臺灣	孔大充 高柳橋	溫晉城 甘乃光 張金鑑	三等 三等 二等

文學類

賴維周〔註70〕《草莽集》「多記述民間疾苦及連年兵禍流離顛沛之狀」。賴維周曾任陳立夫秘書，也是國民黨江西省黨部要員，沒有介紹人，可能由陳立夫推薦，具體有待進一步查證。兩位審查專家汪東、徐英〔註71〕都是文史專家，汪東在詩詞創作上成就也頗高，審查《草莽集》毫無問題。汪東以為作品「氣體似近孟郊，質樸處於清鄭子尹亦有相似，但渾厚不及耳。不以綺羅風月為題材，是其立境高處」；徐英認為「作者頗有才情，惟功力不甚深，雖力求免俗而仍有不能脫俗處。然在今日文學衰弊之時，要為難能可貴者」。

鄒國彬（質夫，1880～1959）在古典文學上造詣很深，曾以《斷藤記傳奇》獲得第三屆文學類三等獎。《休明鼓吹集》稿本上下兩卷，以駢文、散文及詩歌記述二戰及日本投降等，「銘頌諸作敘述窮兵黷武之自取滅亡，我國民族之復興；闡發鄉邦文獻，促成省志」，內容可謂龐雜。兩位介紹人林尚賢、李獨清是鄒國彬國立貴陽師範學院同事，林尚賢生平不詳，李獨清〔註72〕年齡比鄒國彬小近30歲，完全不是一代人，但鄒還是請李作為介紹人，這與通常介紹人為年長或年尊者相異。審查專家汪東與沈尹默〔註73〕都能勝任，汪東評論說「瑕瑜互見，在整個文學中無多價值，就個人造詣論究勝於全不讀書而妄肆囂張者」；

〔註70〕 **賴維周**：生卒年不詳，字岐生，福建永定人，曾任國民黨中央組織部（陳立夫）秘書、江西省黨部常務委員、瑞金私立福幼中學（今瑞金第二中學）首任校長等。

〔註71〕 **汪東**（1890～1963）：字旭初，江蘇吳縣人。早年就讀震旦學院，後留日，從章太炎學。曾任縣知事、江蘇省長公署秘書等。1927年任中央大學中文系主任，後轉文學院院長。1938年任監察院委員，1943年任復旦大學中文系教授，1945年任禮樂館館長。1949年後，曾任上海市文管會委員、蘇州市政協副主席等。在音韻學、訓詁學、文字學等方面均有創獲，有《汪旭初先生遺集》行世。
徐英（1902～1980）：名澂宇，以字行，湖北漢川人。1926年北京大學畢業，曾執教交通大學、大夏大學、安徽大學。抗戰期間先後任河南大學、中央大學教授，戰後轉任東吳大學教授。1952年院系調整任復旦大學教授，1958年被劃為右派。畢生從事文史哲教學與研究，著有《國文史學大綱》《徐澂宇論著集》。

〔註72〕 **李獨清**（1909～1985）：貴州貴陽人。1929年畢業於貴州大學，任省政府秘書，後任職貴州通志局。1941年任教貴陽師範學院，1948年任貴州大學教授，1953年院系調整任貴陽師範學院教授。一生著述甚豐，有《孫應鰲年譜》等，曾任貴州省古籍整理領導小組副組長。

〔註73〕 **沈尹默**（1883～1971）：浙江吳興人。畢業於日本京都帝國大學，曾任教浙江省立第一中學等。1914年任北京大學教授，成為新文化運動潮流人物之一。後曾任北平大學校長、輔仁大學教授、國民政府監察院委員等。1949年後曾任中央文史館副館長。書法家，在書法理論上也有成就，著有《書法論叢》等。

沈尹默以為「記頌博洽，求諸今日實為難為，惜乎質不稱文，未為盡善」。

　　林之棠《務頭論》提出「務頭者，曲中之強調響應律也」，被認為具有獨創性，但「不免自說自話，有臆說之嫌」。〔註 74〕兩位介紹人都曾是他華中大學同事，徐嘉瑞〔註 75〕是文學史家，時任雲南大學文史系主任；傅懋勣〔註 76〕是語言學家，也是年輕的後輩。汪東在詞曲上有精深研究，認為「此論專就音律論務頭，旁引曲證且以中西音理相互參校，雖未知是否密合古人之意，而比較最為近似，與純憑臆說者有殊」；盧前（1905～1951）雖然年齡比林之棠小，但在詞曲研究與創作上也有獨到之處，曾以《中興鼓吹》獲得首屆文學類三等獎，評論說「排除舊說，創立新義，自成一家之言，不能不謂之有創見」。

　　時任復旦大學教授鄭業建〔註 77〕對中國古代修辭學、文字學、訓詁學均有精深研究，著有《修辭學》《史記選講》等，申請作品未見出版，內容包括「字與詞、造句、謀篇、標題、句調、辭格、文體、鎔裁、修養、遲速與工拙之關係、文思與年事之關係、句讀符號與修辭之關係」。介紹人趙景深〔註 78〕是鄭業建同事，劉大杰〔註 79〕雖不是同事，但任教上海，在一個學術圈子裏，何況還是湖南同鄉、并畢業於同所學校，相互之間的感情與瞭解可能更深厚，

〔註 74〕趙義山：《20 世紀元散曲研究綜論》，上海古籍出版社，2002 年，第 75 頁。

〔註 75〕**徐嘉瑞**（1895～1977）：雲南昆明人。早年就讀昆明工礦學堂、昆明師範學校，後輟學就業，任職中學，然自學不輟。1929 年起，任教暨南大學、復旦大學、中國公學、雲南大學、華中大學、昆明師範學院等。1949 年後曾任雲南教育廳長、省政府委員、省文聯主席等。文學史家，著有《中古文學概論》等。

〔註 76〕**傅懋勣**（1911～1988）：山東聊城人，1939 年西南聯大畢業，入北大文科研究所讀研究生。旋任教華中大學，1944 年任中文系主任。1948 年留英，1950 年獲劍橋大學博士。曾任中科院語言研究所研究員、少數民族語言研究所副所長、中國社科院民族研究所副所長等。

〔註 77〕**鄭業建**（1895～1980）：字權中，湖南長沙人。1920 年畢業於武昌高等師範學校，曾任交通大學、中國公學、暨南大學、湖南大學等校教授。1946 年起，任復旦大學中文系教授。

〔註 78〕**趙景深**（1902～1985）：浙江麗水人，1922 年畢業於天津棉業專門學校紡織科。曾任報刊文學副刊副主編、書局編輯，1930 年起任復旦大學中文系教授。戲曲研究家、文學史家、作家，著有《曲論初探》《中國戲曲實考》等。

〔註 79〕**劉大杰**（1904～1977）：湖南嶽陽人。1926 年肄業於武昌高等師範學校，留日入早稻田大學攻歐洲文學史。1930 年回國，曾任書局編輯，任教安徽大學、聖約翰大學、四川大學等。抗戰期間枯守上海，戰後任暨南大學文學院院長等。1949 年後任復旦大學中文系主任。文史學家、作家、翻譯家，著有《中國文學批評史》等。

兩人都比鄭業建年輕。兩位審查專家王易、呂湘都是語言學家，特別是呂湘（即呂叔湘）更是一代語言大師，完全有能力評審作品。王易認為「觀點正確，參考詳瞻，系統明晰，整理舊說時有創見，對修辭學確有貢獻」，給予二等獎；呂叔湘以為「例證豐富，綱目明晰，然搜集之力雖多，鎔鑄之功猶淺」。

文學類被小組審查否決的四篇中賴維周《草莽集》、鄒國彬《休明鼓吹集》為創作，林之棠《務頭論》、鄭業建《中國修辭學集說釋例》為學術研究，專家意見基本為三等獎，也間或有二等獎，最終獲獎兩篇全為語言文字研究（參見附錄）。四位申請人除生平不詳的賴維周外，都是大學中文系教授，介紹人除劉大杰外，都是申請人同校同事，相互之間應該都比較瞭解。每篇作品的審查專家無論是汪東、盧前，還是王易、呂叔湘都是相關專業的佼佼者，特別是汪東參與了三篇作品的審查，可見其學術地位與學術審議會對他的倚重（當然也可能與他當時擔任教育部禮樂館館長職位有關）。值得注意的是，鄒國彬因此前曾獲三等獎，即使不被小組否決，按照規定也不能獲獎。這些作品雖然被否決，但有些作者與作品在中國近代學術發展史上還是有其獨特的位置，值得進一步挖掘。

哲學類

哲學類被小組審查否決作品中有專家意見獎勵等第比較高的，如姜琦《三民主義哲學》吳康給予一等獎，浦薛鳳、陳立夫給予二等獎，其他基本上是三等獎。哲學類十篇被提出選決的作品中有六篇研究諸如三民主義、國父思想、總理總裁哲學體系等現實哲學，說明當時「意識形態」研究也非常興盛。五篇被小組否決作品中有三篇研究「三民主義」，一篇倫理學、一篇邏輯學，充分表明了學術審議會委員們對研究「意識形態」的態度。值得指出的是，本屆哲學類「全軍覆沒」，最後獲得惟一二等獎的張西堂《顏習齋學譜》是從社會科學類「移充」的。

姜琦曾以《德育教育》獲得第四屆社會科學類三等獎，申請作品《三民主義哲學》1946年大華印書局出版，被介紹人稱許為「研究遺教之指南，亦研究教育哲學之基礎」。姜琦不僅與介紹人許壽裳、李季谷〔註80〕是同鄉，

〔註80〕 **許壽裳**（1883～1948）：字季茀，浙江紹興人。早年留日，與魯迅成至交。曾任教育部司長、教育廳長、中研院秘書處主任、考試院專門委員等，也曾任北京大學、北京高等師範學校、中山大學、北平大學、西北聯大教授等。戰後參與接收臺灣，任編譯館館長、臺灣大學教授等。

而且還曾長期共事，特別是戰後都在臺灣從事教育文化事業。姜琦作品三位審查專家，浦薛鳳〔註81〕是政治學家，而且當時已從政，以為作品「思想正確，適合國情，著者之慘淡經營顯然可貴」；陳立夫完全是官僚，長期從事黨務工作，浸染於三民主義理論與實踐，但不至於成為哲學專家，作為審查人似乎有些勉強，他評論說「此書特點在以治教育哲學者之眼光認定三民主義本身為哲學，不失為體大思精之作也」；只有吳康從事哲學研究，但主要以研究中國傳統哲學為特色，曾以《新人文教育論》獲得第四屆社會科學類三等獎，他的評閱意見「觀點正確，體系分明，立說有學理根據，材料詳贍」云云，給予最高一等獎。可見，姜琦三位審查專家可能有些「名不副實」，他們給予一等、二等的獎勵，都不為小組審查專家們所認同，可能也是原因之一。

李相顯曾以《朱子哲學》獲得第一屆哲學類三等獎，《宋明哲學》獲得第四屆獎助。《道德問題》「大旨乃在探求道德的真理以作人生的歸宿，建立道德的規範以求道德的行為，最後目標乃在勉人作學問家和事業家以謀人類幸福」，被介紹人贊許為「有獨到的見解與詳盡之發揮，堪稱獨創之作」。他與介紹人金澍榮〔註82〕、黎錦熙同為國立西北師範學院教授。值得注意的是，李相顯作品屬於倫理學範疇，金澍榮是教育系教授，黎錦熙從事語言學研究，在研究專業上似乎有差距，與教育部的規定有不洽之處。李相顯作品兩位審查專家都從事哲學研究，黃建中曾以《比較倫理學》獲得第四屆哲學類二等獎，他並不認同介紹人的意見，「固不得遽許為創作」，但「其精湛處亦間有相當之獨創

李季谷（1895～1968）：原名宗武，浙江紹興人。1924年畢業於東京高等師範學校，1929年留英入劍橋大學研究院。曾任北京大學、北平師範大學、西北聯大、浙江大學等校教授。戰後參與接收臺灣，任臺灣師範學院院長，後轉浙江教育廳長。1949年後任教華東師範大學，1955年被劃定為「歷史反革命」，文革受迫害，自殺於學校麗娃河。世界史專家，著有《西洋近百年史》等。

〔註81〕 **浦薛鳳**（1900～1997）：號逖生，江蘇常熟人。1921年清華學校畢業留美，獲哈佛大學碩士。歷任東陸大學、浙江大學教授，清華大學政治系主任。1938年從政，任國防最高委員會參事、善後救濟總署副署長、行政院副秘書長等。1949年去臺，曾任政治大學教務長、教育部次長等。1962年移居美國，任教多所大學。西方政治思想史家，創立「政治五因素論」，著有《西洋近代政治思潮》等。

〔註82〕 **金澍榮**（1907～）：字一致，廣東番禺人。清華學校畢業留美，獲哥倫比亞大學哲學博士。曾任北平師範大學、西北師範學院教育系教授等。1949年後任福建師範學院（福建師範大學）教育系主任。約於文革中去世。

性，不無學術價值」；吳康以為「有一部分獨到見解，思想有合理者亦有不合理者。著書淑世之熱誠令人欽佩，一部分有價值者言應予獎勵」。與鄒國彬一樣，李相顯即使不被小組否決，也不能獲獎。

生平不詳的梁世豪，曾任廣西大學良豐分校課外活動分組主任，申請作品《三民主義概論》1946 年由桂林良豐西林公司自印，概述三民主義意義、思想淵藪等。兩位介紹人何寒威、盧政鑑也都生平不詳，大概當時也是廣西大學良豐分校老師。三位評審專家，僅崔載陽〔註83〕時任教大學，從事三民主義研究，梁寒操雖也工詩文、擅書法，後來還著有相關三民主義著作，但與陳立夫一樣以從事黨務的高官名世，與真正的學術研究可能有相當的隔閡。

虞愚〔註84〕一生從事印度因明學、中國名學研究，《怎樣辨別真偽》1946年由重慶商務印書館初版，翌年上海商務印書館再版。介紹人余謇〔註85〕與他都時任廈門大學教授，當然余謇擅長文史，與虞愚的邏輯學研究有專業上的差異。金岳霖是中國邏輯學第一人，作為審查專家自然名實相符，宗白華雖是哲學名家，但專業是美學，可能有些偏頗。即使如此，金岳霖給予二等獎也不免被淘汰的命運，具體原因有繼續探究的必要。

崔載陽自己以《三民主義哲學》申請獎勵，同時又審查梁世豪的《三民主義概論》，並給予三等獎。兩位介紹人余曾登生平不詳，朱謙之時任中山大學文學院院長。兩位審查專家梁寒操、陳立夫如前所述。

總體而言，與文學類相比，哲學類無論是介紹人還是審查專家都有值得商榷的地方，有介紹人非相關專業教授，與規定不合；審查專家中有陳立夫、梁寒操這樣的黨務官僚羼雜其間。特別是陳立夫一人參與三篇三民主義研究作品的審查，而梁寒操也參與其中兩篇，即使他們對三民主義研究有突出貢獻，但畢竟屬於「實操者」，與象牙塔的學術研究終歸有距離。這似乎在一定程度

〔註83〕 **崔載陽**（1901～1991）：廣東增城人。1918 年入讀廣東高等師範學校，1921 年公費留法，獲里昂大學博士。1927 年回國，任中山大學教授、教育研究所主任、師範學院院長、研究院院長等。1949 年赴香港，後赴臺灣，曾任國民黨中央評議委員等。著有《教育哲學》《三民主義本體哲學》等。

〔註84〕 **虞愚**（1909～1989）：原名德元，浙江紹興人，生於廈門。曾就學南京支那內學院，1934 年畢業於廈門大學，留校任教。1941 年任教貴州大學，旋回廈門大學。1956 年後歷任中國佛學院教授、中國社科院哲學研究所研究員等。

〔註85〕 **余謇**（1886～1953）：字仲詹，江西南昌人。科考中舉，1913 年畢業北京大學。曾任中學教師、心遠大學教授等。1927 年任廈門大學教授，長期擔任中文系主任。擅長詞曲，與胡先驌、王易、汪辟疆並稱「江西四才子」，平生治聲韻、文字學。

上也說明，當時社會也可能有官僚權威學者體系（即以官僚地位確立其學術地位）的萌芽。小組審查委員們似乎洞悉了教育部在哲學類審查專家聘請上的弊害，直接將哲學類全部作品予以否決，自然也可能有「誤傷」，如被金岳霖給予二等獎的虞愚作品。

社會科學類

社會科學類被否決作品基本上相關現實研究，其中本章起首提及、得到吳稚暉等人高度評價的陳果夫《中國教育改造之途徑》也被審查專家高度評價，結果卻被小組審查否決了，成為與姜琦作品一樣專家意見獎勵等第較高卻被小組否決的代表；其他法學兩件、國民黨黨史一件、會計學一件、行政學一件；最終獲獎八件作品（其中一件為獎助），基本上為歷史研究和語言研究（見本章附錄）。

生平不詳的謝廷信畢業於滬江大學商學院，請獎作品《銀行成本會計》1946 年 7 月由中華書局以「大學用書」名義出版，被認為是當時中國唯一銀行成本專著。[註 86] 兩位介紹人何儀朝、龔清浩[註 87] 時任大夏大學教授，都是會計學專業教授。三位審查專家，楊端六是著名的會計貨幣專家，曾正式候選首屆中研院院士；許哲士、雍家源[註 88] 都是著名會計學家，雍家源在 20 世紀中國會計學家中排名第 6。[註 89] 應該說他們的審查意見都具有權威性，許哲士、雍家源還給予二等獎，但最終被小組否決。

〔註86〕黃定龍編著：《銀行成本管理概論》，中國金融出版社，1990 年，第 8 頁。

〔註87〕**何儀朝**（1907～？）：福建人。華盛頓大學商科碩士，曾任滬江大學經濟學教授，大夏大學、光華大學商學院院長，中國生化製藥廠董事兼經理等。
　　　龔清浩（1909～2001）：江蘇崇明人。1930 年畢業於交通大學，1934 年留美，先後獲伊利諾大學會計學碩士、西北大學管理學碩士。任教交通大學、大夏大學，曾任會計系主任。1951 年調任上海財經學院教授，曾隨學校變動而變動。會計學家，曾任中國會計學會副會長。

〔註88〕**許哲士**（1909～1983）：名本怡，安徽歙縣人。1933 年畢業於上海商學院，後留學美、英，入讀俄亥俄大學、西北大學、哈佛大學和倫敦大學，獲經濟學碩士。先後任教金陵大學、中央大學、上海商學院、復旦大學、上海財經學院等，曾任系主任、教務主任等。1958 年後，調上海社會科學院，曾任情報所副所長。
　　　雍家源（1898～1975）：江蘇南京人。1921 年畢業於金陵大學。1923 年留美，獲西北大學工商管理碩士。曾任上海商學院會計系主任。後從政，曾任財政部會計委員會主任、審計部第三廳廳長、湖南審計處處長、南京市政府會計長、糧食部會計長等。1949 年後，曾任復旦大學會計系主任、上海財經學院教授、上海社會科學院歷史研究所研究員等。

〔註89〕陳元芳編著：《中國會計名家傳略》，立信會計出版社，2013 年，第 512 頁。

　　陳果夫《中國教育改進之途徑》沒有介紹人，可能由陳立夫推薦。兩位審查專家，徐養秋〔註90〕在史學和教育學都有所創獲，金澍榮也是教育學教授。徐養秋認為該書「獨具教育見解，自成系統，確有特殊貢獻」，給予最高等第一等獎；金澍榮平和多了，「就其所建議之大路線或方案之輪廓而言，確具有相當獨創性」，給予二等獎。

　　趙琛〔註91〕為民國著名法學家，對於中國近代法學的創立發展貢獻頗多，《刑法總則》1944年重慶商務印書館出版，1945年上海再版，1947年三版。介紹人劉克雋〔註92〕也是刑法學家，曾任立法委員，與趙琛專業之外還是同事，孫曉樓〔註93〕也是法學界人士。三人還有共同的經歷，即遊走於政學兩屆。兩位審查專家王覲、張慶楨〔註94〕都是法學專家。

〔註90〕　**徐養秋**（1886～1972）：字則陵，江蘇金壇人。1914年畢業於金陵大學，1917年留美，先後獲伊利諾大學史學碩士、哥倫比亞大學教育學碩士。曾任南京高等師範學校教育科主任、東南大學教育系主任、金陵大學中國文化研究所所長，中央大學教育系主任、師範學院院長，南京師範學院教授等。

〔註91〕　**趙琛**（1899～1969）：原名懿琛，浙江東陽人。早年留學日本，獲明治大學法學碩士。1924年回國，曾任教安徽大學、復旦大學、法政大學等校。1933年任立法委員，1942年任考試院法規委員。戰後曾任首都高等法院院長兼推事、司法行政部次長等。1949年去臺，曾任大學教授、最高法院檢察署檢察長等。

〔註92〕　**劉克雋**：生卒年不詳，字卓吾，江西安福人，北京大學法律系畢業，曾任立法委員、憲法委員與國大代表、中央大學刑法學教授。政權鼎革之際去臺，曾任大法官。

〔註93〕　**孫曉樓**（1902～1958）：江蘇無錫人。1927年畢業於東吳大學，留美入西北大學，1929年獲博士。曾任東吳大學教授、上海地方法院推事、行政院參事、朝陽學院院長等。戰後任救濟總署浙江分署署長、司法院法規委員會主任等。1949年後曾任教復旦大學。

〔註94〕　**王覲**（1890～1981）：字漱萍，湖南瀏陽人。中國公學畢業，留日入讀明治大學法律科，1919年回國。曾任清華學校、北京大學、河北大學法科教授、系主任和教務長，也曾代理朝陽學院院長。1937年以後，轉教於民國大學、湖南大學、廣西大學等，曾任法商學院院長。1953年院系調整任廣西文史館館員，政協委員。著有《法學通論》《法學通則》《中華刑法論》等。
　　　　張慶楨（1904～2005）：字濟周，安徽滁州人。先後求學中國公學、東吳大學，獲法學學士。留美獲西北大學法學博士。曾任中央大學教授兼訓導長、中央政治學校教授、監察院法規整理委員會主任等。政權更迭去臺，任大學教授和國民黨中央多種委員。著有《中國法制史》《海商法論》等。哲嗣張灝院士於2022年4月20日上海封城期間在美國去世。筆者求知過程中，閱讀過張先生著作中文譯本《梁啟超與中國思想的過渡》《危機中的中國知識分子：尋求秩序與意義》《烈士精神與批判意識：譚嗣同思想的分析》《幽暗意識與民主傳統》等，特記以誌紀念。

　　何任清〔註95〕東吳大學畢業後曾求學復旦大學，獲得文學士。留法回國後長期任教復旦大學，《法學通論》作為「國立復旦大學叢書」1945 年由重慶商務印書館出版，翌年在上海先後兩版。介紹人章益〔註96〕雖是他供職的復旦大學校長，也曾在陳立夫麾下擔任教育部總務司、中等教育司長，但專業畢竟是兒童心理學，與法學可謂「風馬牛不相及」。另一位介紹人李聖三生平不詳，曾任復旦大學訓導長。審查專家周鯁生是國際法權威，首屆中研院政治學科院士，陳顧遠〔註97〕長期擔任立法委員，在多所大學兼任教授，對法學研究素著。

　　周曙山〔註98〕時任中央政治學校教授，《中國國民黨黨史概論》作為「中央政治學校研究部叢書」，1945 年由博文書局出版，《五十年來中國國民黨史表解》1945 年發表於《三民主義半月刊》。兩位介紹人，程天放為國民黨黨務高官，1943 年起擔任中央政治學校教育長；生平不詳的郭漢鳴也任教於中央政治學校。作為中央政治學校出品，其審查專家為梁寒操、陳立大也是「名實相符」，雖然陳立夫給予二等獎，畢竟屬於「表解」「概論」作品，被否決也「恰如其分」。當然，小組委員將由高官程天放介紹、推薦，陳立夫、梁寒操審查通過的中央政治學校推出的一黨執政的國民黨黨史作品予以否決，充分顯現了他們的學術風度與抵擋政治對學術侵擾的勇氣。

〔註95〕**何任清**（1906～1989）：號泊澄，廣東興寧人。1929 年畢業於東吳大學，後留法入都魯士大學，1936 年獲博士。曾任東吳大學、復旦大學教授。1949 年去臺，任嘉義地方法院庭長，高等法院審判長、推事等。著有《國際法綱要》《刑法提要》等。

〔註96〕**章益**（1901～1986）：字友三，安徽滁州人。1922 年復旦大學畢業，留美獲華盛頓州立大學碩士。1927 年回國，先後任教復旦大學、上海勞動大學、安徽大學等。1938 年任教育部司長，1943 年任復旦大學校長，1949 年去職。1952 年調山東師範學院任教授。心理學家，專長兒童心理學與心理學史。

〔註97〕**陳顧遠**（1895～1981）：字晴皋，陝西三原人。1923 年畢業於北京大學，留校任教。後曾任上海法科大學系主任、審計院秘書、安徽大學法學院院長、國民黨中央黨部民眾運動指導委員會辦公室主任、立法委員等。1949 年去臺，任臺灣大學等校教授、國民黨中央評議員等。著有《中國法制史》《中國婚姻史》等。

〔註98〕**周曙山**：生平不詳，名冠珠，以字行，江蘇沐陽人。日本明治大學畢業，長期從事國民黨黨務工作，曾任國民黨海外支部秘書長，國民黨黨史會編輯課主任、徵集課主任、徵集處長、總務處長，國民黨江蘇黨務整理委員會執行委員、行憲國大代表等。1942 年起任中央政治學校教授，編著有《日本社會運動史》《現代日本社會運動家及思想家略傳》等。

陳國琛是民國影響很大的文書檔案改革家，曾以《文書之簡化與管理》獲得第五屆三等獎。《文書改革在臺灣》是他 1945～1946 年間擔任臺灣行政長官公署秘書處編輯室主任兼文書科長的工作總結，內容包括「從分區負責實驗到文書簡化；從主張統一文書管理辦法實驗到強化行政效率；從實地『教』『學』『做』貫徹統一臺灣全省文書管理之主張」。介紹人說「所載各法已行之有效，頗具科學管理之價值，並可推廣於全國各省市」。1947 年 1 月出版，曾極大地影響了臺灣文書檔案工作。〔註 99〕介紹人孔大充、高柳橋〔註100〕都是研究地方行政專家，曾共事於江蘇學院。審查專家溫晉城〔註 101〕橫跨軍政教三界，對行政管理或文書檔案有否研究難以認定，以為「結構完善，文字亦生動，所謂改革辦法尚屬可行」；甘乃光作為國民黨高官，雖曾任秘書長等職務，對中國經濟思想有所涉獵，也著有《中國行政新論》，認為「所擬之改革步驟與方法多屬科學方法之運用，有其學理基礎及學術價值，並足資參考推廣之用」；只有張金鑑屬於真正的專家，曾以《人事行政學》獲得第二屆社會科學三等獎，以《行政管理概論》獲得第三屆獎助，他評論說「材料翔實，立論正確，且有實用價值，間有創見」，並給予二等獎。三人意見最終被小組委員否決。

社會科學這些未獲獎申請人及作品不少是中國近代學術發展過程相關學科的奠基人或奠基性作品，如謝廷信《銀行成本會計》、趙琛《刑法總則》、何任清《法學通論》、陳國琛《文書改革在臺灣》等，他們及他們的作品都應有其歷史地位，值得進一步挖掘與探究。

〔註99〕 韓李敏：《陳國琛與民國時期南方三省的文書改革》(一)，《浙江檔案》1989 第2 期。

〔註100〕 **孔大充**：生卒年不詳，江蘇興化人。畢業於金陵大學，留學歐美，曾任東海縣縣長、行政院參事、江蘇學院副院長、東吳大學商學院教授。曾發起成立中國行政管理學會、中國地方自治學會等，著有《中國地方政制導論》《縣民政概論》等。

　　高柳橋（1900～1950）：名炳春，江蘇泰州人。1928 年畢業於金陵大學，1934 年留美，獲明尼蘇達大學行政管理學碩士。曾任金陵大學、中正大學教授，中國地方建設研究所副所長、江蘇學院教授、江蘇教育學院教務長、蘇南文教學院研究部主任等。

〔註101〕 **溫晉城**（1890～1969）：名學嶠，以字行，江西寧都人。1917 年保定軍校畢業，留日入讀東京政治經濟學院、工業機械學院。回國後從軍從政，曾任旅長、保安司令、縣長、行政專員等。後從教，曾任中央政治學院教授、中正大學法學院院長等。1949 年去港轉臺，曾中興大學教授。著有《國學概要》等。

　　這些被小組審查委員否決的作品，介紹人中有高官如程天放（第一、二屆學術審議會委員），大學校長章益，也有學者李獨清、徐嘉瑞、傅懋勳、劉大杰、趙景深、許壽裳、黎錦熙、朱謙之、余謇、龔清浩、孫曉樓等；審查專家有高官陳立夫、梁寒操、甘乃光等，也有學者徐英、汪東、沈尹默、盧前、浦薛鳳、吳康、金岳霖、宗白華、周鯁生、楊端六、王易、呂叔湘、許哲士、雍家源、王覲、張慶楨、陳顧遠、張金鑑等；有些人既是介紹人又是審查專家，還是學術審議會的委員，有些人既是申請人也是審查專家。小組委員們並不完全為這些高官與專家的「名號」所震懾，做出了他們自己的選擇，不知討論時委員們面對自己介紹或審查通過的作品被否決時是什麼態度或感受，因資料缺失，實在難以臆測。

　　人文社會科學這麼多被審查專家認可的作品被小組委員否決，其中一個原因可能與作品本身的學術性有關，諸如《三民主義概論》《銀行成本會計》《刑法總則》《法學通論》《中國國民黨黨史概論》這樣「概論」「通論」作品都不被認為是專門研究。吳經熊為何任清《法學通論》作序，讚賞說：「我國今日之法學著作，貧乏極矣，得何君之書，其有助於法學之發展，蓋無疑矣。」但他又說該書「都十餘萬言，每章之末附有問答暨注解，極為詳盡，頗適合大學教科之用」。〔註102〕謝廷信《銀行成本會計》作為「大學用書」即教材，「論述銀行成本會計理論與實務」而已。通論性的教科書不能參與評選，章程中有明確規定。而陳果夫、陳國琛作品屬於「實操」性質，可能被認為沒有什麼理論深度。

　　不一樣的學科，評判的難度不一樣，問題就在標準尺度本身的分歧很人。有如此多原則性規定，但原則性規定需要化為具體的好惡，每個審查專家根據他們的具體評判提出了他們自己的意見。小組審查的委員們也根據他們自己的「好惡」投出了他們自己的票選。小組審查委員們的意見，充分顯現了他們對真正學術研究的尊重，更體現了他們將政治因素屏蔽於學術之外的決心與努力。這一結果的產生過程表明了學術如何在評議中通過這些程序超越了政治，獨立於現實政治，這既是程序的功勞，更是這些審查專家與學術審議會委員們「學術良知」的結果。

　　與人文社會科學相比，小組審查委員們基本尊重科學技術類別審查專家的

〔註102〕何任清：《法學通論·吳序》，商務印書館，1946 年 12 月三版。

意見，只有自然科學類兩件作品出現「紛爭」。海洋生物學家金德祥〔註103〕，在中國率先從事海洋矽藻研究，《廈門浮遊矽藻季節的分布》為其矽藻研究成果之一。兩個審查專家之一饒欽止是中國藻類學奠基人之一，曾正式候選首屆中研院院士，但從事淡水藻類研究，與海洋學有一定距離，他審查結果不給獎；另一位審查專家曾呈奎〔註104〕是專業海洋學家，中國海藻學奠基人，相比饒欽止似乎更專業，給予三等獎。〔註105〕小組意見肯定了曾呈奎，否決了饒欽止意見，給予三等獎。小組審查同古代經籍研究一樣，從專家審查中「撈」出一件作品予以肯定。與此相反，小組審查同時否決了一件專家們都肯定的作品。生平不詳的孫祝耆畢業於南菁書院，曾任奉天兩級師範學堂數學教員，1913年出版數學教科書，他以兩件作品《應用天文學》和《回求通法、橢圓捷術》申請獎勵，兩位同為福建人、相互之間比較熟悉的天文學家陳遵媯〔註106〕和高魯為審查專家，都給予獎勵，陳遵媯三等，高魯第一件二等或三等，第二件三等。其實，無論是孫祝耆個人研究水平，還是《應用天文學》這樣屬於通論性的論題、《回求通法、橢圓捷術》這樣非數學前沿研究成果，可能都算不上精深的學術研究，因此被小組否決。這樣，自然科學一進一出，小組審查後還剩下 8 件作品讓大會議決。不知小組審查委員在人文社會科學與科學技術方面的這種不同表現，是否顯示了人文社會科學與科學技術在學科上不同。也就是說，科學技術與人文社會科學相比，其評判的標準可能更加明確，審查專家們更能取得共識。

〔註103〕 **金德祥**（1910～1997）：浙江嘉興人。1933年畢業於廈門大學，1935年獲嶺南大學碩士。任職廈門大學、福建農學院、福建研究院動植物研究所、中正醫學院等。1946年重回廈門大學，曾任副教務長等，兼任中科院華東海洋研究所研究員。

〔註104〕 **曾呈奎**（1909～2005）：福建廈門人。1931年畢業於廈門大學，1934年獲嶺南大學碩士。曾任教廈門大學、山東大學、嶺南大學。後留美，1942年獲密執安大學博士。1946年回國，任山東大學植物系主任、水產系主任。1950年後，歷任中科院水生生物所海洋生物研究室副主任，海洋研究所副所長、所長等。海洋生物學家，1980年當選學部委員。

〔註105〕 曾呈奎與金德祥不僅是廈門大學本科同學，也是嶺南大學研究生同學，還曾在廈門大學同事，這種關係在評審中有何作用，值得注意。

〔註106〕 **陳遵媯**（1901～1991）：字志遠，福建福州人。1921年入讀東京高等師範學校。1926年畢業回國，任教北京女子高等師範、北京師範大學等。1928年任中研院天文所研究員，1946年代理所長。政權鼎革後，歷任中科院紫金山天文臺研究員、上海徐家匯觀象臺負責人、北京天文館館長。中國近代天文學奠基人之一，著有《中國天文學史》等。

五、評獎規則與流程操作分析（三）：大會選決

　　與小組審查委員對審查專家意見在人文社會科學和科學技術方面表現完全相反，大會選決在人文社會科學方面幾乎完全尊重小組委員們的意見，僅社會科學類出現「波折」，除張西堂作品移充哲學外，徐柚園一件作品需要再審。由於檔案中無徐柚園作品情況，不知為什麼大會作出這樣的決定。自然科學和應用科學方面，大會意見與小組意見卻有相當的出入，自然科學類小組審查意見中有兩件作品被大會否決，應用科學類也有兩件作品被否決，還有三件作品要求重審，其具體情況如表 5-8。

表 5-8　自然科學和應用科學類被大會否決和決議再審作品情況

類　　別	申請人	作品名稱	介紹人	審查人	審查結果	小組審查	大會選決
自然科學	金德祥	廈門浮遊矽藻季節的分布	汪德耀	曾呈奎 饒欽止	三等 不給獎	三等	不給獎
	洪紱	重劃省區芻議	黎照寰 王成組	胡煥庸 任美鍔 黃國璋	二等 三等 二等	三等	不給獎
應用科學	趙輝元	家畜寄生蟲病學	王毓庚 崔步瀛	熊大仕 鄭慶端	三等 三等	三等	不給獎
	唐盛苓	結構穩定之分析	鄭建宣 王師羲	蔡方蔭 楊培璋 劉樹勳	三等 三等 三等	三等	不給獎
	馬溶之	一、新疆中部之土壤地理；二、西北土壤地理	周昌芸 陳恩鳳	林超 馮景蘭 劉伊農	三等或二等 三等或不給獎 三等	三等	再送專家審核
	賈國藩	心臟迷走神經減張作用之證明	李鼎勳 黃曼歐	歐陽翥 張查理	二等 三等	三等	再送專家審核
	於天仁	重慶紫棕泥土之團聚度與侵蝕率	熊毅 陸發熹	陳恩鳳 李連捷 王志鵠	不給獎 二等 三等	三等	再送專家審核

　　金德祥作品僅有一位介紹人汪德耀〔註 107〕，時任廈門大學校長，從事細胞生物學教學與研究。小組委員雖然肯定了曾呈奎的專業性意見，但大會最終還是予以否定，似乎肯定了饒欽止的意見。1944～1946 年，洪紱〔註 108〕發表《新省區論》《中國政治地理與省制問題》等，探討重劃省區的可能性與必要性，《重劃省區芻議》1947 年 8 月發表天津《益世報・史地週刊》〔註 109〕，提出縮小省區劃分方案。介紹人黎照寰〔註 110〕並不從事地理學研究，王成組〔註 111〕一直在地理學領域教學與研究，洪紱尋找他們作為介紹人，可能與他當時任職上海有關。審查專家中央大學地理系主任胡煥庸以「胡煥庸線」聞名於世，曾以《縮小省區方案研究》獲得首屆社會科學二等獎，與洪紱觀點雖不盡相同，也能引起共鳴，給予二等獎。年輕的任美鍔〔註 112〕是胡煥庸的學生，並不從事政區地理研究，給予三等獎。黃國璋〔註 113〕是地理學

〔註107〕　**汪德耀**（1903～2000）：江蘇灌雲人。1921 年留法，1931 年獲巴黎大學國家博士。回國後任職北平大學、北平研究院等，1941 年創立福建研究院任院長，1943 年任廈門大學教授，1944～1950 年任校長。後曾任中科院遺傳所研究員、廈門大學細胞生物研究室主任，文革中遭受迫害。

〔註108〕　**洪紱**（1906～1988）：又名思齊，福建閩侯人。1925 年畢業於福建協和大學，留法獲里昂大學博士。1934 年回國，任教中山大學、清華大學、西南聯大，「戰國策派」重要人物，1943 年任職救濟總署。政權鼎革後，任教臺灣師範大學。旋移居美國在多所大學教授地理，曾任威斯康星州卡羅爾大學地理系主任。再轉加拿大，任溫尼伯來大學、貴富大學地理系主任。經濟地理學家，英國皇家地理學會終身會員。

〔註109〕　另有《重劃省區方案芻議》1947 年 3 月發表於《東方雜誌》，可能是同一作品的不同版本。

〔註110〕　**黎照寰**（1888～1968）：字曜生，廣東南海人。1907 年留美，先後就讀哈佛大學、紐約大學、哥倫比亞大學和賓夕法尼亞大學等，獲經濟學、政治學碩士，期間曾任孫中山秘書。回國後任職交通系統，曾任鐵道部次長。1930～1942 年任交通大學校長，戰後任教立信會計學校。1949 年後曾任上海市政協副主席等。

〔註111〕　**王成組**（1902～1987）：原名繩祖，上海人。1923 年清華學校畢業，留美先後獲哈佛大學史學碩士、芝加哥大學地理學碩士。先後任教清華大學、廈門大學、大夏大學、聖約翰大學等，1947 年回任清華大學教授。1952 年院系調整，任西北大學地理系教授。著有《中國地理學史》等。

〔註112〕　**任美鍔**（1913～2008）：浙江寧波人。1934 年畢業於中央大學，1936 年庚款留英，獲格拉斯哥大學博士。歷任浙江大學、復旦大學、中央大學教授。1949 年後，任南京大學地理系主任，兼任中科院南京地理研究所所長。長期從事自然地理和海岸科學研究與教學，1980 年當選學部委員。

〔註113〕　**黃國璋**（1896～1966）：字海平，湖南湘鄉人。1919 年雅禮大學畢業，任教附中。1926 年留美，獲芝加哥大學碩士。曾任中央大學、北平師範大學地理

前輩，曾作為中央設計局區域計劃組組長，提出調整省區的兩個方案，給予二等獎。小組審查給予三等獎，卻被大會否決，具體原因不得而知。畢竟審查專家無論是胡煥庸、任美鍔還是黃國璋都是非常知名的地理學家，何況胡、黃二人還給予二等獎。「重劃省區」與現實密切相關，大會否決不知是否與此相關。〔註114〕

　　中國獸醫寄生蟲病學奠基人之一趙輝元〔註115〕，申請作品《家畜寄生蟲病學》1947年出版，後於1951、1957、1991年先後三次修訂再版。兩位介紹人王毓庚、崔步瀛〔註116〕是趙輝元陸軍獸醫學校老師，一個曾任校長、一個曾任教務長。審查專家熊大仕、鄭慶端〔註117〕都是畜牧獸醫專家，都給予三等獎。最後被大會否決，可能與該作品僅僅屬於「教科書」這樣的通論性著作有關。生平不

　　　　系主任等，1940年任中國地理研究所所長。1946年回北平師範大學任教，曾任理學院院長等。1952年院系調整，任陝西師範大學地理系主任。文革起始就遭受迫害，9月6日與夫人范雪茵上吊自殺。

〔註114〕當時對省區重劃有兩派，一是「析省派」即縮小省區。蔣介石等人對此很積極，曾在1930年11月國民黨中央第三屆四中全會通過「縮小省區」議案，1939年8月，行政院專門成立省制問題設計委員會，通過了委員胡煥庸提出的方案。另一派為「調整派」，不僅主張縮小省區，「且主重劃省區，以求一勞永逸」，吳傳鈞、黃國璋、洪紱、傅角今等為代表。參閱張學繼《探索體國經野之方略——110年來有關我國一級政區改革方案評議》，《近代中國》第15輯（2005），第56～92頁。

〔註115〕趙輝元（1915～？）：浙江東陽人。1939年畢業於陸軍獸醫學校（時在貴州安順），留校任教，曾任寄生蟲學系主任。1949年後，曾任職西南軍區獸醫學校、解放軍獸醫大學等。後調任吉林省獸醫科學研究所，曾任所長。

〔註116〕王毓庚（1886～）：河北冀縣人。陸軍馬醫學堂（後改名獸醫學校）畢業，留日入東京大學習獸醫。回國後回母校任教，1928年任校長，1943年被授予獸醫總監（中將銜）。
　　　　崔步瀛（1888～1964）：字在洲，河北灤縣人。1911年畢業於陸軍馬醫學堂，留校任教。1919年入東京大學習獸醫，1921年回母校任教，歷任馬廠廠長、教務長等，抗戰期間隨校內遷致安順，曾任獸醫總監（中將銜）。1950年調任北京農業大學教授。

〔註117〕熊大仕（1900～1987）：江西南昌人。1923年清華學校畢業留美，1930年獲艾奧瓦大學博士。歷任南開大學教授，四川家畜保育所、農業改進所技正，中央大學教授、北京大學獸醫系主任、北京農業大學獸醫系主任等。獸醫寄生蟲病學家，專長馬結腸纖毛蟲研究。
　　　　鄭慶端（1903～1985）：福建仙遊人。1928年畢業於福建協和大學，1935年獲燕京大學碩士。回母校任教，1938年任嶺南大學教授。1941年留美，獲密執安大學博士。1946年回國，任中央畜牧實驗所技正。1949年後，曾任華東農業科學研究所研究員、江蘇農科院畜牧獸醫研究所所長等。

詳的唐盛苓《結構穩定之分析》為力學作品，介紹人鄭建宣〔註118〕物理學出身，長期任教廣西大學；另一位介紹人王師羲專長工程力學，曾以《主力之研究》獲第二屆應用科學獎助，時任教廣西大學。可見，唐盛苓可能也是廣西大學教師。三位審查專家蔡方蔭、楊培璋和劉樹勳〔註119〕都是土木工程力學專家，都給予三等獎，小組同意，卻被大會否決，也可能與屬於「通論性」作品有關。

　　被要求重審的三件作品，馬溶之〔註120〕是中國土壤地理學奠基人之一，長期任職中央地質調查所，申請作品分別發表於1945年《土壤季刊》和1946年《地理》，是其學術生涯中比較重要的研究成果，介紹人譽為「實為我國西北土壤之僅有良好研究報告」。介紹人周昌芸〔註121〕也曾任職中央地質調查所從事土壤學研究，此時已棄學從政擔任農林部次長；另一位介紹人陳恩鳳〔註122〕專注於土壤地理、土壤改良和土壤肥力研究，也曾任職中央地質調查所，時任復旦大學教授。三位審查專家林超〔註123〕是中國綜合自然地

〔註118〕 **鄭建宣**（1904～1987）：廣西寧明人。1928年畢業於武昌大學。1931年任教廣西大學，1933年留英，1936年獲曼徹斯特大學碩士。回國任廣西大學教授。1952年調東北人民大學，1958年回廣西重建廣西大學，任副校長。中國相圖物理開拓者，曾任廣西政協副主席等。

〔註119〕 **楊培璋**：生平不詳，廣東順德人。1914年畢業於上海工業專門學校（交通大學）土木科，曾任交通大學、同濟大學教授。
　　　　 劉樹勳（1902～1986）：遼寧昌圖人。1929年畢業於東北大學，留美獲康奈爾大學土木工程碩士。先後任教東北大學、中央大學，戰後曾任東北大學校長。1949年回中央大學，1952年院系調整任教南京工學院，後任副院長。曾任南京市副市長、江蘇省政協副主席、人大常委會副主任等。

〔註120〕 **馬溶之**（1908～1976）：字月亭，河北定縣人。1933年畢業於燕京大學，任職中央地質調查所土壤研究室，曾任主任等。1953年後，歷任中科院土壤研究所所長、綜合考察委員會副主任、地理所研究員等。

〔註121〕 **周昌芸**（1903～1977）：字芸夫，江蘇泰興人。1921年入南開大學，翌年留學德國，獲柏林大學博士。回國入中央地質調查所從事土壤研究。1937年任西北農學院教授，1940年任福建地質土壤調查所所長，1944年任福建研究院院長，1947年任農林部次長。1949年去臺，曾任大學教授、臺灣肥料公司顧問等。

〔註122〕 **陳恩鳳**（1910～2008）：字惠同，江蘇句容人。1933年畢業於金陵大學，1935年留德，1938年獲柯尼斯堡大學博士。先後任職中央地質調查所土壤室、中國地理研究所、復旦大學，曾任農藝系主任。1952年院系調整，歷任瀋陽農學院土壤農化系主任、副院長、院長等，曾兼任中國農科院遼寧分院副院長等。

〔註123〕 **林超**（1909～1991）：字伯超，廣東揭陽人。1930年畢業於中山大學，留校任教。1934年庚款留英，1938年獲利物浦大學博士。回國任教母校，曾任地理系主任，翌年去西南聯大。1940年參與籌建中國地理研究所，曾任所長。1950年任清華大學教授，1952年院系調整任北京大學教授。

理學奠基人，以為「兩文對我國土壤地理甚有貢獻」，給予三等或二等獎；馮景蘭是地質學家，曾正式候選首屆中研院院士，認為《新疆中部之土壤地理》「較為詳細」，《西北土壤地理》「僅係一種通俗的敘述」，給予三等獎或不給獎；劉伊農〔註124〕也是德國柏林大學博士，從事鹼金屬及鹼土金屬光電分析、鉀肥對大豆產量及質量影響等研究，認為作品「為實地調查所得，有相當之獨創性及學術價值」，給予三等獎。〔註125〕對於三位專家的意見，小組審查綜合為三等獎，但大會卻猶豫了，要求繼續審查。與直接否決的兩篇相比，大會認為馬溶之作品是研究成果，程度如何雖有三位專家的意見，但他們還是不能確定，需要繼續審查，難道是馮景蘭的「或不給獎」意見讓他們「心煩意亂」？

另一篇需重審作品也屬於土壤研究。於天仁〔註126〕是中國土壤電化學創始人，屬於中國土壤研究年輕一輩，時任中央地質調查所技佐，作品「由實驗證明四川紫棕壤之團聚度均甚低，有機質含量甚少，且無促成糰粒之作用，為極易沖蝕之土壤」。介紹人熊毅〔註127〕是中國土壤膠體化學和土壤礦物學奠基人，時任中央地質調查所土壤研究室主任，陸發熹〔註128〕也是比於天仁年長的土壤學研究者，時任職中央地質調查所土壤室，他們認為作品「對染色土之物理性及有關土壤之侵蝕性研究甚詳，洵屬佳著」。審查專家陳恩鳳認為

〔註124〕 **劉伊農**（1908～1985）：四川儀隴人。1933年畢業於中央大學，1939年獲柏林大學博士。歷任國立貴州農工學院、中央大學農化系主任，南京農學院總務長、農業物理系主任等。

〔註125〕 值得注意的是，兩位介紹人和兩位審查專家都是留歐博士，其中周昌芸、陳恩鳳、劉伊農還是德國博士，德國對中國土壤學發展的影響由此可見。

〔註126〕 **於天仁**（1920～2004）：山東鄆城人。1945年畢業於西北農學院，任中央地質調查所土壤室技佐。後歷任中科院地質所土壤室助理研究員，土壤研究所助理研究員、副研究員、研究員、室主任等。長期從事水稻土和紅壤的電化學研究工作，1995年當選中科院院士。

〔註127〕 **熊毅**（1910～1985）：字其毅，貴州貴陽人。1932年畢業於北平大學農學院，任職中央地質調查所土壤室。1947年留美，先後獲密蘇里大學碩士和威斯康星大學博士。1951年回國，歷任中科院地質研究所、土壤研究所研究員，土壤及水土保持研究所所長，南京土壤研究所副所長、所長，南京分院院長等。1980年當選學部委員。

〔註128〕 **陸發熹**（1912～？）：廣西容縣人。1936年畢業中山大學，繼續攻讀研究生，1938年獲碩士。任職中央地質調查所土壤室，1940年任四川農業改進所土壤股長，1942年回地質調查所，1948年回母校，曾任農業化學系主任。1952年院系調整，任華南農學院教授、系主任等，曾兼任中科院廣州土壤研究所所長等。

「具有相當學術價值，似尚不給予獎勵」；李連捷〔註129〕是中國土壤科學奠基人之一，長期任職中央地質調查所土壤室，以為「思想正確，結構完善，但內容無特殊創見，工作方法失之於粗放，惟所論有學理根據，對目前之農業水利大有貢獻」，給予二等獎；王志鵠也是中國土壤學奠基人，曾以《荊峪溝土壤之性狀與水土保持》獲得第五屆三等獎，本屆以《土壤微生物學研究上之新途徑》獲得二等獎，他以為「觀點尚正確，有創見處堪稱創制，於農業方面有若干影響」，給予三等獎。對於於天仁的作品，三位審查人意見完全不一致，從不給獎到二等獎，大會議決重審有其道理。

賈國藩〔註130〕申請作品「發現心臟迷走神經有減張機能，與心臟交感神經成為對抗作用，以調節心臟應有之動作情況」，被認為是他學術生涯的重要成果，稱之為「變張作用」，時任教福建醫學專科學校。介紹人李鼎勳〔註131〕是泌尿專家，時任學校校長；另一位介紹人黃曼歐生平不詳，曾任浙江醫專教務長、江蘇醫學院院長和福建醫學專科學校校長。他們推薦賈國藩作品說：「發明新的生理，對心臟之疾患不論治療或預防提供重要條件，允為醫界貢獻。」審查專家歐陽翥〔註132〕是著名神經解剖學家，審查意見是「有獨創之發現，學術上確有貢獻」，給予二等獎；張查理〔註133〕也是醫學名家，認為

〔註129〕 **李連捷**（1908～1992）：河北玉田人。1932 年畢業於燕京大學，任中央地質調查所調查員。1940 年留美，先後就讀田納西大學、伊利諾大學，1944 年獲博士。曾任中央地質調查所研究員、北京大學土壤系主任。1949 年後，曾任北京農業大學教授、研究院副院長等。長期從事土壤地理學研究和教學，1955 年當選學部委員。

〔註130〕 **賈國藩**（1905～1972）：遼寧開原人。1931 年畢業於北平大學醫學院，留校任教。後入協和醫學院，師從林可勝等。抗戰爆發後，南下廣州任軍醫學院上校教官。後轉福建醫學專科學校（福建醫學院）任教，曾任教務長等。文革中遭受迫害，含冤去世。

〔註131〕 **李鼎勳**（1903～？）：湖南人。早年留學日本，獲東京帝國大學醫學博士。1934 年回國，任教湘雅醫學院。1937～1943 年任福建省立醫院院長，1943～1946 年任福建醫學專科學校校長。1949 年去臺。著名數學家李天岩（1945～2020）是他哲嗣。

〔註132〕 **歐陽翥**（1898～1954）：字鐵翹，湖南長沙人。1924 年畢業於東南大學。1929 年留歐，先在法國巴黎大學研究神經解剖學，旋轉德國柏林大學讀動物系和人類學，1933 年獲博士。歷任中央大學生物系教授、南京大學生物系主任等。1954 年 5 月因眼病不能得到及時救治等，投水自殺（具體時間不確）。

〔註133〕 **張查理**（1895～1970）：原名霽，山東蓬萊人。1919 年畢業於奉天醫學專科學校。1923 年留英，入讀愛丁堡大學。回國任職母校，九一八事變後搜集日侵華罪證，1935 年被捕。出獄後入關任教中央大學醫學院，後任蘭州中央醫

「深有生理學之價值，對前人之臆度從事實驗，使人得進一步之瞭解，有相當之獨創性，頗有學術價值」，給予三等獎。小組審查意見三等獎，大會不相信歐陽翥等人意見，要求重審。

可見，要求重審的三件作品，審查專家意見基本上不一致，雖然小組意見三等獎，但大會以為需要更多的意見來確定是否獲獎或獲獎等第。賈國藩作品通過再審，決定不予獎勵。而其他兩部作品還沒有審查完畢，政權就發生了轉移，馬溶之、於天仁也就失去了可能獲得國民政府教育部獎勵的機會。

值得注意的是，自然科學和應用科學兩類作品獲獎數量已遠遠超過規定也可能是被否決或重審的一個原因，如應用科學二等獎 7 件、三等獎 7 件都超過 4 件和 5 件的最高限額。這些或被否決或需再審的作品，無論是申請人、介紹人還是審查專家，大多數人在中國近代科學技術發展史上都有其獨特的地位，如申請人於天仁當選中科院院士，馬溶之是中國土壤地理學奠基人，金德祥、洪紱、趙輝元、賈國藩等在各自領域也都取得重要成就；介紹人汪德耀、黎照寰、王成組、王毓庚、崔步瀛、周昌芸、陳恩鳳、熊毅、陸發熹等，審查專家曾呈奎、饒欽止、胡煥庸、任美鍔、黃國璋、熊大仕、鄭慶端、蔡方蔭、林超、馮景蘭、歐陽翥、李連捷、王志鵠等也在各自專業領域赫赫有名，不少人後來當選中科院學部委員或院士。

通過上述對具體評獎過程的分析，可以看出，學術審議會的評獎在規則方面有兩個比較明顯的「漏洞」，也就是說規則和程序有「明顯的不公平」。一沒有遵循「匿名評審原則」（正如上面所指出，到第六屆評獎時才開始匿名評審），二沒有完全遵從「迴避原則」。程序公正是學術評議最基本的要求與保障，這些漏洞自然是評獎規則不完善的表現，但這似乎沒有在多大程度上影響到評獎結果的「不公正」，其間起關鍵性作用的是審查專家群體，因此需要對他們的作用與地位進行一定的分析。〔註 134〕

雖然評獎規則與程序中並沒有遵循所謂「迴避原則」，有許多人既是申請人

院院長、蘭州醫專校長等。1949 年後，曾任蘭州陸軍總醫院院長、西北行政委員會衛生局長等。後調衛生部任職，被劃為右派，調天津醫學院。

〔註 134〕羅伯特·默頓曾從學術雜誌發表論文所請審稿人角度分析考察了評議人在學術發展過程中的重要作用，他提出「評議人是一種地位鑑定者，其職責是對某一社會系統中角色表現的質量作出評判」，「通過他們對角色表現的評價和根據角色表現的情況對獎勵的分配，地位鑑定者成了社會控制系統的組成部分。他們影響著保持或提高角色表現的標準的動機」〔美〕羅伯特·默頓著，魯旭東、林聚任譯《科學社會學》，第 633 頁。

又是審查專家，更多的人既是介紹人又是審查專家，這種現象就是所謂裁判員兼運動員。但是這些作為審查專家的申請人往往不是打壓對手，而是以學術水平為標準實事求是地評定對手的作品，並大多給予獎項。如文學類楊樹達以《造字時有通借證及古文字研究》申請，但他又是徐復《語言文字論叢》的審查人，他認為徐復作品「所論甚博，雖不能一一精審，然頗多中肯之處，亦為可取」〔註135〕，與另一審查專家徐中舒一樣將徐復作品評定為三等，最終徐復獲得三等獎。他還是文學類他二女婿周鐵錚〔註136〕《切韻補譜》介紹人和古代經籍研究類多件作品的審查人。哲學類崔載陽以《三民主義哲學》申請，正如前面所述，還是同一研究主題梁思豪《三民主義概論》審查專家，與兩位政界大佬一樣給予三等獎；同時也是楊澤中〔註137〕《國父與中國思想》的審查人，高度評價楊的作品，評為二等獎，因另一審查人羅香林不給獎，致使楊作品「名落孫山」。張西堂作為申請人，也是多件作品的審查人。這些申請人、介紹人、審查專家或二者兼具或三者集一身，以學術水平為第一標準，以學術良知彌補了評獎規則的不完善，保證了評獎結果的相對公正。他們的作為，昭示了學術良知不僅可以彌補規則的不足，更可以超越規則，讓「天下公器」的學術皎皎於陽光下。另一方面也說明，不匿名評議反而有一種公示性，使每個評審專家對自己的評斷負責，由此產生的制約也許可能比匿名更為公平。匿名製很可能成為「行為低下不敢承擔責任者的避風港」，或者使評議人可以肆無忌憚地利用手中權力謀取利益，因為匿名往往都可以通過一定的程序與手段成為「公開」。

雖然評審不匿名，但專家們並沒有表現出多少的傾向性，最突出的表現自

〔註135〕 楊樹達1946年12月18日記載說：「教育部學術審議會寄到徐復著《語言文字學論叢》請審查。卷中有語源學論文一種，意在讀余書。自記云：『楊先生妙達神旨，贊頌無窮。既錄存其說，妄有續貂』云。據文中語，知是黃季剛弟子，所論不能盡確，亦有數事可取。述季剛論《爾雅·釋詁》：『詔相導左右助勵也』，助勵二字誤倒，其說至有理。」楊樹達《積微翁回憶錄》，上海古籍出版社，1986年，第250頁。

〔註136〕 **周鐵錚**（1914～1978）：湖南大學畢業，留校任教，楊樹達得意門生，中意的學術接班人。院系調整，任教湖南師範學院，被打成右派兼歷史反革命，判刑三年，妻離子散。1978年1月2日，半身不遂的他因棉褲著火燒傷，無錢治療，翌日去世（楊德嘉《楊樹達兒輩們遭遇的「革命」》，向繼東編選《中國文史精華年選（2005）》，花城出版社，2006年，第174～175頁）。著有《現代漢語講稿》《長沙人學普通話手冊》《漢字與漢字改革》等。

〔註137〕 **楊澤中**：生平不詳，中山大學研究院教育學部畢業，留校任教，曾任無錫國專教授。《國父與中國思想》1945年由東南半月刊社出版。

　　然是審查專家們對同一件作品的評價大多能一致。〔註138〕這表徵了他們作為某一領域的專家，在學術評價上「英雄所見略同」的共性。正如前面所示，大多數被提出選決的作品，專家意見一般是「不給獎」與「三等獎」，最後小組意見「不給獎」。當然，也有專家的意見相差極大，可能反映了「仁者見仁，智者見智」的事實，也有可能有其他不可知曉的因素（其間可能存在因非「匿名」帶來的弊病）。

　　第六屆評獎中，專家意見方面文學類一致性達到88%，17件作品中有2件專家意見不一致，林之棠《錦屏樓詩詞稿》，孫為霆認為「辭句平庸，意境淺俗」，汪東以為「略能成句，絕無完篇」，都不給獎；唐蘭卻予以好評，「詩筆極健，似學襄陽，頗見功力，惜有小疵，詞尚平穩」，給予二等獎。余毅恒〔註139〕的《詞荃》，盧前以為「此書類能提綱挈領，粗成大略，然材料皆是習見，亦無創獲足言」，不給獎；王易認為「觀點大致正確，參考資料雖未詳，而結構體系則多有可稱，整理前人成說雖少，改進而能貫以己見為有系統之說明」，給予二等獎。哲學類一致性為80%，10件作品中有2件專家不一致，除前面提及的楊澤中《國父與中國思想》外，曹謙〔註140〕《荀學九學》，荀子研究專家鍾泰〔註141〕二等、圖書館學家劉國鈞〔註142〕三等、

〔註138〕　不同專家對同一問題的審查意見表現出一致性，這是科學的權威結構發生作用的結果，當然不同的學科一致性程度不同。參閱羅伯特·默頓《科學社會學》第634～635頁。

〔註139〕　余毅恒（1914～2002）：四川屏東人。畢業於中央政治學校，曾任國立貴州農工學院講師，新疆學院副教授、教授，蘭州《和平日報》主筆等。著有講義《中國文字學》《中國文學史》和《黃山谷詩選注》《余毅恒詩詞選集》等。《詞荃》按照詞的意義、起源、題材、詞與詩、詞調、歌詠、創作、流派等分別論述。1944年由正中書局初版，1946年再版，1966年三版，1991年增訂再版。

〔註140〕　曹謙（1891～1972）：字百川，浙江蘭溪人。畢業於浙江高等學堂，長期任教浙江省立第七中學（金華中學）。1943年任暨南大學文學院副教授，1946年任英士大學文理學院副教授。1949年後，繼續任教金華中學，1957年被劃為右派。著有《文學概論》《韓非法治論》等。

〔註141〕　鍾泰（1888～1979）：字鍾山，江蘇南京人。早年求學東京大學，任教兩江師範學堂、南京法政專門學校等。1924年任之江大學國學系主任，1939年任藍田國立師範學院教授，1943年任大夏大學中文系主任。戰後到上海，任光華大學教授。1949年後，曾任華東師範大學教授、上海文史館館員等。著有《國學概論》《荀注訂補》等，輯有《鍾泰著作集》。

〔註142〕　劉國鈞（1899～1980）：字衡如，江蘇南京人。1920年畢業於金陵大學，1925年獲威斯康星大學博士。曾任金陵大學圖書館主任、館長、文學院院長，西北圖書館館長，蘭州大學教授等。1951年任教北京大學，曾任圖書館學系主任。

哲學家熊偉〔註143〕不給獎。社會科學類一致性高達91%，44件作品中僅有4件不一致。李浩培《國際私法中的公共秩序問題等五篇》，民法學家吳學義雖「未敘」是否給獎，但評語「結構尚善但無何等創見，更無獨立體系，礙難認為具有相當的獨創性之價值」，可知不給獎；時任立法委員陳顧遠以為「雖每篇各有其精闢之點，然究涉麟爪，不足促進國際私法學之進步」，不給獎；戴修瓚〔註144〕卻極力推崇，「係研究結晶精心傑作，篇幅多寡本所不計，比較研究學理富有根據，所得方案尤足供立法採擇，洵堪謂對於學術確有特殊貢獻」，給予一等獎，相差極大〔註145〕。吳炎《人像號碼分析法》，鄧裕坤不給獎、徐聖熙〔註146〕二等獎、焦俊嶺「研究精神值得鼓勵」未敘等第。劉公任〔註147〕《三國新志》，被通史與專史兼備的大家呂思勉〔註148〕看重，

〔註143〕 **熊偉**（1911～1996）：貴州貴陽人。1933年畢業於北京大學，留德入弗萊堡大學師從海德格爾，1939年獲博士，曾任波恩大學、柏林大學講師。1941年回國，任中央大學哲學系教授。1951年任北京大學教授。中國存在主義思想家、德國古典哲學研究專家。

〔註144〕 **戴修瓚**（1887～1957）：字君亮，湖南武陵人。早年留日，入中央大學法律系。回國任教京師法政學堂（先後改名法政專門學校、法政大學），曾任法律系主任兼教務長。後投身司法實踐，曾任京師地方檢察廳檢察長、最高法院首席檢察官等。再返教育界，任上海法政學院法律系主任、北京大學法律系主任等。1949年後，曾任國務院參事等。

〔註145〕 事實上，戴修瓚的評價可能更為準確，李浩培申請作品是他任教武漢大學期間潛心研究的成果，「代表了當時我國國際私法研究的水平」（何其生主編《珞珈國際法：學人與學問》，武漢大學出版社，2011年，第124頁）。李浩培後也以「研究國際私法，主持法律系多年」正式候選中研院首屆院士。

〔註146〕 生平不詳的**吳炎**，抗戰期間任職成都警察局，專門辦理戶籍整理工作，發明了一種「人像號碼分析法」，可以不用照相而將人相貌特徵予以記錄。作為一種「發明」，在「社會科學」類申請獎勵，似乎有些不倫不類。三位審查專家鄧裕坤、徐聖熙、焦俊嶺都生平不詳，鄧曾任內政部警察總署副署長，著有《現代警察研究》（1946年）；徐為筆跡鑒定專家，著有《筆跡驗證》（1947年）、《實用指紋學》（1948年）等；焦河北趙縣人，曾任首都警察廳監獄科科長、法醫學教官等。

〔註147〕 **劉公任**：生卒年不詳，字孝劭，湖南衡山人。中國公學畢業，曾任職政府機關，後棄政從學，曾任廣西大學教授。著有《中國歷代徵兵制度考》《史通分論》等，《三國新志》1947年由上海世界書局出版，有顧頡剛序言。

〔註148〕 **呂思勉**（1884～1957）：字誠之，江蘇武進人。自學成才，1905年開始從事文史教學與科研工作，先後任教東吳大學、常州府中學堂、南通國文專修科、上海私立甲種商業學校、江蘇省立第二師範、滬江大學、光華大學等，也曾任中華書局、商務印書館編輯。1949年後，任華東師範大學教授。後人輯有《呂思勉全集》26卷。

認為「此書於三國史事，用力甚深，搜剔既精，條理亦密，體例不泥於古而亦不背於舊」，給予二等獎；「學衡派」主帥柳詒徵以為「就《陳書》裴注分類抄撮，略參《通考》等書，以為治史，初基則可，未及即稱新著。欲事獎勵，僅可列之第三等」；卻被柳詒徵弟子繆鳳林〔註149〕看輕，認為沒有任何特殊貢獻，且多錯誤，不給獎。王子雲〔註150〕《中國歷代應用藝術圖綱》陳之佛〔註151〕二等獎、李濟不給獎、鄭振鐸三等獎。古代經籍研究類一致性為人文社會科學最低，也達64%，11件有4件不一致。生平不詳的江西人劉詠溑《段注說文廢字輯略》，楊樹達二等獎〔註152〕、聞宥〔註153〕不給獎。張震澤〔註154〕《許慎年譜》徐中舒二等獎，楊樹達不給獎。〔註155〕生平不詳的宋嗣恂《孝經大義微》，錢穆以「於訓詁考據義理均無新意，頭緒紛繁既非著述亦少應用」

〔註149〕 **繆鳳林**（1899～1959）：字贊虞，浙江富陽人。1923年畢業於南京高等師範學校，任教東北大學。1928年任中央大學教授。1949年後，任南京大學教授，曾被遣送東北「勞改」。柳詒徵高足，學衡派代表人物之一，著有《中國通史綱要》等。

〔註150〕 **王子雲**（1897～1990）：名青露，以字行，安徽蕭縣人。先後就讀上海西門圖畫學校、北京美術學校等。1932年留法，入巴黎高等美術學校雕塑系。1937年回國，任職杭州藝專。1939年任西北藝術文物考察團團長，1945年任西北大學教授，1948年任成都藝專教授。1952年調任西北藝專（西安美術學院）教授。《中國歷代應用藝術圖綱》當時未刊，直到2007年才由其女兒女婿整理出版。

〔註151〕 **陳之佛**（1896～1962）：浙江餘姚人。1915年杭州甲種工業學校紡織科畢業，留校任教。1918年留日，入東京美術學校工藝圖案科，1923年回國。曾任教上海東方藝專、廣州市立美專、上海美專、中央大學等。1942年任國立藝專校長，後回中央大學。1949年後，曾任南京大學教授、南京師範學院美術系主任、南京藝術學院副院長等。擅長工筆花鳥，主編有《中國工藝美術史》等。

〔註152〕 楊樹達1947年9月11日記載說，審查劉詠溑《說文廢字輯略》，「擬三等獎」。楊樹達《積微居回憶錄》第261頁。

〔註153〕 **聞宥**（1901～1985）：字在宥，江蘇松江人。曾入震旦大學進修，1920年前後任職《民國日報》，後入商務印書館。1929年後，歷任中山大學副教授、燕京大學、山東大學、四川大學、雲南大學、華西協合大學教授，曾任中文系主任、中國文化研究所所長等。1952年院系調整，任四川大學教授，1954年調中央民族學院，1957年被打成右派。語言學家，對古代器物特別是銅鼓和漢畫像也有精深研究，著述甚豐。

〔註154〕 **張震澤**（1911～1992）：字溥東，山東長清人。1935年畢業於山東大學，曾任教中學。1941～1946年任教西北大學，1946～1952年任教重慶國立女子師範學院。後調遼寧，歷任旅大師專、瀋陽師範、遼寧大學教授，曾任中文系主任。

〔註155〕 楊樹達1946年12月24日記載說張震澤定許慎生於永平七年，「並無明據」；陶方琦《年表》說許慎生於明帝初年，「並未確指何年」，而張震澤說陶方琦「主生永平元年」，「亦殊誤解」。楊樹達《積微居回憶錄》第250頁。

不給獎；鍾泰認為「以經說經，信而有據」給予一等獎；顧頡剛以「創見頗多，對於孝經貢獻不少」給予三等獎。還有前面一再提及的楊明照作品。人文社會科學總體一致性達到 85%，具有相當高的一致性。

自然科學類一致性為 89%，18 件作品 2 件不一致，吳大任〔註 156〕、陳鸒夫婦 On Projective Generations 等二種，陳省身二等獎、蘇步青不給獎、胡坤陞三等獎〔註 157〕，最終似乎蘇步青意見得到尊重。何大章〔註 158〕《澳門地

〔註 156〕 **吳大任**（1908～1997）：廣東高要人。1930 年畢業於南開大學數學系。1933 年首屆中英庚款留英，獲倫敦大學碩士。1935 年赴德國，入漢堡大學專攻積分幾何。1937 年回國，歷任武漢大學、四川大學教授。1946 年回南開大學，曾任教務長、副校長。中國積分幾何研究先驅之一。

〔註 157〕 吳大任夫婦作品意見的不一致性是否有非匿名帶來的後果，難以認定。陳省身雖然與吳大任南開同學且是好朋友，但不能證明其間存在「傾向性」。因為即使匿名，陳省身也會知道該作品為吳大任夫婦所作。當然，這從一個方面說明，當時學術界相關專家太少，在某些作品的審查上根本不可能完全施行「迴避原則」。茲附錄三人的審查意見，以供參考。

蘇步青審查意見：「所審論文第二篇純係著者一時創設之主張，方法平凡，並無與其他問題之聯繫，至於引用一節，亦極有限，未見特別創作性。第一篇係一定理之證明，頗有學理根據，且整理前人 Roth 工作，亦不無貢獻。惜乎未能解決 Roth 原文所指謫之「……results which are not yet available」。審查人意見以為此論文乃普通一定理之發見，而非某種成一體系之著作。所論內容，亦極古典，殆非現代數學精神之所在，盡可投登 Roth 論文（1929）所在之 Proc. London Math. Soc. 或無問題。若作為著作發明請獎作品，則似嫌太淺。」總評：「理論平常，改善前人工作之處不多，單為一篇試投稿有關雜誌之論文或可無問題，若為請獎之件，則似有未逮，故擬不給獎。」

陳省身審查意見：「第一篇 On Projective Generations，討論用投影方法產生高度空間之超曲面問題，三度空間之同樣問題曾經前人討論，本篇所得高度空間之結果，與三度空間不同，所用方法尚富創作性。第二篇 On the Solution of a Matrix Equation 討論一特殊問題，所得結果極為詳密。」總評：「作者能覓得適當問題，得其全解，極見功力，工作亦有相當學術價值，但重要性不能謂為第一流的，建議給予第二等獎。」

胡坤陞審查意見：「對於第一篇之意見：Roth 曾將三度空間之 Steiner 曲面之射影造法推廣至 n 度空間，並於四度空間加以詳細討論。本文於 n 度空間創出一普遍射影造法及一特殊射影造法，前者乃 Steiner 造法之真正推廣，後者乃 Roth 造法之推廣。次討論此二種造法在何種情形下始能得到同一結果，並詳列其應用。實為一富有學術價值之論文。對於第二篇之意見：本文討論求一二級矩陣之方根與一度空間之射影變換之關係，對於每一代數定理均有一相當幾何定理，惟係一撮要性質，未附全文，頗以為憾。」總評：「兩篇論文均富饒學術價值，似可給與第三等獎勵。」

〔註 158〕 **何大章**（1915～1996）：廣東香山人。1938 年畢業於中山大學，曾任中學教員。1941 年回母校任教，1945 年轉廣東文理學院，歷任副教授、教授、代

理》，傅角今〔註159〕二等、任美鍔不給獎、林超酌予獎金。應用科學類一致性為84%，38件作品中有6件不一致。王啟民〔註160〕《中國人的乳突研究》，蔡翹和張鋆〔註161〕不給獎、張查理二等；何景《南京井水分析及作物栽培試驗》，錢崇澍二等、李先聞不給獎、殷宏章輔助試驗費；繆進三〔註162〕《福建省之稻作》，小麥育種專家沈宗瀚給予二等獎、水稻專家楊開渠〔註163〕和盧守耕〔註164〕不給獎；唐崇禮〔註165〕《燃料工業》，化工專家李壽恒〔註166〕給予二

地理系主任。1952年院系調整，任華南師範學院教授、地理系主任。1962年調中科院廣州地理研究所任研究員。對華南地理尤其是氣候研究有特出貢獻。

〔註159〕　**傅角今**（1895～1965）：又名鼇，湖南醴陵人。1924年畢業於北京師範大學，曾任中學教員，湖南省政府統計室主任。1936年留學德國，入萊比錫大學進修地理。1938年回國，歷任復旦大學教授、內政部技正、方域司長等。1949年後，歷任西北師範學院、蘭州大學、西北大學地理系教授、系主任等。

〔註160〕　**王啟民**（1915～1993）：山西河曲人。1937年畢業於北平師範大學。曾任國立中正醫學院副教授。1949年後，歷任華中醫學院、第六軍醫大學、第三軍醫大學等教授。在人體解剖學、組織學和胚胎學等方面造詣頗深，申請作品1947年發表，將中國人乳突分為三種類型，是其代表研究成果之一。

〔註161〕　**張鋆**（1890～1977）：字伯鋆，浙江平陽人。1911年畢業於日本慈惠醫科大學。曾任教江西醫專、直隸醫專等。1921年留美，獲哈佛大學博士。回國後任教直隸醫專、湘雅醫學院、河北大學和中央大學。1931年赴美研究，1934年回國，任教上海醫學院。1947年任教協和醫學院，曾任解剖系主任、副院長等。後任中國醫學科學院副院長、中國醫科大學教授等。

〔註162〕　**繆進三**：生平不詳，曾任福建省農事試驗總場作物課長，《福建之稻作》記載了福建33個縣707個水稻地方品種特徵特性，為以後開展有性雜交育種進行了初步探索。

〔註163〕　**楊開渠**（1902～1962）：浙江諸暨人。1924年畢業於浙江省立甲種工業學校。1927年留日，1930年畢業於東京大學農學部。1932年回國，歷任浙江地方自治專修學校教員，四川鄉村建設學院教授，四川大學教授兼農藝系主任、農學院副院長等。1956年任四川農學院院長。

〔註164〕　**盧守耕**（1896～1988）：字亦秋，浙江慈谿人。1918年畢業於北京農業專門學校，曾任中學教員。1925年任教浙江農業專門學校。1930年留美，獲康奈爾大學博士。1933年回國，歷任中央農業實驗所技正，浙江大學農學院院長。抗戰勝利後赴臺，曾任臺灣糖業試驗所（糖業研究所）所長、臺灣大學農學院教授等。著有《稻作學》《現代作物育種學》《臺灣之農業》等。

〔註165〕　**唐崇禮**（1903～1990）：字敦吾，湖北蒲圻人。1930年北平大學工學院畢業，1934年留英，1938年獲倫敦大學博士。曾任廣西大學化學及化工系主任、中央大學化工系主任等。1947年，任經濟部駐日代表等。1957年回國，任華東化工學院教授。1970年赴日探親，留居日本。

〔註166〕　**李壽恒**（1898～1995）：字喬年，江蘇宜興人。1918年考入金陵大學，1920年留美，先後就讀密西根大學和伊利諾大學，1925年獲博士。歷任東南大學

等獎、造紙專家潘承圻〔註 167〕卻認為「無創作發明在內，多來自美國書籍」；陳超常〔註 168〕《人體寄生原蟲學》和《人體寄生蠕蟲學》屬於通論性作品，中國近代內科醫學的奠基人戚壽南〔註 169〕給予二等獎，但陳超常老師與上級洪式閭認為「編譯非專著，無創見」，中國生理學泰斗林可勝也認為「多係翻譯，醫學書籍缺乏，可獎勵（三等或以下）」；許植方《國產利尿藥木防己成分研究（一）》和《木防己甲乙兩素構造》，藥學家管光地〔註 170〕給予二等獎，趙承嘏認為「其發現與陳克恢相同」，吳榮熙（1947～1948 年曾任南京國立藥專校長）給予三等獎。科學技術類總體一致性達到 86%，也沒有表現出明顯的傾向性。

　　值得提及的是，所有這些專家意見不一致的作品，無論是三位專家還是兩位專家，因為有一位專家否決，都未能獲得獎勵。專家們在意見上的不一致，與其說是因非匿名性帶來的後果，不如說是因專家對審查論題所涉及領域研究前沿瞭解程度的表現。如上述唐崇禮、陳超常、許植方等人作品，真正專家「火眼金睛」，一眼就能看出偽裝的創作原來是翻譯的「舶來品」或「前人已有的發現」，自然被排除獲獎行列。畢竟潘承圻、洪式閭、林可勝、趙承嘏才是相關研究領域的真正專家，這也體現了真正專家的意見在評獎中往往起到決定性作用。如古代經籍研究類楊明照《漢書顏注發覆》，審查專家錢穆給予「二等」，顧頡剛「三等」，而陳延傑「不給獎」，小組決定給予三等獎，大會

　　　　教授，浙江工業專門學校應用化學科主任，浙江大學化學工程系主任、工學院院長、教務長等。1952 年院系調整後，歷任浙江大學教務長、副校長，浙江化工研究所副所長、浙江化工學院院長等。

〔註 167〕　**潘承圻**（1893～？），江蘇吳縣人。1915 年清華學校畢業，留美獲麻省理工學院學士、緬因大學造紙工程碩士。曾任教蘇州工專、浙江大學，1938～1941、1945～1947 年兩度擔任交通大學化學系主任。也曾在杭州華豐造紙廠、嘉興民豐造紙廠等企業兼職。

〔註 168〕　**陳超常**：生卒年不詳，浙江永嘉人。早年在洪式閭創辦的杭州熱帶研究所學習工作，曾任浙江地方病防治所所長。1949 年後，任安徽醫學院寄生蟲學教授，曾任安徽省血吸蟲研究委員會副主任。《人體寄生蠕蟲學》《人體寄生原蟲學》1947 年由中國科學圖書儀器公司出版。

〔註 169〕　**戚壽南**（1893～1974）：浙江寧波人。1916 年畢業於金陵大學，留美入約翰·霍普金斯大學，1920 年獲醫學博士。1922 年回國，任教協和醫學院。1934 年任中央大學醫學院院長兼南京中央醫院總醫師。1948 年以中國代表團團長身份參加日內瓦國際衛生會議，會後去加拿大，最終定居美國，在馬丁堡政府醫院任職。

〔註 170〕　**管光地**（1904～1952）：江蘇南京人。1931 年畢業於中央大學，任教中法大學。後留學美國，1937 年獲威斯康星大學藥學碩士。歷任南京國立藥學專科學校教授、教務長、校長等。

也議決三等獎，說明無論是小組委員還是大會委員，看重的是錢穆、顧頡剛的意見，因為他們才是該領域真正的專家。應用科學類前引王清和作品，沈宗瀚和陳鴻逵給予二等獎，朱健人三等獎，最後獲得二等獎，顯然真正農學專家沈宗瀚、陳鴻逵意見得到了重視。這些都表明，同行評議中只有本學科的真正專家或者說權威，才能較為公允地評價學術。而那些雖對某學科有相當瞭解，但對研究論題前沿並不很熟悉的「同行專家」，往往不能恰如其分地進行評議。

　　通過對學術審議會評獎規則、程序及其結果的分析表明，在學術評議獎勵過程中沒有規則是不行的，但規則並不是萬能的。無論規則制定得如何詳盡與嚴密，總不能避免漏洞的存在，規則的修改與完善往往是對漏洞的修補，因此也就往往落後於漏洞。對「公平」「公正」的追求是學人學術良知所在，因而學術良知不僅能彌補規則的漏洞，更是抵擋學術不軌的堡壘，自然也是最終促使學術評議正常進行的重要保證。一旦學術良知喪失，規則無論如何完美都不能抵擋規則利用者，他們反而可能利用規則的完美來掩蓋其破壞規則的企圖，使其「潛規則」具有合理性與合法性，自然也無法保證學術評議的公正與公平。同樣，沒有規則，學術良知也難以得到體現。因為良知也有限度，其可靠程度也需要規則來保障與證明。學術審議會學術評議的相對公正性正是學術良知與規則結合的結果，二者缺一不可。這也是所有的學術評議活動中的「普適」存在。因此，學術評議的制度設計需要隨時注意學術評議活動中出現的各種漏洞，改變規則以杜絕這些漏洞，如「迴避原則」與「匿名評審」，但更為重要的是提升學人的學術良知。學人也是社會人，會受到各種社會因素與社會環境的「污染」，如何使學人保持學人本色，減少學術之外的各種因素對學術良知的誘惑乃至真正杜絕學術外影響，以學術良知彌補規則的漏洞，學術良知與規則相互配合，真正做到學術評議中的公正與公平，這也需要相關的制度設計與制度保障，僅僅從道德約束上著手，收效可能非常有限，也往往可能適得其反。

六、學術超越政治

　　正因為學術審議會學術評獎相對公開公正，顯現了當日學術評議的風範，因此無論是學術界還是社會都比較認同其評獎結果。華羅庚以《堆壘素數論》、許寶騄以《數理統計論文》分獲第一屆自然科學一等獎、二等獎後，設在西南聯大的新中國數學會 1942 年 6 月 3 日晚，曾舉行茶會慶祝。〔註171〕據說新聞

〔註171〕任南衡、張友餘編著：《中國數學會史料》，江蘇教育出版社，1995 年，第 72 頁。

媒體對獲得首屆一等獎的華羅庚和馮友蘭連篇累牘地報導，連昆明的小報也刊登得獎消息，以致陳省身當時有些戲謔地說連街上修皮鞋的、小店鋪的店員都知道華羅庚。華羅庚也成為年輕人追逐的偶像，西南聯大學生們爭先恐後選修他的課。〔註172〕北京大學馬仕俊以《原子核及宇宙射線之間子理論》、朱汝華以《關於分子重排及有機綜合論》分別獲得第二屆自然科學二等獎和三等獎後，由北京大學出任西南聯大總務長的鄭天挺，「公宴朱汝華、馬仕俊，祝其得獎」。〔註173〕曾獲得第三屆一等獎的楊鍾健也說學術審議會的評獎，「創始以來尚為國內所重視」，評獎辦法大體講起來，「尚為公允」。〔註174〕開創其事的陳立夫晚年也不忘自我表揚一番：「歷次得獎者如已故陳寅恪教授等，多係學術界知名人士。獎金金額亦逐次提高，自數千元至二萬元不等。對於清苦的教授生活亦不無小補。從應徵者之踊躍，可見此種獎金，對於學術研究有激發作用」。〔註175〕

教育部學術審議會的學術獎勵，僅僅是對最近三年內學術成果的肯定，對處於抗戰艱難時期的學人們來說，不啻為物質上的補足和精神上的鼓勵，因此極受當時學人們的重視。第一屆評獎公布後，吳宓在日記中記載說：「閱報，見教部給學術獎、文藝獎名單。如馮友蘭之《新理學》得一等獎。邵祖平之《培風樓詩續存》，盧前之《中興鼓吹》，以及陳銓之《野玫瑰》等，均各得獎。而吾之知友中，如柳公之《中國文化史》，彤之《佛教史》，極之《哲學新論》《道德哲學》，碧柳之《白屋詩集》，王越之《南北集》等，則不聞稱道。宓深為感憤，且痛傷……」〔註176〕終日事務纏身的鄭天挺突然也對參與評獎感興趣，1943年1月，「昨晚忽思以所著《發羌》《附國》《薄緣對音》諸文送學術委員會」，與羅常培商量，「亦以為然」。羅與學術審議會委員蔣夢麟商量，蔣「以為可，並自推薦」。於是，鄭天挺「備送學術審議會請獎文件」。〔註177〕

一年多後的1944年5月5日，鄭天挺得蔣夢麟信，他的論文集獲得三等獎，蔣夢麟還告知評審內幕，「大著之價值，僉認為應得二等，因份量太少，故與他相較只能給三等」。鄭天挺自認為「能得三等已覺過分，絕無所怨。但

〔註172〕袁向東、郭金海訪問整理：《徐利治訪談錄》，湖南教育出版社，2009年，第217～218頁。
〔註173〕鄭天挺：《鄭天挺西南聯大日記》，第694頁。
〔註174〕楊鍾健：《楊鍾健回憶錄》，第165～166頁。
〔註175〕陳立夫：《成敗之鑒：陳立夫回憶錄》，第279頁。
〔註176〕吳宓著，吳學昭整理注釋：《吳宓日記》（1941～1942）第8冊，三聯書店，1998年，第283頁。後來湯用彤「佛教史」獲得第三屆一等獎。
〔註177〕鄭天挺：《鄭天挺西南聯大日記》，第650頁。

學術論文而以份量衡量，斯所未喻，決意辭不接受」。〔註178〕既然已經認為得到三等獎是「已覺過分，絕無所怨」，卻要追溯沒有得到二等獎的原因「份量不夠」，並因此決定拒絕得獎。由二等變為三等的內幕自然是因有「蔣夢麟」告知，一般「請獎人」與「得獎者」哪裏有知道「內幕」的管道與「機遇」？

　　5月6日，鄭天挺「致電」曾經的同事吳俊升（時任教育部高等教育司司長），「請撤銷送審論文」；5月10日，張清常告訴鄭天挺，教育部新規定，送審論文必須在五萬字以上，他的論文字數不夠，「故列三等」。與蔣夢麟所言基本相同，只不過指出鄭天挺申請作品不合於教育部五萬字以上的規定。鄭天挺更不滿，「余文果與新規定不合，應不予獎或退還，今由二等改為三等，何也？」這倒是實話，既然不合規定，直接退回即可。12日，得吳俊升電，「撤銷萬難」。17日，在給蔣夢麟的信函中，「末述不受學術審議會獎」。6月16日日記記載說：「日昨得教育部審核著作獎狀，列余文於社會科學類，可謂滑稽之至。今日致書吳俊升全部退還，謂『不擬妄占名額，請代為婉辭』。7月12日，吳俊升告訴鄭天挺，「論文審議時，彼未在場，遂致屈抑，原審者係寅恪及柳翼謀云云」。鄭天挺「告以並不以得三等而以為屈抑，而不以原審人為何人而介意，況二人皆余所尊，余之論文寅恪曾極賞之，為之延譽於學生中，其人學貫中西，縱列余文於五等，余亦不認為屈抑。余所以不接受者，以學術審議會不能知余論文價值之所在，更不能知余論文所討論者，乃現在國際學術界所欲解決之問題，而但從篇幅多寡立論。余為國際學術，為個人人格，絕不接受也。」吳俊升勸他「姑受獎金」，他「再三謝之」，「余實窮困，然豈能易其操哉！」7月14日，鄭天挺得教育部匯來獎金八千元，15日託吳俊升「帶回」，「俊升再三囑抱屈收受，吾為學術、為個人人格萬難受此，俊升乃允攜回」。〔註179〕至此，鄭天挺的教育部學術審議會請獎故事終於結束。但無論他如何拒絕，教育部公布的名單與獎項、及後來朱家驊主持編撰的「教育年鑒」中，他的大名及獲獎論文、獲獎等第都一一記載，成為歷史，這可能是他當初起意請獎、最終拒絕領獎完全沒有想到的，也無論如何可能是他不願意接受的。

　　據說湯用彤得知他的《漢魏兩晉南北朝佛教史》獲獎，也很不高興地說：

〔註178〕鄭天挺：《鄭天挺西南聯大日記》，第829頁。
〔註179〕鄭天挺：《鄭天挺西南聯大日記》，第830～831、834、847、858～860頁。實際上，鄭天挺作品審查專家陳寅恪和柳詒徵都僅僅給予三等獎，因此他與學術審議會關於「份量」的爭論似乎「指向有誤」：如果蔣夢麟「份量」說法成立，也來自於陳寅恪和柳詒徵，而不是學術審議會小組和大會議決。

「多少年來，都是我給學生打分，我的書要誰來評獎！」〔註180〕不知他是否也如鄭天挺一樣堅決拒絕領取一等獎獎金？

　　無論是吳宓的「感憤」「傷痛」，鄭天挺的「為國際學術、為個人人格」而拒獎，還是湯用彤的「不高興」，其實都說明此一獎項在當時的影響與反響。相比中研院評議會在學術獎勵上的「裹足不前」，教育部學術審議會的工作實在很成功，陳立夫教育部長任上雖在教育統制等方面「失分」不少，但因開展評獎也俘獲了不少人心。雖然中研院直隸國民政府，但它作為一個專門的研究機構，相較教育部這樣一個隸屬行政院的純粹行政機關而言，與政治的關係要疏離得多，其成立與發展歷程在在昭示了民國學術與政治複雜多變的關係，是民國學術獨立於政治的標本。因此陳之邁說，中研院組織方式「相當特別，其主要目的在使其獨立，不受外面的干涉，俾能安心從事研究，而且一切研究方針等取決於專家，俾能切合需要」。〔註181〕教育部作為一級政府組織，無論是首長的變動還是教育政策的改變都時時受到現實政治的牽扯。正如前面所言，學術審議會委員們的政治色彩相較中研院評議會評議員們更濃，因此在學術評議與獎勵方面有政治的支撐，實施起來較為容易，取得了更大的成效。無論是從教育部這樣的行政組織還是學術審議會組成成員來看，學術審議會的學術評議獎勵與政治關聯都應比較密切，它似乎應該更加充分地表現政府的意願與政治色彩，在意識形態、現實政治研究等方面，應該與政府有更加緊密的切合，至少應該表達政府的政治意識形態意願。但前面的分析表明，教育部學術審議會的學術評議獎勵正如陳立夫所言，自有「超乎行政的客觀學術標準」，超越了政治意識形態，以學術水平為評判準則，這至少表現在兩個方面。

　　第一，摒棄了大量的三民主義、黨義、國父思想、總理總裁哲學體系等與現實政治密切相關的意識形態研究成果。如第六屆提交學術審議會選決的十件哲學作品「全軍覆滅」，其中有六件相關意識形態，分別為姜琦《三民主義哲學》、梁世豪《三民主義概論》、楊澤中《國父與中國思想》、崔載陽《三民

〔註180〕湯一介也曾回憶說，湯用彤曾對家人說：「誰能評我的書，他們看得懂嗎？」趙建永《湯用彤先生編年事輯》，中華書局，2019 年，第 210 頁。揆諸學術審議會的獎勵規則，這則廣為流傳的軼事可能是後來「層累疊加」的產物。正如前面所言，學術審議會的評獎採取推薦和作者自己申請兩種方式，湯用彤自己不申請一定是有人推薦，難道推薦人不告訴他自行其是？而且推薦也需要申請人填表。具體如何，需要相關檔案作證。當然，「軼事」的流傳自然也有其理由與用意，這裡就不贅述。

〔註181〕陳之邁：《中國政府》，第 216 頁。

主義哲學》、何章城《三民主義的儒家政治哲學》、周世輔〔註182〕《總理總裁的哲學體系》，而社會科學類由程天放等推薦，陳立夫、梁寒操審查分別給予二等、三等獎，周曙山著的《五十年來中國國民黨史表解》《中國國民黨史概論》也被否決。第三屆張兆理〔註183〕《伊斯蘭教義與黨員守則》，繆鳳林審查認為在「學術上無任何價值」；穆超〔註184〕《革命的人生觀》方東美審查認為全書「非但了無精彩，且多荒謬」。在所頒布的六屆獲獎作品中，此類研究成果數量極少，只有哲學類第一屆三等獎王萬鍾《孫文學說疏證》、第五屆三等獎崔書琴《三民主義新論》和社會科學類第四屆三等獎孟雲橋《三民主義之理論研究》庶幾近之。這種「拍馬屁」式研究成果獲獎如此稀少，實在是有些匪夷所思，也是難以想像與不可想像的。與之相對的是，只要言之成理，是真正的學術研究，即使與政府意識形態不相符合，仍然可以獲得獎勵。如國立商學院教授李顯承《馬克思及其地租論》對馬克思的地租理論（包括級差地租和絕對地租）進行了研究，指出其成就與缺陷，折服於馬克思思想之深刻，並分析了其產生的深刻來由。〔註185〕因其是真正的學術研究而非意識形態的「應景」或「馬屁之作」而獲得社會科學類第三屆三等獎。

　　第二，一些政治人物相關現實的思考也被摒棄在獲獎作品之外。政治人物在施政過程中對相關現實問題的思考來源於實踐，可能對指導現實有一定意義，但畢竟是對現實的總結，如果沒有理論思考與昇華，與真正的學術研究還是有相當的距離。因此，這類問題的相關研究在最終的評審中往往以學術的名義被「摒

〔註182〕**周世輔**（1906～1988）：湖南茶陵人。1928年入國民黨湖南黨校，畢業任縣黨部委員。1934年畢業於暨南大學教育系，任教同德醫學院、上海音專、同濟大學等，曾任訓導主任。1941年任福建圖書審查處長，1946年任湖南省黨部執行委員，後曾任國立師範學院等校教授。1950年去臺，曾任政治大學教授兼訓導長等。被譽為最早從事三民主義哲學思想研究者，1931年出版《三民主義哲學思想之基礎》。

〔註183〕張兆理：生平不詳，曾任中國回教協會理事長、社會部救濟司副司長，創辦《伊理月刊》任社長。《伊斯蘭教義與黨員守則》1943年由國民圖書社出版。

〔註184〕**穆超**（1913～）：又名方印，字北海，遼寧大連人。先後就讀馮庸大學、暨南大學，畢業於中山大學政治系。後留日就讀明治大學，獲哲學博士。1937年回國，曾任國民黨中央黨部科長、軍事委員會上校專員、三青團中央團部編審、東北行轅研究委員、立法委員等。1949年去臺，仍任職立法院。1941年創設人生哲學研究會，以儒家思想為基礎，融合佛教、基督教和進化論，試圖建立哲學、宗教及科學合一的人生哲學體系。《革命的人生觀》1942年出版。

〔註185〕李顯承：《馬克思及其地租論》，獨立出版社，1942年。

棄」。典型如陳果夫《中國教育改進之途徑》，雖然審查專家一個給予二等獎，一個給予一等獎，但小組審查委員大拂審查專家之意，並沒有給予任何獎項，大會選決也沒有任何異議。人文社會科學獲獎作品中相關現實問題的研究相對歷史研究而言，數量與等第上完全不成比例。無論是文學類、哲學類、社會科學類還是藝術類（古代經籍研究自然全屬於歷史研究），相關歷史研究作品佔據較大部分，而相關現實研究諸如經濟學、法學、政治學、社會學等學科獲獎數量較少。這可能也從一個側面反映了民國學術研究水平在學科分布方面的狀況，如研究現實的學科諸如政治學、法學、經濟學、社會學等發展還很不成熟。當然，也可能表現了學術界對各學科作品質量的看法。這也與首屆中研院院士選舉中相關現實研究的學科雖然候選人不少，但最終當選人數卻很少相一致。〔註186〕

　　為了杜絕政治對學術的侵襲與干預，排除其他因素（如同學、同事、同鄉、學派、機構等）對學術評獎的干擾，達到以學術為標準的相對公平、公正的學術評議環境，學術審議會在評獎程序中至少設立了三道「防火牆」。

　　首先是聘請相關專家對作品進行專門審查。前面的分析表明，雖然評獎規則存在這樣那樣的漏洞，但審查專家們往往能以他們的學術良知彌補規則漏洞，超越規則本身。例如何魯是華羅庚獲得首屆一等獎作品《堆壘素數論》的審查專家，他冒著酷暑，躲在重慶一幢小樓上揮汗審讀，一再稱許華羅庚為天才。〔註187〕可以說，正是由於有這樣一大批本諸學術良知的審查專家的存在，為學術審

〔註186〕中研院院士選舉，社會科學類除政治學五位候選人有周鯁生、錢端升、蕭公權當選（蕭公權主要研究政治史）外，法學六位候選人僅王世杰、王寵惠兩人當選，經濟學八位候選人僅馬寅初一人當選，社會學五位候選人僅陳達、陶孟和當選，當選比例僅33%，遠低於人文組51%的當選比例（人文組人文學科當選比例高達65%），也低於其他學科組當選比例（總當選比例54%，其中數理組57%、生物組54%），具體參閱第七章相關部分的分析。

〔註187〕程民德主編：《中國現代數學家》第2卷，江蘇教育出版社1995年版，第51頁。值得指出的是，該傳記說何魯審讀後不僅長篇作序，而且還以部聘教授之聲譽堅持給華羅庚授予數學獎。這述說有誤。首先何魯作為審查專家自然有權給華羅庚作品獎勵序以等第，用不著「部聘教授」的聲譽，他需要的是寫出審查意見而不是「長篇序言」；第二，教育部首屆部聘教授1942年8月才選出，當時首屆獲獎作品已經選出。何況何魯不是首屆30位部聘教授之一，而是1943年12月第二次評選的15位之一。（參閱拙著《中國近代科學與科學體制化》，第427～428頁）當然華羅庚獲得的也不是什麼「數學獎」。據說，因為何魯曾審讀《堆壘素數論》，華羅庚自願列其「門牆」，何魯也為有這樣勤奮好學的「好學生」而自豪。何魯《何魯詩詞選》，巴蜀書社，1993年，第234頁。

議會學術獎勵的成功運行並得到學術界的廣泛認同奠定了堅實的基礎。當然，正如前面所言，也有一些不很稱職的審查專家，於是有了第二道「防火牆」。

其次，在大會選決前以小組審查形式對專家的意見進行審定，這一道「防火牆」可以將審查專家中的一些「病毒」成功隔離。一些審查專家對一些作品給予極高的評價，雖然有「人言言殊」的客觀事實，但這些評價顯然並不恰當，而且也可能有其他因素牽扯其間，自然被小組專家們否決。如第六屆姜琦作品《三民主義哲學》，三位審查專家，浦薛鳳給予二等獎，吳康給予一等獎，陳立夫給予二等獎。顯然這些專家的評價相比作品本身來，似乎不能令小組委員們滿意，予以否決。再如第六屆文學類作品鄭業建《中國修辭學集說釋例》，介紹人劉大杰、趙景深極力褒揚，譽為「集修辭學之大成矣」，審查專家王易以為「整理舊說時有創見，對修辭學確有貢獻」給予二等獎，呂叔湘給予三等獎。無論是介紹人的「集大成」，還是審查專家的「有創見」「有貢獻」都不能令小組委員們滿意，也予以否決。小組審查分文、理兩組，其間不少委員屬於學術界頂尖人物，第一屆如文組馮友蘭、傅斯年、周鯁生、王世杰、馬寅初等，理組如竺可楨、吳有訓、茅以升、郭任遠等，都具有極高的學術鑒賞力。

第三，在小組審查意見之上，還有大會選決。這一關口並不是糾正小組專家的「否決」意見，往往是對小組專家的「肯定」意見進行否決。這樣經過三道比較嚴格的「防火牆」阻擋，可以比較成功地杜絕非學術因素的侵擾，自然也可以相對公正等評選出真正的學術作品。無論是小組審查還是大會選決，並不是顛覆審查專家們的「否定意見」，而是「否決」他們的「肯定意見」。這樣，就避免了學術審議會委員們利用手中權力繞開審查專家對「關係」作品進行「肯定」。當然，正如所有學術評議都不能保證絕對公正合理一樣，學術審議會審決的獲獎作品也並非件件都是經得起歷史檢驗的「經典著作」，學術審議會也認識到獲獎作品「間有一兩類未盡能代表近年研究之成績」，但不能不指出，大多數獲獎作品為各學科奠基性與經典性作品，具體參閱下一章的進一步分析。

由於學術審議會委員中官員較多，學術審議活動中他們的所作所為對學術審議的公平、公正將產生十分重要的影響。學術審議會開會審議獎勵時，小組審查分文、理兩組，召集人都是學術中人，而非教育部長官，如第一屆分別是吳稚暉、竺可楨，第二屆為蔣夢麟、竺可楨，第四屆為陳大齊、吳有訓。〔註188〕可見，具體評審中學者們作用更重要，官員們並不越俎代庖，在他們並不擅長

〔註188〕樊洪業：《竺可楨全集》第 8 卷第 325、558～559 頁，第 9 卷第 363 頁。

的學術領域「長袖善舞」。這說明，當日的學者與官僚都清楚自己的社會角色區分，學者並不以官僚的高位與政治權力而放棄自己的學者身份與本色，而官僚也愛護自己的「羽毛」，不以自己的權力意志去影響學者的學術評判。官僚與學者各自獨立，社會角色各自分明，官學並未一體。陳立夫不以自己的位置為哥哥陳果夫爭取獲獎的名譽，學者們也不以陳果夫的官位與陳立夫的高位而將獎勵「奉送與他」。這樣，教育部學術審議會的學術獎勵就以官員們的地位與權力得以順利展開，又以官員們對學術的敬畏、學者們的學術影響力保證了學術獨立與學術評議的相對公正與公平。學術審議會的學術評議之所以能保持這樣相對獨立的地位，並嚴格遵守以學術為唯一標準的準則，自然與當日整個學術生態乃至文化生態大環境有關。

前面一再述說，教育部學術審議會的學術評議獎勵功能已經遠超出了教育部自身管理的範圍，是對中研院評議會學術評議獎勵功能的侵奪。因此，當朱家驊主政教育部時，中研院開始與教育部商討收回學術評議獎勵的權力。1945 年 3 月 22 日，中研院召開院務會議，專門成立學術審議會與中研院調整工作小組委員會。24 日召開小組會議，竺可楨日記說：「緣立夫所以立學術審議會，原欲取得中央研究院而代之。現驊先已兼教育部，故二機關之職權不能分也。」陶孟和、傅斯年、丁燮林、李書華和竺可楨 5 人與會，決定由委員會請院長提出將學術審議會改名「高等教育（學術）審議會」，國際合作事務、相關學術研究者歸中研院，相關教育文化行政歸教育部，將教育部組織規程中「教部主管學術及教育行政事宜」中「學術」二字刪除。〔註189〕1946 年 10 月，中研院評議會第三次年會曾就中研院與教育部對於全國學術審議之職責進行討論，大家一致認為教育部學術審議會與中研院評議會職掌有「重同之處」。1947 年 9 月，薩本棟在同翁文灝會商後向教育部鄭重提出：「學術審議委員會係部設機構，其研擬關於教育行政各事項自繫部內之事，惟學術審議係本院職掌，似宜商酌。除美術部分非本院現有研究部門外，所有關於著作發明之審議，似應由本院辦理，或會同本院辦理。」〔註190〕最終，教育部做出一個低姿態的決議：教育部「著作發明獎勵」仍繼續舉辦，將來中研院舉辦國家學術獎金時，名額極少、並不分等。因此，教育部與中研院進行分工合作，教育部舉辦獎勵目的

〔註189〕樊洪業：《竺可楨全集》第 9 卷，第 357～358 頁。
〔註190〕《行政院、教育部關於博士學位考試及科學研究活動等問題與中央研究院評議會來往文書》，中國第二歷史檔案館藏，中央研究院檔案-393-1546。

「促進一般學術研究」，中研院獎勵目標「選拔真正優秀之作品」。〔註191〕這自然與朱家驊同時擔任教育部部長與代理中研院院長密切相關。當然，這種美好的設計與預想隨著政權更替也就在大陸煙消雲散了。〔註192〕

雖然學術審議會和中研院評議會分屬於不同的部門，但委員中有不少人是重疊的，在行使學術評議獎勵功能的時候，兩個組織都共同遵循了以學術水平為第一的原則。中研院繼任院長選舉中評議會抵擋住蔣介石的「下條子」行為，獨立地選出自己心目中的人選；中研院院士選舉中，郭沫若的順利當選；官僚政客極少混跡於院士選舉中，即使是無論如何都應當選院士的代理院長朱家驊當選地質學院士後卻引起不少非議〔註193〕；這些都標誌著政治意識形態並不能隨意干擾、左右學術。教育部學術審議會除在學術獎勵上規避政治意識形態外，在部聘教授的選決中，更是讓「三民主義」這種在大學思想教育中佔據非常重要位置的課程不成為與文學、歷史學這樣的獨立學科，自然也使那些從事黨義、三民主義教學的大學教授們只能眼巴巴地望著部聘教授的「榮光」。〔註194〕這些似乎都度量了當日學術獨立於政治的尺度與寬度，也顯現了學術獨立、學術自由與政治之間的關係。

作為一級政府機構的教育部所設學術審議會具有相當獨立的學術地位，其學術評議也成為中國學術獨立的重要屏障。評獎結果是對已經產出的精神產品的獎勵，而不是對由國民政府或其下屬某些部門制定的一些所謂學術發展規劃或課題指南成果的肯定。如果說獲獎成果在一定程度上代表了當日學術發展的方向，其作為學術發展前沿的風向標，使中國學術發展的方向確立在學術共同體內部的學術評議上，而不是「規劃」與「指南」。這不僅使當日的學人有自行從事研究的自由，無規劃與指南的樊籬，更在一定程度上度量了當日學術研究與現實政治的關係。

1948 年 7 月 30 日，學術審議會第三屆第五次常委會在南京教育部會議室舉行，出席會議的代表有朱家驊、張道藩（李德毅代）、唐培經、陳大齊、杭

〔註191〕《教育部學術審議委員會各種會議記錄》，中國第二歷史檔案館藏，國民政府教育部檔案-五-1350。

〔註192〕中研院 1948 年 3 月第二屆評議會第五次年會曾通過設立「蔡元培獎章」議案，獎勵「中國籍學術研究特著者」，可能是中研院「選拔真正優秀之作品」的一種努力表現。

〔註193〕具體參閱本書第七章相關部分。

〔註194〕參閱拙著《中國近代科學與科學體制化》第 425～428 頁有關教育部部聘教授選聘的分析。

立武；列席有關輔德、李德毅、陳翔冰、阮康成、徐仲恩、黃問歧、陳東原等。
秘書報告說，1948 年度獎勵自 4 月 1 日開始申請，9 月月底結束，申請手續完
備已分別送專家審核者 12 件。〔註 195〕1948 年 12 月 30 日，楊樹達審查了學
術審議會委託的某君《文選注訂補》，給予二等獎。〔註 196〕1948 年 9 月 23 日，
中研院第一次院士會議在南京召開，選舉產生第三屆評議會聘任評議員，討論
通過多個有關中國學術發展的提案。此後，無論是教育部學術審議會還是中研
院評議會都在大陸的學術發展歷程中消失了。

附錄：第六屆獲獎作品專家審查意見摘要

一、文學類 2 件

1. 楊樹達二等獎

編號：111A 一		請獎著作		初審情形			審查小組意見
申請人：楊樹達	名稱	造字時有通借證及古文字研究		審查人	審查意見摘要	等級	
				汪東	作者深通文字訓詁，言必有徵，其古文字研究諸篇精彩處實多，造字有通借證一篇違背許書，極為可商，然於聲義相通之故頗能發揮，非無知妄作者可比擬	二等	二等
介紹人：李肖聃、熊崇熙〔註 197〕	內容摘要	據甲骨金文之形及造字時形義必相合之原理，訂正說文若干字之錯誤，因而發現造字時有借義借音借形之分，實二十年來治小學者所未發					大會決定
介紹人意見	著者八年來居荒僻之區，研究不懈			聞宥	作者用力甚勤，亦往往有創獲，雖上古音韻方	一等	二等

〔註 195〕《教育部學術審議委員會各種會議記錄》，中國第二歷史檔案館藏，國民政府教育部檔案-五-1350。
〔註 196〕楊樹達：《積微翁回憶錄》，第 283 頁。
〔註 197〕**李肖聃**（1881～1953）：號西堂，筆名星廬、桐園等，湖南長沙人。1911 年畢業於日本早稻田大學，曾任梁啟超秘書，任教北京政法專門學校、長沙商業專門學校、湖南大學、北平國學院等。著有《湘學略》《中國文學史》等。
熊崇熙：生卒年不詳，字知白，湖南南縣人。早年留日，早稻田大學師範部畢業，曾任北京政府教育部僉事、編審員，湖北教育廳長、北京女子師範大學校長、湖南大學教授等。著有《東北縣志紀要》等。

					面不能利用近年學者之業績，然作者年事已高，在方法上自然不能無限制，不足深病	
，得文字百餘篇及造字有通借證一篇，皆石破驚天得未曾有						

2. 徐復三等獎

編號：121A 一		請獎著作		初審情形			審查小組意見
申請人：徐復	名稱	語言文字學論叢	審查人	審查意見摘要		等級	
			徐中舒	抗戰中資料雖不充實，而要為作者讀書有得之言，可供參考處亦不少		三等	三等
介紹人：王衍康〔註198〕、施之勉	內容摘要	1～4篇為爾雅補釋，5～7篇為說文古文徵語源學，8為續新方言，9為助字古讀考證，10為小學雜誌，11為守溫字母與藏文字母之淵源，12為匈奴語解，13為漢藏語言合通證，14為校勘學中二重及多重誤例，15為史通點係篇索隱					大會決定
介紹人意見	徐著皆特創，其考訂語文點畫犁然，至以西藏之音參中原之聲韻，見其語根同出一揆，尤足揭先儒未發之秘		楊樹達	所論甚博，雖不能一一精審，然頗多中肯之處，亦為可取		三等	三等

二、哲學類1件

張西堂二等獎

編號：234A 三		請獎著作		初審情形			審查小組意見
申請人：張西堂	名稱	顏習齋學譜	審查人	審查意見摘要		等級	
			柳詒徵	述顏之學不難，難在引申詳判之語與顏、李、王、程諸儒之分際膠合，		二等	二等

〔註198〕 **王衍康**：生平不詳，曾任福建民眾教育處長、國立邊疆學校校長，貴陽師範學院教務長、圖書館館長等。著有《鄉村教育》等。推薦徐復、施之勉時，任邊疆學校校長，兩人皆任職於該校。

| 介紹人：劉季洪、徐朗秋〔註199〕 | 內容摘要 | | | 可見其於顏李之學確有心得 | | 大會決定 |
| 介紹人意見 | | | 胡適 | 作者尚能貫串顏李等著作，詳細分析，為敘述顏李學中最詳細而最明白的著作 | 二等 | 二等 |

三、古代經籍 2 件

1. 胡樸安三等獎（《周易古史觀》）

編號：22A 四		請獎著作		初審情形		審查小組意見
申請人：胡樸安	名稱	一、周易古史觀 二、儒家修養法	審查人	審查意見摘要	等級	
			張西堂	一、以古史觀易，識見甚確，創獲甚多，允為傑出之作 二、提倡食戒，有益世道人心	至少二等	三等
介紹人：王寵惠、李辛陽〔註200〕	內容摘要		陳立夫	一、作者以序卦所述確與今之社會說觀點不悖 二、此書謂作者自得之言則可，謂先儒已有此義則可商榷	三等	大會決定

〔註199〕 **劉季洪**（1903～1998）：江蘇豐縣人。北京高等師範學校畢業，留美獲西雅圖華盛頓大學教育學碩士。曾任江蘇教育廳督學、南京民眾教育館館長、湖南大學校長、河南大學校長、教育部社會司長、西北大學校長等，國民黨中央執委、國大代表等。1949 年去臺，曾任中正書局總編輯、董事長，國立政治大學校長、考試院院長等。
　　　　徐朗秋（1897～）：原名爽，以字行，江蘇豐縣人。江蘇省立教育學院畢業，曾任南京民眾教育館館長、國立社會教育學院總務主任等，1944 年隨劉季洪往西北大學，任教育系副教授兼教務長。
〔註200〕 **李辛陽**：生卒年不詳，浙江杭州人。震旦大學畢業，留法獲巴黎大學法學博士。曾任教東吳大學法律系，擔任私立上海法政學院院長、中央銀行秘書處副處長等。1947 年隨魏道明赴臺。

介紹人意見	兩書具有特殊之見解及正確學理根據			顧頡剛	一、廣搜注疏撰為專著，縱其所牽合之古史有可疑處，然心思細密，致力勤劬，至可讚佩。二、述自己經驗非學術專著	一、一等；二、不給獎	三等

2. 楊明照三等獎（全文見正文）

四、社會科學 8 件（7 件獲獎、1 件獎助）

1. 馬學良二等獎

編號：103A 三		請獎著作		初審情形			審查小組意見
申請人：馬學良	名稱	撒尼倮語語法	審查人	審查意見摘要	等級		
			聞宥	此書雖曾經法教士 Poul Vial 記錄，而作者審辯音素之精，剖析語言之細，皆遠出其上，確有發明，應給二等獎	二等	二等
介紹人：李方桂、魏建功〔註201〕	內容摘要	由所記錄之撒尼語言中尋繹出該語言之詞性及語法					
							大會決定
介紹人意見	本書以科學方法對撒尼語言作精細之分析，方法結論皆有獨到		羅常培	著者能無所依旁作獨立研究，自成系統已屬可貴，且能利用國際音標記錄語言更為美備，論助詞一章尤見功力，對於學術確有貢獻		二等	

〔註201〕 **魏建功**（1901～1980）：字天行，筆名健功等，江蘇如皋人。1925 年畢業於北京大學中文系，留校任教，曾任《國學季刊》編輯主任等。抗戰隨校內遷，1940 年任教國立女子師範學院，曾任教務主任等。戰後赴臺，任國語推行委員會主任。1948 年回母校，歷任中文系主任、副校長等。著有《唐宋兩系韻書體制之演變》等，輯有《魏建功文集》，1955 年當選學部委員。

2. 施之勉二等獎

編號：114A 三	請獎著作		初審情形			審查小組意見
申請人：施之勉	名稱	漢史考	審查人	審查意見摘要	等級	
			顧頡剛	此書為考證名作，有特殊創見，參考材料亦複詳瞻	二等	二等
介紹人：王衍康、劉繼宣〔註202〕	內容摘要	漢武后元不立年號本證，中軍上對在元狩五年考，董仲舒對策年歲考，董子年表訂誤，春秋伯子男同位說，太史公行年考辨疑，漢裡名考	柳詒徵	考訂諸家之誤，實事求是，不懈益勤，洵屬潛修有得，且有特殊創見	二等	大會決定 二等
介紹人意見	施著于漢史疑義所列冰釋，又馬遷行年、董子年表均曾殫心鈎稽，訂其缺失		雷海宗	漢年問題可疑處頗多，著者對其中一部問題尚有創見，唯參考資料尚嫌不足	二等	

3. 劉銘恕二等獎（全文見正文）

4. 曾仲謀三等獎

編號：38A 三	請獎著作		初審情形			審查小組意見
申請人：曾仲謀	名稱	廣東經濟發展史	審查人	審查意見摘要	等級	
介紹人：吳鼎新〔註203〕	內容摘要	討論廣東經濟發展實況，說明其演變缺少古代奴隸經濟	趙蘭坪〔註204〕	資料豐富，態度嚴謹，理論體系亦尚完密。雖缺列財政一	二等	三等

〔註202〕 **劉繼宣**（1895～1958）：字確杲，湖南衡陽人。1919 年金陵大學高等師範科畢業，1928 年獲日本明治大學政治學學士。曾任金陵大學中文系主任、中央政治學校教授、安徽學院教務長、南京大學教授等，著有《中華民族發展史》《中華民族拓殖南洋史》（與束世澂合著）等。

〔註203〕 **吳鼎新**（1876～1964）：字濟芳，廣東開平人。1907 年畢業於京師大學堂，任廣西提學司實業科長兼師範學堂教員等。民國後，歷任廣東教育總會會長、參議會秘書長兼廣東高等師範學校教務長等。後多次赴日本、美國考察教育，創辦開僑中學，任廣東國民大學董事兼校長、省臨時參議會會長、監賑主任委員等。1949 年移居婆羅洲，後轉香港。

〔註204〕 **趙蘭坪**（1898～1989）：浙江嘉善人。早年留日，獲慶應大學經濟學學士。歷任暨南大學、中央大學、中央政治學校教授，1946 當選國民黨中央候補監察委員。政權鼎革之際去臺，曾任臺灣大學經濟系教授。新古典學派經濟學鼓吹者，著有《現代幣制論》《經濟學》《貨幣學》等。

介紹人 意見	作者對廣東 與我國經濟 之發展階段 及其規律頗 多獨到見解	，從其發展法 則中去指示其 特徵及其前途		章，然在有關 此項研究論著 中仍以此書最 有參考價值		大會 決定
			陳岱孫	對於廣東地方 經濟有相當詳 盡之敘述，惟 未必有甚多之 獨創性	三等	三等

5. 張秀琴三等獎

編號：104A 三		請獎著作		初審情形			審查 小組 意見
申請人：張秀琴	名稱	日本史正名篇	審查人	審查意見摘要	等級	
			李季谷	論斷頗得要領， 廣引群書，創見 亦多，堪稱佳作	三等	三等
介紹人：張伯琴 〔註205〕	內容 摘要	考證「毛人」 「蝦夷」「倭 奴」「倭」「日 本」「大和」諸 名義之來歷； 依據名義之變 遷分期列舉日 本史實之與名 義觀念相應者 ；考證日本諸 名義之語源				大會 決定
介紹人 意見		名義與歷史 之融合，語 源之搜討， 文獻之解釋 等，考證皆 確實可靠	繆鳳林	本書於倭民族 之形成及叛依 同化之實況乃 至倭史之演進， 歷歷如數家珍， 凡所立論皆有 學理根據，不 僅有學術價值 且有獨創性	二等	三等

6. 竇季良三等獎

編號：130A 三		請獎著作		初審情形			審查 小組 意見
申請人：竇季良	名稱	同鄉組織之研 究	審查人	審查意見摘要	等級	
介紹人：李安宅、 蔣旨昂	內容 摘要	敘述鄉土觀念 培成之因素與	孫本文 〔註206〕	全書條理清楚 ，持論允當，有	三等	三等

〔註205〕 **張伯琴**（1900～1953）：遼寧海城人。明德大學畢業後留英，獲倫敦大學經濟
學碩士。曾任東北大學教授，隨校內遷。後任湖南乾城（今吉首）國立商業
專科學校（國立商學院）教授、教務長、院長。1946 年學校併入湖南大學，
任湖南大學教授。旋任貴州大學經濟系主任、法商學院院長，1952 年院系調
整，任教四川財經學院。旋被解雇，流浪回吉首，乞討度日，倒閉於公路旁，
被「群眾和衣埋在附近山坡上」。（王明善《悼念院長張伯琴》，顧國華編《文
壇雜憶全編》第 6 冊，上海書店，2015 年，第 52～54 頁）

〔註206〕 **孫本文**（1891～1979）：原名彬甫，字時哲，江蘇吳江（今蘇州）人。1918 年

介紹人意見	本書著重歷史的演變,指明新趨勢,從靜的方面分析了制度觀念與機構,證明社會學研究可為社會行政依據	轉變之趨勢;同鄉組織之演化階段;同鄉組織集體象徵之意義等;同鄉組織之功能及其擴展		貢獻於社會組織之研究		大會決定
			巫寶山	取材謹嚴,頗有貢獻	三等	三等

7. 徐松石三等獎

編號:238A 三		請獎著作	初審情形			審查小組意見
申請人:徐松石	名稱	泰族僮族粵族考	審查人	審查意見摘要	等級	
介紹人:余日宣、張春江〔註207〕	內容摘要	證明西南僮牯佬原是漢族一支;暹羅的揮族來自中國;暹羅第一位民族英雄法弄乃南詔的第十一主;泰暹之字義;指明暹羅地名形式與中國有關	繆鳳林	參考詳瞻,創見頗多,具有相當之獨創性並有學術上之價值	三等	三等
介紹人意見	古史考據實地考察,二者並重至可徵信		呂思勉	此書於西南民族之研究用力頗深,惟立論處常有錯誤,且為繁蕪所累	二等或三等	

畢業於北京大學,1921 年留美攻讀社會學,先後獲伊利諾大學碩士、紐約大學博士。任教復旦大學、中央大學,曾任社會系主任、師範學院院長,中國社會學社社長等。1949 年後,社會學被取消,任教南京大學政治系、地理系,文革中受迫害。著有《社會學原理》《社會變遷》等,輯有《孫本文文集》。

〔註207〕 **余日宣**(1890~1958):湖北蒲圻人。1911 年畢業於武昌文華大學,翌年考取清華學校留美,先後在威斯康星大學、普林斯頓大學修政治學,1917 年獲碩士。曾任武昌文華大學、南開大學、清華學校教授等。1930 年任滬江大學教授,曾任政治與歷史學主任、文學院院長、教務長、校務委員會主任等。1952 年院系調整,任復旦大學外文系教授。長期從事西洋近代史等教研,著有《基督教與集權國家》等。

張春江(1910~2003):又名曲園,江蘇句容人。1931 年畢業於滬江大學社會學系,留校負責推廣教育部工作。1935 年留美,獲路易菲大學社會學碩士。1939 年回國,任滬江大學社會學系教授、系主任。1951 年調安徽師範大學外語系,曾坐牢八年,罪名是滬江大學時曾「抗拒接管」。著有《美國南方各州華僑社會生活調查》等。

				顧頡剛	本書確有許多特殊之創見，參考材料亦極詳瞻，貢獻於民族學史學者甚大	一等	大會決定 三等

8. 黃貴祥獎助

編號：239A 三		請獎著作		初審情形			審查小組意見
申請人：黃貴祥		名稱	文盲字彙研究	審查人	審查意見摘要	等級	
介紹人：陳禮江、王文新〔註208〕		內容摘要	文盲界說之闡發；文盲標準之檢討；文盲字彙研究方法之研求；文盲字彙研究結果及其分析研究	邵鶴亭〔註209〕	作者選定國字一三七二個徵詢各界代表及專家之意見，綜合而得一結論，可為從事民眾教育工作者之參考	未敘	獎助
介紹人意見	在方法上對今後之字彙研究將有新的提示，在內容上所得			趙冕〔註210〕	尚不能視為成熟作品，惟作者已有若干研究方法及態度之訓練表，現可以造就之處甚多	三等	

〔註208〕**陳禮江**（1896～1984）：號逸民，江西九江人。早年畢業於九江南偉烈大學。1922 年留美，入迪堡大學、芝加哥大學讀教育學、心理學，1925 年獲碩士。曾任武昌大學教務長、江西教育廳長、中山大學教育系主任、江蘇教育學院教務主任、教育部社會教育司長、國立社會教育學院院長等。1950 年後在家鄉中學當英語老師。著有《民眾教育》《教育心理學》等。

王文新：生平不詳，中山大學教育研究所畢業，曾任南京市立第四中學校長。著有《小學分級字彙研究》《抗戰以來我國教育學術研究之一斑》等。

〔註209〕**邵鶴亭**（1902～1966）：江蘇宜興人。就學於南京高等師範學校、東南大學，後留學法國攻讀教育學，獲巴黎大學博士。1932 年回國，曾任如皋、常州、蘇州中學校長，四川鄉村建設學院院長、中央大學師範學院院長、復旦大學教授、教育部專員、國立編譯館教育組主任等。1949 年後，曾任教育部參事、北京師範大學教授等。文革伊始就遭受殘酷迫害，9 月 8 日與夫人跳樓自殺。

〔註210〕**趙冕**（1903～1965）：字步霞，浙江嘉興人。1920 入南京高等師範學校英文系，後轉入教育系，1925 年畢業。曾任中學教員，後回母校任教。1929 年後，曾任職浙江省教育廳、江蘇教育學院、山東鄉村建設研究院、平教會鄉村建設育才院等。1941 留美，先後獲芝加哥大學碩士、哥倫比亞大學博士。1947 年回國，任中央大學教授。1949 年後，曾任教育部參事、浙江師範學院（杭州大學）教授。

		劉季洪	在推行基本教育上頗有應用之價值	三等	大會決定
字彙亦甚可靠，堪稱成熟之作					獎助

五、自然科學 6 件

1. 王福春一等獎（見表 5-5）

2. 何景二等獎

編號：46B 一		請獎著作		初審情形			審查小組意見
申請人：何景		名稱	蘭州植物志	審查人	審查意見摘要	等級	
介紹人：耿以禮、周貞英〔註211〕	內容摘要	上篇係蘭州黃土高原種子植物之分類描寫；下篇係蘭州黃土高原植物之生態研究		殷宏章	本論包含甚廣，作者不殫煩勞，頗可嘉尚，觀點正確，結構整齊，在學術上有貢獻	二等以上	二等
介紹人意見	此書非僅就志書以立論，尤為研究西北高原植物生態學者有價值之文獻參考			錢崇澍	蘭州地方有是類作品，尚為首次，於學術實用上不失為一種貢獻	二等	大會決定
				仲崇信〔註212〕	觀點正確，結構完善，有特殊創見有學理根據，兼顧植物志與分類生態，殊值重視	二等	二等

〔註211〕 **耿以禮**（1897～1975）：字仲彬，江蘇江寧人。1921 年畢業於南京高等師範學校農業專修科，曾任中學教員、廈門大學助教。1926 年任職中國科學社生物研究所，並在東南大學生物系就讀，翌年畢業，留校任教。1930 年留美，就讀華盛頓史密斯研究院和華盛頓大學，1933 年獲博士。長期任教中央大學、南京大學。中國木本植物分類學奠基人之一，著有《中國主要植物圖說禾本科》等。
周貞英（1899～1999）：福建平潭人。1925 年畢業於華南女子文理學院。曾任中學教師、校長等。1929 年留美，1931 年獲密西根大學碩士。回國任教母校，1939 年再度赴美，1944 年獲密西根大學博士，工作兩年後回母校任教，曾任生物系主任。1949 年後，曾任福建師範學院、福建師範大學教授等。

〔註212〕 **仲崇信**（1908～2008）：山東黃縣人，生於天津。1929 年畢業於清華大學留美預備部，留美先後就讀斯坦福大學、南加州大學、俄亥俄州立大學，1935 年獲博士。歷任北平師範大學、四川大學、同濟大學、浙江大學生物系教授。1952 年院系調整，任南京大學教授。

3. 盧鋈二等獎

編號：110B一	請獎著作		初審情形			審查小組意見
申請人：盧鋈	名稱	中國氣候圖集	審查人	審查意見摘要	等級	
			趙九章	不失為中國氣候最完善之作，立論正確，新發現之屢見。	二等	二等
介紹人：竺可楨、呂炯	內容摘要	凡溫度、氣壓、風向、濕度、雲量、雨量均詳載圖集，並詳加分析說明	李憲之〔註213〕	本文在學術上有相當價值，但未將所有氣候圖集加以研討比較，似欠周詳	未敘	大會決定二等
介紹人意見	本圖集對於中國氣壓、冬夏二季之分佈、季風之推進等均有卓見，前人未發					

4. 吳達璋三等獎

編號：212B一	請獎著作		初審情形			審查小組意見
申請人：吳達璋	名稱	武功棕色金龜子之研究	審查人	審查意見摘要	等級	
介紹人：唐德源、王正〔註214〕	內容摘要	以研究此蟲之生態生活及防治方法為對象	嚴家顯〔註215〕	本作者試驗研究頗詳，具有學術價值，可供防	三等	三等
介紹人意見	吳君於金龜子之生態及					大會決定

〔註213〕 **李憲之**（1904～2001）：字達三，河北趙縣人。1924年考入北京大學理預科，1926年升物理系，1927～1930年任西北科學考察團氣象生。1930年留德，1934年獲柏林大學博士，留校從事研究。1936年回國，任教清華大學。1952年院系調整，任北京大學教授。中國氣象科學研究和教育開拓者和奠基人之一。

〔註214〕 **唐德源**（1903～1992）：山東淄博人。1929年畢業於清華大學心理學系，曾協助李儀祉辦理陝西水利事業。1936年留美，獲哥倫比亞大學碩士。回國後曾任陝西教育廳科長、國民黨中央組織部科長、陝西省黨部委員兼組訓處長、國大代表等，西北聯合大學、西北師範學院、西北農學院教授，曾任訓導主任、總務長、代理院長等。1949年後，曾任教西北民族學院，反右運動中成右派。後曾任甘肅、陝西省政府參事。
王正（1901～1950）：字義路，山東安丘人。山東農業專門學校林科畢業，1921年留德，先後就讀慕尼黑大學、萊比錫大學和薩克森森林學院，獲博士。1929年回國，曾任北平大學農學院森林系主任、西北聯合大學教授，西北農學院森林系主任、教務長等。中國森林土壤學奠基人，著有《樹木學》等。政權鼎革之際，妻子和孩子去臺。

〔註215〕 **嚴家顯**（1907～1952）：字仲揚，江蘇蘇州人，嚴家淦堂弟。1931年畢業於金陵大學農學院，入燕京大學讀研究生，主修昆蟲學，1934年畢業，留美入明尼蘇達州立大學，1937年獲博士。曾任武漢大學、廣西大學教授，1940年創辦福建省立農學院任院長，1944年轉任復旦大學農學院院長。1951年調任軍事醫學科學院病蟲室主任。

		治試驗之參考		
生活習性與害狀等頗具重要與特殊之發現,作為防治之張本	鄒鍾琳	全文敘述極有系統,觀察方法頗精密,材料亦極豐富	三等	三等

5. 周堯三等獎

編號:217B 一		請獎著作		初審情形			審查小組意見
申請人:周堯	名稱	斑衣蠟蟬之研究	審查人	審查意見摘要	等級		
介紹人:唐德源、金樹榮	內容摘要	詳闡西北造林之重要與斑衣之嚴重性;一生之經過及其形態之研究;生活習性及防除	吳福楨〔註216〕	此文不失為一種有系統之研究,敘述具有相當之獨創性,然於防治方法尚少論列	三等		三等
介紹人意見	記載之詳盡,插圖之正確,實為我國昆蟲學界不朽之作			鄒鍾琳	按該蟲形態上之解剖,劉君諤氏曾詳為記載,該文是否給獎尚待決議	未敘	大會決定
				蔡邦華	思想尚正確,無特殊創見,價值中等,可作通俗宣傳	三等	三等

6. 鄭勵儉三等獎

編號:243B 一		請獎著作		初審情形			審查小組意見
申請人:鄭勵儉	名稱	四川新地志	審查人	審查意見摘要	等級		
介紹人:傅角今、任美鍔	內容摘要	分自然地理志、人物地理志、區域地理志三篇	張印堂	觀察未盡正確,但作者用功夫不少,且結構體系尚可,雖無創見,但	三等或三等以下		三等

〔註216〕 **吳福楨**(1898~1995):字雨公,江蘇武進人。先後畢業於江蘇第一農校、南京高等師範學校農業專修科,留校任教,1925年東南大學畢業。同年留美,獲伊利諾大學碩士。1928年回國,曾任江蘇昆蟲局主任技師、浙江省病蟲防治所長、中央農業實驗所副所長等。1949年後,曾任華東農林部病蟲防治所長,中國農科院籌備小組技術組長、植保所研究員,寧夏農科所植保系主任、農科院副院長等。

介紹人意見	取材豐富，解釋正確，頗多創見			合國情，有部分參考之價值		
			林超	缺點甚多，然材料甚為豐富，間亦有獨出心裁之處	三等	大會決定
			張其昀	作者多方搜集利用各種資料，蔚為巨著，區域地理一篇分析綜合具見於新地學之意旨，確有心得	二等	三等

六、應用科學 14 件

1. 林國鎬二等獎

編號：67B 二		請獎著作		初審情形			審查小組意見
申請人：林國鎬	名稱	應用何夫孟氏降貶作用綜合甲位氨基酸之一普遍新法	審查人	審查意見摘要	等級		二等
介紹人：谷鏡汧〔註217〕、趙承嘏			高濟宇〔註218〕	所引用之理論及實驗方法均無不合理，確有參考價值	二等		
							大會決定
介紹人意見	發明新法以製甲位氨基酸 17 種，多為前人所未	內容摘要	根據何夫孟氏酸氨基可降貶為氨基酸之反映，將	戈紹龍〔註219〕	如本書提出者的方法確能普遍應用，從	一等或二等	二等

〔註217〕 **谷鏡汧**（1896～1968）：浙江餘姚人。先後畢業於青島德語專門學校、上海同濟醫學院。1922 年留德，1925 年獲柏林大學博士。任教北京協和醫學院，旋與顏福慶等創辦上海醫學院。1931 年赴美進修，兩年後回上海醫學院任教，歷任病理科主任、教務長、代理院長等。中國現代病理學奠基人之一，專注於血吸蟲病、絲蟲病等研究，著有《病理學總論》等。

〔註218〕 **高濟宇**（1902～2004）：字恩波，河南舞陽人。早年就讀開封留學歐美預備學校、唐山大學。1923 年留美，入西雅圖華盛頓大學電機系，旋轉化學系。1927 年入伊利諾大學攻讀有機化學，1930 年獲博士。任教中央大學，曾任化學系主任、教務長。1949 年後，曾任南京大學教務長、副校長等。長期從事有機合成研究，1980 年當選學部委員。

〔註219〕 **戈紹龍**（1898～1973）：江蘇東臺人。1915 年畢業於江西醫學專門學校，1918 年留日，先後就讀仙臺高等學校、九州帝國大學，1930 年獲博士。曾任北平大學醫學院耳鼻喉科主任、廣西醫學院首任院長等。抗戰期間在北京等地行醫。1949 年後，曾任衛生部高校教材編審會耳鼻喉學科組主任、南通醫學院院長、蘇州醫學院副院長等。

| 發現，實難能可貴 | 多種甲位酸氨基脂酸及其酯降貶為甲位氨基酸 | | 而實地大量製造，不無挽回權利，具有相當發明性 | |

2. 蔡金濤、沈家楠二等獎

編號：109B 二		請獎著作	初審情形			審查小組意見
申請人：蔡金濤、沈家楠	名稱	統調超等他拍接收機最佳之對正頻率	審查人	審查意見摘要	等級	
			趙曾玨〔註220〕	觀點正確，確係創作性作品	二等或三等	二等
介紹人：中國工程師學會	內容摘要		陳章〔註221〕	此文所用方法雖已有前人約略指出，但無詳密結果。此文確有若干獨創性	二等	大會決定
介紹人意見						二等

3. 管相垣、涂敦鑫二等獎

編號：112B 二		請獎著作	初審情形			審查小組意見
申請人：管相垣、涂敦鑫	名稱	栽培稻芒之連係遺傳	審查人	審查意見摘要	等級	
介紹人：何文俊〔註222〕、馮澤芳	內容摘要	芒本身之遺傳；芒與其他性	趙連芳	對於稻種進化門德爾性狀遺	二等	二等

〔註220〕 **趙曾玨**（1901～2001）：字真覺，上海人。1924 年畢業於南洋大學電機系，赴英德實習，1928 年留美，獲哈佛大學電信工程碩士。曾任浙江大學教授、浙江省電話局局長兼總工程師、交通部郵電司長、上海市公用局局長等。1949 年遷居美國，曾發起成立美洲中國工程師學會等，1957 年任哥倫比亞大學高級研究員至 1966 年退休。畢生從事工程科研工作，著有《工程與科學》《雙劍樓詩稿》等。

〔註221〕 **陳章**（1900～1992）：字俊時，江蘇吳縣人。1921 年畢業於上海工業專門學校電機科，留校任教。1924 年留美，翌年獲普渡大學碩士。曾任黃埔軍校上校技術教官、軍委會南京軍事交通技術學校上校教官，浙江大學、交通大學副教授，中央大學電機系主任、工學院院長等。院系調整後，任南京工學院電信系主任、無線電系主任、圖書館館長等。中國電子學與無線電學奠基人，著有《電機工程概論》等。

〔註222〕 **何文俊**（1909～1967）：字華明，四川巴縣人。1929 年畢業於華西協合大學生物系，留校任教，翌年入燕京大學讀研究生，畢業後回母校。1935 年赴加拿大求學多倫多大學，次年轉美國艾奧瓦州立農工學院，1941 年獲博士。回國任母校農藝系主任、農業研究所所長、理學院院長，曾兼任四川大學植物

介紹人意見	實開稻芒遺傳之先河，實驗結果亦甚正確	狀之連繫分離；芒與其他性狀之獨立分離		傳生物變異均多發見，頗有科學價值		大會決定
			沈宗瀚	作者經七八年之研究，獲有具體結果，發見之新連繫在學術上頗有價值	三等	二等

4. 柏實義、康振黃二等獎

編號：133B 二		請獎著作	初審情形			審查小組意見
申請人：柏實義、康振黃	名稱	飄動之研究	審查人	審查意見摘要	等級	
			莊前鼎	本文在方法上雖無獨特之處，但在體系上尚屬大致可取，修正後可俟空軍教材之用	二等	不詳
介紹人：黃玉珊、陳百屏	內容摘要	概論飛機上飄動現象及研究方法；敘述機翼飄動現象；根基動力學原理分析三種常發生之翼面飄動，並以慣用資料計算各種飄動臨界速度				大會決定
介紹人意見	對機翼之飄動原理作有系統之介紹與分析，不可多得之佳構		秦大均	本著作具有獨創性之部分，對於飛機安全速度有其貢獻	三等	二等

5. 王清和二等獎（全文見正文）

6. 王志鵠二等獎

編號：222B 二		請獎著作	初審情形			審查小組意見
申請人：王志鵠	名稱	土壤微生物學研究上之新途徑	審查人	審查意見摘要	等級	
			陳恩鳳	本文所述檢驗土壤微生物方法具有獨創性，確有貢獻	二等	二等
介紹人：唐德源、王正	內容摘要	本文所述主要在以作者完成之 Rossiwang 法直接鏡檢查土壤中之微生物，土壤試本之				大會決定

病蟲害系主任。1950 年赴重慶籌建西南農學院，1953 年任副院長主持工作。文革中遭受迫害，1967 年 2 月 13 日凌晨，因不堪受辱，「含冤懷沙而去」。（余永年主編《何文俊教授紀念集》，雲南民族出版社，2005 年，第 7 頁）

介紹人意見	藉此研究微生物，實較以往任何方法為更有價值更有意義	製成簡易，埋片壓印三法並用，均以 1% Erythrosin in 5% Pronol 染色，結果甚滿意	彭謙〔註223〕	觀點頗正確，參考資料詳贍，對前人學說頗能作有系統之敘述，本人亦有創見之處	二等	二等

7. 蔡方蔭二等獎

編號：246B 二		請獎著作		初審情形			審查小組意見
申請人：蔡方蔭	名稱	用求面積法計算變梁之彎曲恒數	審查人	審查意見摘要	等級		
			沙玉清〔註224〕	立意新穎，方法簡便準確，對結構力學上殊有價值	一等		二等
介紹人：茅以升	內容摘要	用任何方法分析或涉及含有變梁之連續架時必須應用變梁之若干「彎曲恒數」，本文述求此「彎曲恒數」之新法	盧恩緒〔註225〕	變梁之彎曲恒數之計算方法，本文所述確較簡易，學理根據亦無謬誤之處，不失為一具有學術價值之論文	二等		大會決定
介紹人意見	做法新穎，可稱創獲		陸志鴻〔註226〕	計算方法確較以前各家所論	二等		二等

〔註223〕 **彭謙**（1900～1969）：湖北黃陂人。1923 年畢業於清華學校，留美先後求學艾奧瓦州立農工學院、威斯康星大學，1930 年獲博士，留校從事研究。1932 年回國，曾任中央大學、河南大學、浙江大學農學院教授。1949 年後，曾任蘇州農業職業學校教員、蘇南農業科學研究所長、華中農學院教授等。

〔註224〕 **沙玉清**（1907～1966）：字叔明，江蘇江陰人。1930 年畢業於中央大學土木系，任教清華大學。1935 年留德，入漢諾威工科大學。1937 年回國，曾任西北農學院農業水利系主任、中央大學土木系主任。1952 年院系調整後，歷任南京工學院、華東水利學院教授，西北農學院教授兼西北水利科學研究所長。中國現代農田水利科學創始人，著有《農田水利學》《泥沙運動學引論》等。

〔註225〕 **盧恩緒**：字孝侯，生平不詳，北洋大學畢業，留美回國任教母校，曾任教務長。1929 年任清華大學工學院院長，1932 年任中央大學工學院院長。戰後曾任臺灣大學工學院院長、教務長。

〔註226〕 **陸志鴻**（1897～1973）：字筱海，浙江嘉興人。1923 年畢業於東京大學工部，任教南京工業專門學校，1928 年隨校併入中央大學，任土木系教授。戰後參與接受臺灣大學，1946 年 7 月任校長，後專任機械系教授。金相學家，著有《材料強度學》《冶金學》等。

| | | | | | 者為進步，敘述極有系統，對於結構學上靜不定應力之計算頗多貢獻 | |

8. 唐燿三等獎

編號：35B 二			請獎著作	初審情形			審查小組意見
申請人：唐燿	名稱	中國木材性之研究（一）（二）木荷及絲栗二種		審查人	審查意見摘要	等級	
				姚傳法〔註227〕	研究有系統，學理有根據，有特殊創見，對學術及工業上有貢獻	二等	三等
介紹人：	內容摘要	根據四川峨邊所採主要木材十二種以多數之試樣就其構造及物理力學性質進行系統實驗，更依統計方法分析其結果，以期明瞭其變異性及可靠之數值		吳柳生〔註228〕	此項試驗工拙對於土產之利用及供給工程上統計之資料甚有價值	三等	大會決定
介紹人意見				梁希	本著作根據學理應用英國方式實地試驗，雖非創造但確有學術價值	二等	三等

9. 余皓三等獎

編號：58B 二			請獎著作	初審情形			審查小組意見
申請人：余皓	名稱	中性高錳酸鉀液氧化腐植質之係數測定		審查人	審查意見摘要	等級	
				彭謙	雖無特殊創見，但思想尚正確，	二等	不清

〔註227〕 **姚傳法**（1893～1959）：字心齋，浙江鄞縣人，生於上海。1914 年畢業於滬江大學，同年留美，先後獲俄亥俄州丹尼森大學科學碩士、耶魯大學林學碩士。1921 年回國，曾任教復旦大學、中國公學、滬江大學、北京農業大學、東南大學等。1927 年從政，先後任江蘇農林局長、農礦廳技正、立法委員等。1949 年後曾任南昌大學、華中農學院、南京林學院教授。

〔註228〕 **吳柳生**（1903～1984）：浙江東陽人。1928 年清華學校畢業留美，先後就讀麻省理工大學、伊利諾大學，1933 年獲碩士。先後任教河南大學、山東大學，1936 年回母校任土木工程系教授，曾代理建築系主任。1948 年赴美考察，1950 年回母校任教，1963 年因病在家休養。

介紹人：周昌芸、熊毅	內容摘要	高錳酸鉀氧化碳素量因酸度鹼度濃淡而變化，測定困難；中性高錳酸鉀液足可使溶狀之腐植質完全氧化；以重量法測定之結果為根據較用碳素測定為正確	陳維	參考頗豐富，敘述亦清順有條例		大會決定
介紹人意見	工作精細結果新穎，洵佳作也			對於土壤化學分析技術改進上確有貢獻，具學理上根據，所應用材料亦合國情	二等	三等

10. 諶湛溪三等獎

編號：69B 二			請獎著作	初審情形			審查小組意見
申請人：諶湛溪	名稱	磁性礦體深度之計算		審查人	審查意見摘要	等級	
				李春昱	有相當獨創性，於磁性探礦之理論上有貢獻，實際應用上亦不無幫助	二等或三等	三等
介紹人：張廷休、任泰〔註 229〕							
介紹人意見	美國第一流之礦冶學術機關業經編印為專著，自應予以介紹	內容摘要	一算式	馮景蘭	觀點正確，結構完善，於前人之計算方式確有改進之點	三等	大會決定
				鍾伯謙〔註 230〕	茲編能自前有學說而創一新式以求深度於地性探礦，實一大貢獻，至足重也	未敘	三等

〔註 229〕 **張廷休**（1897～1961）：字梓銘，回族，貴州安順人。1924 年畢業於東南大學歷史系，曾任國民黨中央宣傳部秘書、河南省政府秘書長。1933 年留歐，就讀倫敦大學、柏林大學。曾任暨南大學教授，教育部主任秘書、蒙藏教育司長。1942 年創辦貴州大學並任校長，後曾任貴州省政府委員、國民黨中央執委等。1949 年赴臺，曾任考試委員。

任泰（？～1981）：字東伯，貴州安順人，任可澄之子。1925 年畢業於清華學校，留美就讀歐柏林學院、哈佛大學，獲博士。曾任教中央大學、中央政治學校，擔任教育部長陳立夫英文秘書，1942 年任貴州大學教務長兼英文教授。1947 年任私立珠海大學文學院院長。後轉香港，曾任教新亞書院，再轉臺灣。

〔註 230〕 **鍾伯謙**（1890～1969）：號若溪，湖南耒陽人。曾就讀湖南高等工業專門學校，

11. 盛彤笙三等獎

編號：145B 二		請獎著作		初審情形			審查小組意見
申請人：盛彤笙	名稱	水牛腦脊髓炎之研究	審查人	審查意見摘要	等級		
			鄭庚〔註231〕	該文確具發明性，但其工作仍需繼續，請給二等獎，並與以研究上之方便	二等	不詳	
介紹人：陳之長、羅清生〔註232〕	內容摘要	包括病狀、病理、傳染試驗、病理組織檢查、對本病之詳細討論					
介紹人意見	謹嚴之研究與切片照像足以證明此病之病理變化，不但為我國獸醫界之一大發現，且為食戒有價值之貢獻		蔡無忌〔註233〕	確具有獨創性。並對於獸醫學術確有貢獻	二等	大會決定 三等	

1912 年留美，入科羅拉多礦務學校，畢業後曾任銅礦助理工程師，1919 年入讀哥倫比亞大學。1922 年回國，曾任常寧水口山礦務局科長、總工程師、副局長等。1933 年任教湖南大學，曾任教務長、訓導長、礦冶系主任、工學院長。1942 年創辦湖南省立工業專科學校任校長，後併入湖南大學。1952 年院系調整，任教中南礦冶學院。

〔註231〕　**鄭庚**（1898～1978）：福建連江人。1924 年畢業於金陵大學，1934 年獲美國密西根大學博士。曾任中央農業實驗所技正、畜牧獸醫系代主任，廣西大學畜牧獸醫系主任、中央大學教授等。1952 年院系調整，任南京農學院畜牧獸醫系主任。

〔註232〕　**陳之長**（1898～1987）：字本仁，四川簡陽人。1922 年畢業於清華學校，留美入艾奧瓦州立農工學院攻讀獸醫，1926 年獲博士，並赴康奈爾大學進修。翌年回國，任職廣西農林局，1929 年任中央大學畜牧獸醫系主任，1948 年轉四川大學畜牧獸醫系主任，1956 年調任四川農學院畜牧獸醫系主任。

　　　　　羅清生（1898～1974）：廣東南海人。1919 年畢業於清華學校，留美入堪薩斯州立大學，1923 年獲獸醫學博士。歷任東南大學、中央大學教授，中央大學農學院院長等。1952 年院系調整，任教南京農學院，曾任系主任、教務長、副院長等。中國獸醫學開拓者之一，主編有《家畜傳染病學》等。

〔註233〕　**蔡無忌**（1898～1980）：浙江紹興人，生於北京，蔡元培之子。1924 年獲法國國立阿爾福獸醫學校獸醫博士。回國後曾任中央大學農學院院長、上海農產品檢驗所副所長，上海商品檢驗局副局長、局長兼上海獸醫專科學校校長，昆明商品檢驗局局長、中央畜牧實驗所所長等。1949 年後，曾任上海商品檢驗局局長、對外貿易部商品檢驗總局副局長等。

12. 鍾盛標三等獎

編號：136B 二	請獎著作		初審情形			審查小組意見
申請人：鍾盛標	名稱	醫用紫外光燈之製造	審查人	審查意見摘要	等級	
介紹人：周發岐〔註234〕、紀育灃	內容摘要	醫用紫外光燈有低電壓和高電壓兩種，本文敘述此兩類之構造原理與方法，並以實驗證明二者光能分布之差別及其最適當之用途	吳有訓	雖非新發明，然切合國情，有實用價值	三等	三等
介紹人意見	製造石英紫外光燈國內諳此技術者尚未聞，今鍾君已能製造，其成本低，可廣為應用，貢獻豈淺鮮哉		周同慶	雖不能稱發明，在國內確係創造	二等或三等	大會決定 三等

13. 王仁權三等獎

編號：202B 二	請獎著作		初審情形			審查小組意見
申請人：王仁權	名稱	土木工程實用聯立方程式之新解法	審查人	審查意見摘要	等級	
介紹人：余熾昌、俞忽〔註235〕	內容摘要	第一解法有時過繁，第二解法為第一解法至第三解法的轉折點，第三解法簡便精確	盧恩緒	三法並未能脫離通常應用之各種解法之範圍，僅第三法略有可採	最高三等	不詳
						大會決定

〔註234〕 **周發岐**（1901～1990）：河北蠡縣人。1920 年考取河北農業專門學校留法預備班，翌年留法，入里昂大學化學系，1928 年獲博士。曾任中法大學化學系主任兼北平研究院化學所研究員，1944 年專任北平研究院化學所研究員，後兼任所長。1951 年調北京工業學院，曾任教務處長、科研部主任、副院長等。

〔註235〕 **余熾昌**（1899～1976）：字雅松，浙江紹興人。1923 年畢業於唐山交通大學土木系。1925 年留美，翌年獲康奈爾大學碩士。曾任東北大學、北洋工學院、武漢大學、山東大學教授。1938 年回武漢大學，先後任訓導長、教務長、工學院院長等。院系調整，曾任長沙鐵道學院副院長、湖南大學副校長等。
俞忽（1894～1959）：又名子慎，安徽婺源（今屬江西）人。1912 年入蘇州拓殖學堂，翌年留英入格拉斯哥大學土木系，1919 年畢業。回國任職鐵路系統，1931 年任武漢大學土木系教授，1954 年調任武漢水利電力學院教授。中國結構力學奠基人之一，著有《結構學》等。

| 介紹人
意見 | 抉擇精細，
敘述詳明，
第三解法尤
為簡便實用 | | ，先求未知數
之近似值，代
入各式得微差
常數，再繼續
求各未知數之
微差，相加即
得未知數值 | 蔡方蔭 | 有特殊創見，
惟不足以成一
家之說，所謂
特種簡便方法
只限用於特種
方程式。本文
三法雖不十分
簡便，惟尚能
普遍應用 | 三等 | 三等 |

14. 陳椿庭三等獎

編號：233B 二		請獎著作		初審情形			審查 小組 意見
申請人：陳椿庭	名稱	中國五大河洪 水量頻率曲線 之研究		審查人	審查意見摘要	等級	
介紹人：謝家澤〔註 236〕、沙玉清	內容 摘要	對幾率曲線及 頻率曲線之原 理作一綜合之 介紹；收集五 河最大洪水量 資料分析計算 並繪成頻率曲 線可供檢用； 文末得洪流系 數及變差系數 之實驗公式		黃文熙	第一部分大致 引述前人學說 ，惟第十四表 係作者創製， 頗便應用；第 二部分之水文 資料整理結果 亦可資從事水 工者之參考。 應予獎勵	未敘	三等
				張含英 〔註 237〕	於基本原理雖 無多發明，但 能藉以應用於 我國各河流上	二等	大會 決定

〔註236〕 **謝家澤**（1911～1993）：湖南新化人。1934 年畢業於清華大學土木系，1938
年獲德國柏林工科大學「憑證工程師」。回國後曾任水電廠廠長兼總工程師，
1940 年任中央大學教授。1949 年後，曾任南京水利實驗處水文研究所所長、
水文局局長、水利水電科學院副院長等。

〔註237〕 **張含英**（1900～2002）：字華甫，山東菏澤人。曾就讀北洋大學、北京大學，
1921 年留美，先後就讀伊利諾大學和康奈爾大學，1925 年獲土木工程碩士。
曾任職青島大學、山東省建設廳、華北水利委員會等。1933 年後歷任黃河水
利委員會委員、秘書長、總工程師，經濟委員會水利處副處長、湘桂水道工
程處處長兼總工程師、黃河水利委員會委員長、中央設計局委員兼水利組組
長等。1948 年任北洋大學校長。1949 年後，任水利部（水利電力部）副部長
兼技術委員會主任等。

介紹人意見	本文創用精密可靠之幾率原理分析五大河之最大洪水量，所得公式及曲線極為可靠			，對其洪水頻率得一結論，即為學術上有所貢獻，且為可資應用之張本		
			何之泰〔註238〕	應用原有方法，根據原有資料加以分析比較，尚屬詳盡。頻率曲線指數表有時可供應用	三等	三等

七、工藝製造 1 件

鄭重知、鄭咸熙二等獎

編號：221B 三		請獎著作	初審情形			審查小組意見
申請人：鄭重知、鄭咸熙	名稱	鉀灰城法	審查人	審查意見摘要	等級	
	內容摘要	冷卻法理論、碳酸鉀收回理論、本法終結方程式	顧毓珍	確有創作性，在學理上亦有根據	二等	二等
介紹人：程瀛章、程延慶〔註239〕						

〔註238〕 **何之泰**（1902～1970）：字叔通，浙江龍游人。1926 年畢業河海工科大學，1930 年留美，先後就讀康奈爾大學和艾奧瓦大學，獲水利工程博士。1933 年回國，歷任中央大學教授、全國水利委員會技正，湖南大學水利系主任、校長等。1949 年後，曾任武漢大學水利系主任，長江水利委員會副總工程師、總工程師，長江水利水電科學研究院院長等。

〔註239〕 **程瀛章**（1894～1981）：字寰西，江蘇吳江人。清華學校畢業後留美，先後就讀普渡大學、芝加哥大學，1920 年獲博士。翌年回國，曾任北京大學、光華大學和大夏大學教授，商務印書館編輯、國民政府教育行政委員會參事、大學院秘書、工商部技正，中華化學工業研究所所長，浙江大學化學系主任、暨南大學理學院院長、臺灣大學教授等。1949 年後，曾任江南大學、華東化工學院教授。
程延慶（1889～1968）：字伯商，江蘇吳江人。早年就學於復旦公學和聖約翰大學，1910 年二屆庚款留美，先後求學康奈爾大學、哥倫比亞大學，1915 年獲碩士。曾任天津直隸商品陳列所翻譯員，瀋陽兩級師範學校、高等師範學

介紹人意見	該法研究成功至費苦心，較諸氨鹼法確有種種優點			孟心如〔註240〕	雖無特殊工業上之貢獻及經濟上之價值，但為提倡其繼續研究起見，應予獎勵	三等	大會決定
				侯德榜	闡明制法大意頗屬完善，惟應用尚須大規模機械經大規模試驗，始能斷定與現行制法孰優孰劣	二等	二等

資料來源：《一九四六至一九四七年度學術獎勵摘要》，中國第二歷史檔案館藏，國民政府教育部檔案-五-1357，第 478～622 頁；《全國學術團體一覽表及學術獎勵摘要》，中國第二歷史檔案館藏，國民政府教育部檔案-五-1351，第 1 ～139 頁。

校教授，東北大學教授，浙江大學化學系主任，暨南大學、北平大學教授，上海人和化學製藥廠檢驗藥物研究部主任。1949 年後，曾任復旦大學、上海交通大學化學系教授。

〔註240〕**孟心如**（1903～1947）：江蘇武進人，清史研究開創者孟森長子。早年就讀同濟德文科，留學德國，畢業於柏林大學化工科。曾任浙江大學、暨南大學、中央大學教授及中化顏料染製廠長等，1946 年任國立藥學專科學校校長。著有《軍用毒氣》《化學戰及其防禦與救治》等。

第六章　學術審議會獲獎成果與獲獎群體

　　陳寅恪《唐代政治史述論稿》經傅斯年推薦參加教育部學術審議會評獎，獲得第三屆社會科學類也是六屆評獎中社會科學類唯一一等獎。兩位審查專家分別是吳稚暉和柳詒徵。吳稚暉「審查意見‧總評」說：

> 思想正確、參考詳瞻，結構完善、敘述甚有系統，對於前人學說間有改進，在史評中自有獨立體系。作者循由武力而強盛、由強盛而興文教，文教既盛、武力渙散，又各恃殘餘之武力分為黨派，由黨派而促衰敗之理，以為史評。雖非發明，惟引據翔實、創制謹嚴、立論平正，是其特長。此項著作已流佈於社會，自有參考之甚大價值，無特別獎勵之必要，以給予名譽獎勵為當。

　　在吳稚暉看來，已經出版發行的《唐代政治史述論稿》，雖對「前人學說間有改進，在史評中自有獨立系統」，「引據翔實、創制謹嚴、立論平正」，具有參考價值，但「無特別獎勵之必要」。與吳稚暉不同，同為歷史學家的柳詒徵折服於陳著「獨創性、發明性」：「探穴史籍、鉤沉發覆，樹義若堅城、□事如審櫛」，「系統分明而措辭□□、行文周密」，實為「對於學術確有特殊貢獻之著作」，自應獎勵，並稱譽陳寅恪為「並世史才、實罕其匹，曷勝歎服」。〔註1〕

〔註 1〕《教育部學術審議各項油印資料》，中國第二歷史檔案館藏，國民政府教育部檔案-五-1429（2）。值得注意的是，吳稚暉審查意見 1947 年 4 月以《評陳寅恪著〈唐代政治史述論稿〉》為名，發表於南京出刊的《東方與西方》第 1 卷第 1 期，內容與這裡的大相異趣。具體參見《吳稚暉全集》卷 12《日記‧書信‧筆記 4》，九州出版社，2013 年，第 589～591 頁。

　　民國時期是中國學術從傳統到近代轉換，近代學術體系開始創立並逐步發展的階段，出現了一批像《唐代政治史述論稿》這樣的奠基性與標誌性著作，也湧現出一批後世難以企及的大師。當時獲得教育部學術審議會獎勵的作品與獲獎者僅僅是其中的代表而已，還有更多的作品與人物因各種各樣的原因並沒有忝列其間。學術審議會成功地舉辦了六屆評獎，為一批在中國近代學術發展史上留下極大影響的學術作品與學人頒布了政府獎項與獎金，對當時處於抗戰危局的清苦學人生活「不無小補」，更是對他們傾心學術研究的肯定與褒揚，在當時學術界有相當影響。這些在中華民族面臨危亡之際取得的學術成果，不僅是中國近代學術發展的歷史性記載，也在相當程度上表徵了當時學術的發展情狀，這些獲獎人和接下來兩章將要分析探討的中研院院士可以作為估量民國學術發展的兩個學者群體樣本。

　　1941～1948 年間，學術審議委員會共評出 281 件正式獲獎作品和 53 件獎助作品，其中一等獎 15 件、二等獎 90 件、三等獎 176 件，大致比例為 1：6：12，即評選出 12 件三等獎才可能出現一件一等獎，可見獲得一等獎難度之大。正式獲獎作品第一屆和第六屆數量最少，第三屆和第四屆最多；獎助作品第二、四、五屆都超過 10 件，其中以工藝製造、藝術和文學類比例最高，其間似乎反映了這些類別作品評審標準的不易確定。雖然 1948 年評選的第六屆是1946～1947 年兩屆合併處理，但在抗戰勝利後國家立馬陷入內戰的混亂局面下，相比同仇敵愾的抗戰困難之期，學術工作者們似乎更難平心靜氣從事學術研究，兩年間真正能入學術審議會委員們法眼的作品不多。表 6-1 是歷屆獲獎作品分類統計表。

表 6-1　1941～1947 年歷屆獲獎作品分類統計表　單位：件

屆　次	人文社會科學					科學技術			合　計
	文　學	哲　學	經籍研究	社會科學	美　術	自然科學	應用科學	工藝製造	
一	4	4	6	2	6	4+1	4+2	0+4	30+7
二	3+1	1	2	10+1	9	15+4	8+7		48+13
三	6+1	3	3+1	13+1	4	18+1	8		55+4
四	10	1+1	5	21	0+9	11+1	14	4	66+11
五	9+5	2	2	11+3	0+2	7+3	16+3		47+16

六	2	1	2	7+1	2+1	6	14	1	35+2
總　計	34+7	12+1	20+1	64+6	21+12	61+10	64+12	5+4	281+53

說明：「3+1」表示正式獲獎 3 件，獲得獎助 1 件。該表格統計結果與第二歷史檔案館藏教育部檔-五-1350 第 231 頁統計表不同。第一，檔案表中缺第六屆；第二，檔案統計表中沒有將一些獎助數據統計進去，如第一、二屆各類獎助多件沒有統計，應用科學類多屆獎助也沒有統計。

　　人文社會科學包括文學、哲學、古代經籍研究、社會科學、美術等五類，共有 151 件作品獲得正式獎勵，27 件作品獲得獎助，其中一等獎 6 件，二等獎 40 件，三等獎 105 件，大致比例為 1：7：18，獲得一等獎難度相對更高。科學技術方面包括自然科學、應用科學與工藝製造，總共有 130 件作品獲得正式獎項，26 件作品獲得獎助，其中一等獎 9 件，二等獎 50 件，三等獎 71 件，大致比例 1：6：8，獲得一等獎難度相對較低。雖然人文社會科學獲獎總數超過科學技術，但在獲獎等第上無論是一等獎還是二等獎數量都與科學技術存在明顯差距。〔註2〕

一、以研究性著作為特色的文學

　　文學類包括文學論著（含文字學）、小說、戲劇、詞曲及詩歌，六屆共 34 件作品獲得正式獎項、7 件獲得獎助，沒有一等獎，僅有 6 件作品獲得二等獎，歷屆獲獎人及其作品相關情況簡介如下。

　　　　第一屆：**三等獎 4 件**，邵祖平《培風樓詩續存》、盧前《中興鼓吹》、陳銓《野玫瑰》、曹禺《北京人》。

　　　　第二屆：**三等獎 3 件**，孫為霆《巴山樵唱》、王力《中國語法之理論》、唐玉虬《國聲集》；獎助陳敬容《哲人與貓》。

〔註2〕各屆獲獎成果作者與成果名錄，以教育年鑒編纂委員會編《第二次中國教育年鑒》總 867～872 頁資料為主，再以檔案資料及其他相關資料予以修正。值得指出的是，該「年鑒」資料錯誤極多，有些甚至是關鍵性的錯誤，如將第三屆、第四屆的獎助名單合併到第四屆之後。將第五屆自然科學最高獎項惟一的二等獎《建築中聲學之派落現象》作者「馬大猷」錯誤為「吳大猷」，將勞榦《居延漢簡考釋》錯誤為《君延謨簡考釋》。當然，這裡所列獲獎名單與作品名稱存在錯漏也在所難免，如社會科學類第五屆三件獎助作品題名缺失，檔案《歷屆獲獎作者題名錄》（1945 年 10 月編造，國民政府教育部檔案-五-1358，第 3～25 頁）僅提供了第一到第四屆的名單，其間也有錯誤。這裡所參考具體資料來源不一一注明。需要說明的是，獲獎者簡介中生平不詳者生平資料大多源於《歷屆獲獎作者題名錄》，下也不一一注明。

第三屆：二等獎朱光潛《詩論》；**三等獎 5 件**，程伯臧《影史樓詩抄》、宗威《度遼吟草》及《劫餘吟》〔註3〕、洪深《戲的念詞與詩的朗誦》、高華年《昆明核桃菁村土語之研究》、鄒質夫《斷藤記傳奇》；獎助孫為霆《太平籲》。

第四屆：**二等獎 2 件**，羅根澤《周秦兩漢魏晉六朝隋唐文學批評史》、李嘉言《賈島年譜》；**三等獎 8 件**，馮沅君《古優解》、李辰冬《紅樓夢研究》、方重《英國詩文研究》、祝文日《文選六臣注訂偽》、陳紀瀅《新中國幼苗的成長》、陳延傑《晞陽詩》、酈承銓《願堂詩錄》、繆鉞《杜牧之年譜》。

第五屆：**二等獎 2 件**，柴德賡《〈鮚埼亭集〉謝三賓考》、姚薇元《鴉片戰爭史事考》；**三等獎 7 件**，孫文青《南陽草店漢墓畫像集》、嚴濟寬《中國民族女英雄傳記》、李秀峰《成人教養之實驗》、王玉哲《鬼方考》、許澄遠《魏晉南北朝教育史》、張德琇《語數位形測驗之編造與試用》、段青雲《選學叢說》；**獎助 5 件**，傅志純《新制國民教育之理論與實施》、許毓峰《周濂溪年譜》、吳蘊瑞《大肌肉活動用全部學習法與分段學習法效能之比較》、朱謙之《哥倫布前一千年中國僧人發現美洲說》、李曼瑰《女畫家》。

第六屆：二等獎楊樹達《造字時有通借證及古文字研究》；三等獎徐復《語言文字學論叢》。

第一屆四件作品全是文學創作，邵祖平和盧前作品是古體詩詞，陳銓和曹禺作品是新戲劇，新舊各半。邵祖平（1898～1969），字潭秋，別號鍾陵老隱、培風老人，室名無盡藏齋、培風樓，江西南昌人。早年肄業江西高等學堂，曾師從章太炎研習文字學。1922 年任《學衡》編輯，後執教東南大學、浙江大學等。1934 年任鐵道部次長曾養甫秘書。抗戰期間，曾任四川大學、金陵女子大學、華西協合大學等校教授。1947 年任教重慶大學、四川教育學院。1953 年院系調整，返四川大學。1956 年調中國人民大學。反右運動中因鳴放獲罪，

〔註 3〕按照獎勵規則，申請者每屆只能以一件作品申請同類獎勵，獲獎人中有多人如宗威一樣以兩件同類型作品獲獎。無論是申請人的考量還是在學術審議會看來，可能一件作品獲獎份量不夠，只有兩件作品綁定一起才行（例如規則中規定的字數要求），似乎由此也可以避免鄭天挺獲獎作品因為字數不夠造成的所謂「尷尬」，科學技術獲獎作品中也有不少成果是同主題多篇論文合併一起的。因此，這裡將宗威同類兩件作品作為一件獲獎作品計數。

發配青海民族學院，後依子蟄居杭州。著有《中國觀人論》《文字學概論》《培風樓詩》等。邵祖平「以學力見重而欲獨創風格」，自言其詩「紀歲月，述行旅，憫戰亂，悼窮黎，頗有峭拔沉鬱之姿，無與溫柔敦厚之作」。〔註4〕曾得到陳三立、章太炎、胡先驌等激賞，陳三立「謂其意斂而力橫」；章太炎「許其出入唐宋，殆有天收」；謝无量則說「其入蜀以後，剛腸嫉惡，孤抱干雲，所為詩蹊徑頓翻，造詣沉鬱，當為天下所共見」。〔註5〕時任四川大學兼華西協合大學教授，獲獎作品為1938年成都自刊本，其間有不少謳歌抗戰篇章。

　　盧前（1905～1951），字冀野，自號飲虹、小疏，江蘇南京人。畢業於東南大學，先後受聘在金陵、河南、暨南、光華、四川、中央大學等校講授文學、戲劇，曾任國民參政會參政員、國立音專校長等。著述甚豐，並搜集、整理、刊印了大量古籍。時任禮樂館禮組主任，《中興鼓吹》1938年6月初版，風行一時，先後有十多個版本，「鼓吹我中華，中興業」，歌頌抗戰，「其愛國之思，濟世之情，洋溢乎字裏行間，詞筆含蓄清靈，尤以豪放見稱」。〔註6〕當年曾英譯《中興鼓吹》的楊憲益晚年為文說：「在日本即將戰敗，中國即將復興的年月，他寫了《中興鼓吹》，自知作為一個知識分子，只能給這個大時代做一個吹鼓手，但對中國的未來，還抱著無限的希望，渴望著文化復興的到來。」〔註7〕當然，盧前做《中興鼓吹》時，抗戰正處於初期階段，但他已感知中華民族將因抗戰而「中興」，與國民政府「抗戰建國」相呼應，可謂識見卓越。

　　相對處於「泯滅」狀態的邵祖平、盧前的古體詩詞，陳銓、曹禺的新劇就有名多了。「戰國策派」主將**陳銓**（1903～1969），別號大銓，四川富順人。1921年入清華學校，1928年畢業留美，1930年獲阿伯林大學碩士，再入德國克爾大學，1933年獲博士，深受尼采影響。1934年回國，曾任武漢大學、清華大學、西南聯大和同濟大學等校教授。1952年院系調整，任南京大學教

〔註4〕胡迎建：《力創詩之風格的二位學者詩人汪辟疆、邵潭秋》，載謝忱等編輯《述林》第3輯，武進南風詞社，第120～122頁。這裡對獲獎者的簡介，凡家喻戶曉如曹禺、朱光潛、洪深等，後來名列150位中研院院士正式候選人不贅述，主要「打撈」被歷史遺忘者。有些獲獎者毫無信息，作品相關信息也幾乎難覓，有待方家和學界共同努力，繼續「打撈」這些文化與思想的「失蹤者」。

〔註5〕《教育部舉辦民國三十年度著作發明及美術獎勵經過述要》，《高等教育季刊》第2卷第2期（1942），第106頁。該報導對第一屆獲獎作品都有評述，非常難得，這裡摘錄部分，以饗讀者。

〔註6〕《教育部舉辦民國三十年度著作發明及美術獎勵經過述要》，《高等教育季刊》第2卷第2期（1942），第106頁。

〔註7〕盧前：《盧前文史論稿》，中華書局，2007年，第12～13頁。

授。因在「鳴放中利用各種機會污蔑和攻擊黨的領導及黨的各項政策」等 12 項罪名，被打成右派，文革中遭遇可以想見。時任青年書局總編輯，《野玫瑰》是抗戰時期影響最大的諜戰劇，曾引起極大的爭論，後曾改編為電影。〔註8〕《北京人》是四件獲獎作品中唯一與抗戰主題無關的作品，被認為是曹禺（1910～1996）最好的劇作，也是曹禺自己最滿意的作品。曹禺與陳銓作品，「一以藝術技巧，見稱於時；一則工於對話，間有詩意。皆不可多得之佳構也」。〔註9〕

　　第一屆作品似乎為抗戰期間的文學類定下了基調，即以抗戰主題相關創作為主，但情況很快就有變化，文學創作漸漸淡出，文學研究佔據了主流。第二屆三件正式獲獎作品，兩件創作，一件研究。孫為霆（1903～1966），字雨廷，號巴山樵父，江蘇六合人。1927 年畢業於東南大學國文系，曾執教中學，擔任過合川國立第二中學校長，1940 年任中央大學國文系教授，1947 年任江蘇學院中文系主任，1949 年任震旦大學中文系教授。1953 年任西安師範學院（陝西師範大學）歷史系教授，後轉中文系。與盧前同為吳梅弟子，長期從事元曲研究與創作。盧前稱其「博物強記，才情飆舉」。時任中央大學教授，《巴山樵唱》是他在合川、重慶期間所做散曲。他還以《太平釁》獲得第三屆獎助，亦為任職中央大學時所作雜劇，含《斷指生》《蘭陵女》和《天國恨》，演繹太平天國事，盧前作序稱：「讀雨廷《巴山樵唱》，流麗綿密，以為小山、則明之倫。而《太平釁》者，振鬣長鳴，橫天雕鶚，庶幾乎宮、馬矣。」〔註10〕《巴山樵唱》《太平釁》都收入《壺春樂府》2020 年 8 月由陝西人民出版社出版。

　　懸壺濟世的中醫唐玉虬所著古體詩《國聲集》，吳稚暉、陳布雷、楊圻等

〔註8〕《野玫瑰》在重慶上演後，當即遭到不少文藝工作者的嚴肅批評。獲獎後戲劇界不少人再度提出嚴重抗議，要求「撤銷獎勵，禁止上演」。陳立夫辯稱，學術審議會獎勵《野玫瑰》乃「投票」結果，給予「三等獎」並非認為「最佳者」，不過「聊示提倡」而已。潘公展則說：「《野玫瑰》不惟不應禁演，反應提倡；倒是《屈原》劇本成問題，這時候不應該『鼓吹爆炸』云云」。重慶師範學院中文系《國統區文藝資料叢編》編輯組編《國統區文藝資料叢編·「戰國派」（2）》（編者自印），1979 年，第 248 頁。相關陳銓研究，可參閱孔劉輝《陳銓評傳》，人民文學出版社，2020 年。

〔註9〕《教育部舉辦民國三十年度著作發明及美術獎勵經過述要》，《高等教育季刊》第 2 卷第 2 期（1942），第 106 頁。

〔註10〕孫鍾：《孫為霆先生傳略》（上下），《現代家庭報》2020 年 11 月 11 日、12 月 30 日。

曾予以高度評價。有論者以為其「慷慨悲壯，激越昂揚」，「愛國激情如烈火之燃燒，怒潮之奔騰，詩歌的思想性與藝術性皆達到極高境界」。〔註11〕**唐玉虬**（1894～1988），名鼎元，以字行，江蘇武進人。幼承家學，成名中醫，曾在杭州、成都等地開設診所，居成都期間曾被聘為中央國醫館學術整理委員會名譽委員。1958 年後，曾任南京中醫學院文史教研組組長、圖書館館長等。還著有《唐荊川先生年譜》《入蜀稿》《五言樓詩草》等。

《中國語法之理論》是王力（1900～1986）在西南聯大的講義，1944～1945 年由商務印書館以《中國語法理論》分上下冊出版，用西方現代語言學理論研究漢語結構規律，大大地推進了漢語語法研究。王力後來正式候選首屆中研院院士，1955 年當選學部委員。

「雨鎖住了黃昏的窗，／讓白日靜靜凋殘吧，／我的石室冷而寥寂，／雨如細珠輕滾著屋瓦。」〔註12〕這是「九葉派」女詩人陳敬容 1937 年秋天寫於成都《哲人與貓》第一段。《哲人與貓》是新詩第一次獲得獎勵，雖然僅僅是獎助。**陳敬容**（1917～1989），原名懿範，四川樂山人，自學成才，曾在北京大學、清華大學中文系旁聽，曾任小學教師、雜誌和書局編輯。1949 年在華北大學學習，後從事政法工作，1956 年轉任《世界文學》編輯。著有《交響集》《盈盈集》《老去的是時間》等。

相較前兩屆各僅 4 件作品獲得獎勵，第三屆一下子就增加到 7 件。**朱光潛**（1897～1986）《詩論》是第三屆唯一一件二等獎作品，1943 年 6 月由重慶國民出版社出版，是中國詩學史上的里程碑、由傳統劄記隨筆形態轉向現代系統理論形態的開創性著作。

5 件三等獎作品中，洪深和高華年作品屬於研究性成果。**洪深**（1894～1955）作品 1943 年 12 月由重慶美學出版社初版，後曾再版，有郭沫若的序言。**高華年**（1916～2011），福建南平人。1940 年考入北京大學文科研究所從羅常培讀研究生，1943 年畢業留校任教〔註13〕，後歷任南開大學講師、副教授。1950 年任嶺南大學研究員，翌年起任教中山大學，曾任語言教研室主任等。嶺南語言學學科帶頭人，著有《彝語語法研究》《廣州方言研究》《語言學

〔註11〕劉夢芙：《近現代詩詞論叢》，學苑出版社，2007 年，第 281 頁。
〔註12〕陳敬容著，羅佳明、陳俐編：《陳敬容詩文集》，復旦大學出版社，2008 年，第 16 頁。
〔註13〕鄭天挺日記中曾對他有所激賞，「高華年，吾鄉南平人，從莘田學語言……少年篤學之士」。《鄭天挺西南聯大日記》第 407 頁。

概論》等。獲獎時僅 28 歲，可謂年輕有為。

　　另外三件作品為創作，程學恂（1872～1951），字公魯，號伯臧，江西新建縣人，光緒朝舉人。曾任奉天、湖北知府，辛亥後賦閒居南京，博通經史百家，精於詩詞，亦擅長書畫，與陳三立交誼甚厚。抗戰期間曾任江西省政府秘書、通志館協修，戰後任新建縣文獻委員會主任。1951 年底與程時煌、程欣午、程樸齋等一同被公審槍斃。《影史樓詩抄》未刊，1943 年 8 月刊《影史樓詩存》為其選本，「其詩出入杜、韓、黃，近學陳三立，縋幽鑿險，形成莽蒼詭博、沉鬱堅蒼的境界」。〔註 14〕

　　宗威（1874～1945），字子威，江蘇常熟人。曾任北京政府交通部秘書，北京師範大學、東北大學、湖南大學教職。長沙大火後，輾轉鄉間，任教中學，出版《度遼吟草》《燕遊吟草》《劫餘吟》等。工詩文，還著有《詩鐘小識》等。〔註 15〕他以《度遼吟草》和《劫餘吟》請獎，切合了抗日主題。

　　鄒質夫（1880～1959），字國彬，貴州貴陽人。曾中舉，畢業於貴陽大學堂。終身從事教育事業，先後任教中學和大夏大學、貴陽師範學院。時任大夏大學教授，《斷藤記傳奇》為兩卷改編崑曲劇本，未刊。

　　第三屆獲獎作品研究與創作平分秋色，創作都是古體詩或詞曲這樣的傳統形式。第四屆共有 10 件作品獲獎，其中二等獎 2 件全是文學史研究，三等獎也有 5 件是文學研究，僅有 3 件創作，研究性作品比例急劇上升。

　　羅根澤（1900～1960），號雨亭，河北深縣人。早年曾就讀河北第一師範學校、河北大學中文系，1927 年入清華學校國學研究院師從梁啟超、陳寅恪，翌年轉入燕京大學國學研究所師從馮友蘭、黃子通。畢業後曾執教河南大學、河北大學、中國大學、北平師範大學、西北聯合大學、中央大學等。1949 年後，任南京大學教授兼中國文學史教研室主任。時任中央大學教授，獲獎作品作為「中央大學文學叢書」由商務印書館 1943～1944 出版，分「周秦兩漢」「魏晉六朝」「隋唐」三分冊，奠定其學術地位。他「立足乾嘉傳統，在考據學基礎上，採用科學方法，對於諸子學術、文學史和文學批評史展開研究」，

〔註 14〕　胡迎建：《民國舊體詩史稿》，江西人民出版社，2005 年，第 438 頁。1944 年，
　　　　　程學恂有《酬胡步曾先驌見贈》一詩：還留海色在鬢眉，少日乘風破浪時。獨
　　　　　挈靈源歸活國，更扶元氣晚稱師。故家文獻傳衣業，餘事吟哦滿袖詩。僵臥滄
　　　　　江成邂逅，待看弦誦息徵鼙。載《中國文學》（重慶）第 1 卷第 2 期（1944）
　　　　　（多謝廬山植物園胡宗剛先生提供）。
〔註 15〕　潘靜如：《民國詩學》，北京聯合出版公司，2017 年，第 193 頁。

注重探討西洋學術與中國學術之間的異同。〔註16〕

　　李嘉言（1911～1967），字澤民、慎予，河南武陟人。1934年畢業於清華大學，先後任中學教員，清華大學、西南聯大助教、教員，西北師範學院副教授、教授。1949年後，任河南大學中文系教授兼主任，文革中受迫害致死。時任西北師範學院副教授，獲獎作品在聞一多指導下完成，發表於《清華學報》。

　　以五四女作家馳名文壇的馮沅君（1900～1974），馮友蘭妹妹，1917年入讀北京女子高等師範學校，1922年畢業後入北京大學研究所國學門，1925年畢業，曾任教金陵大學、中法大學、暨南大學、北京大學等。1932年留法，1935年獲巴黎大學博士。回國後，曾任武漢大學、中山大學、東北大學、山東大學等校教授。1949年後，任教山東大學，曾任副校長等，文革中遭受迫害。文學創作外，長期從事戲曲研究，《古憂解》是古代戲劇研究史上第一部全面系統研究倡優著作，商務印書館1944年1月初版。顧頡剛以為她的劇曲史研究「偏重於劇場的結構、服裝及演出」，除獲獎作品外還有《古劇四考》等。〔註17〕

　　李辰冬（1907～1983），河南濟源人。1928年燕京大學國文系畢業，留法入巴黎大學，1934年以《紅樓夢研究》獲博士。回國後曾任教燕京大學、天津女子師範學院、中央政治學校等。後棄學從政，任中央文化運動委員會委員兼主任秘書，主編《文化先鋒》等雜誌，戰後任北平參議會秘書長。1948年回歸學界，任西北師範學院教授。旋赴臺灣，曾任臺灣師範大學教授等。獲獎作品1942年重慶正中書局出版，打破了胡適、俞平伯《紅樓夢》研究後長久的沉寂局面，「使紅學有了一個可喜的新發展」。〔註18〕

　　方重（1902～1991），字蘆浪，江蘇武進人。1923年清華學校畢業留美，先後就讀斯坦福大學和加州大學伯克利分校，1926年獲碩士。回國後任教中央大學、武漢大學，曾任英文系主任。1944年訪英，在劍橋大學等校講學。1947年回國，先後任教浙江大學、浙江師範學院、華東師範大學、復旦大學等，1957年調上海外國語學院，曾任英文系主任、外國語言文學研究所所長等。長期從事英語教學、翻譯與研究，時任武漢大學教授，獲獎作品1939年由商務印書館出版。

〔註16〕《羅根澤的生平與學術研究》，清華大學國學研究院主編，馬強才選編《羅根澤文存》，江蘇人民出版社，2012年。

〔註17〕顧頡剛：《當代中國史學》，上海古籍出版社，2002年，第117頁。

〔註18〕鄧慶佑：《李辰冬和他的〈紅樓夢研究〉》，載《紅學人物研究》，北京時代華文書局，2017年。

　　祝文曰（1884～1968），字廉先，浙江衢州人。浙江高等學堂畢業。曾任中學校長、浙江省教育會秘書長，燕京大學、浙江大學教授，浙江文史館館員等。工書畫，時任浙江大學教授，獲獎作品 1944 年 8 月發表於《浙江大學文學院集刊》，繆鉞曾為序稱：「或明詁訓，或考地望，或釋疑闕之義，或求事類之原，參諸比興，以抉其微，博稽群言，以祈其當，既潛心而自悟，復商榷於友朋，義據通深，實事求是。」〔註 19〕

　　當日與祝文曰一同任教浙江大學的繆鉞（1904～1995），字彥威，江蘇溧陽人。北京大學預科肄業，自學成才。曾任中學教員，1930 年起，任教河南大學、浙江大學、華西協合大學等，曾任歷史系主任。1952 年任四川大學教授，曾任歷史研究所副所長等。治學以文史結合、博通與專精結合為特色，有《繆鉞全集》行世。獲獎作品也刊於《浙江大學文學院集刊》。

　　陳紀瀅（1908～1997），原名奇瀅，河北安國人。曾就學於北平民國大學、哈爾濱政法大學，長期擔任記者，曾任國民參政會參政員、哈爾濱市文化指導委員會主任、第一屆立法院立法委員等。1949 年赴臺，曾任《中央日報》董事長、中國廣播公司常務董事等。時任《大公報》記者、編輯，獲獎作品原刊《大公報》副刊，後結集成書 1944 年 9 月由重慶建中出版社印行，風行一時。豐子愷為其作插圖，並說：

> 陳紀瀅先生這稿子寄到的時候，我正在生病把它擱了幾天，熱退淨了，孩子們把這稿子放在我的枕畔，我躺著無聊，姑且拿起來看，不料一氣看了半本，而且流了許多眼淚在枕上，我嘗到了二十年前讀《愛的教育》時所感到的一種滋味，且這滋味似乎更合我的胃口，因為這裡所說的是抗戰時的中國的重慶的事，對我更有切身關係。〔註 20〕

　　陳延傑（1888～1970），字仲英、仲子，筆名晞陽，江蘇南京人，秀才。1907年兩江師範學堂畢業。先後任教於寧屬師範學堂、江蘇省立第四師範學堂、滁州第九中學、武昌大學、中央大學、金陵大學等。1951 年任南京文物管理委員會圖書組組長，曾任江蘇文史館館員。在經學、詩學和古體詩創作上皆有造詣，著有《經學概論》《詩序解》《詩品注》等。時任金陵大學教授，獲獎作品未刊。

〔註 19〕繆鉞：《冰繭庵跋輯存》，巴蜀書社，1989 年，第 12 頁。
〔註 20〕張澤賢：《中國現代文學小說版本聞見錄續集》，上海遠東出版社，2012 年，第 344 頁。

還曾以《周易程傳參正》獲古代經籍研究第五屆三等獎，也未刊。〔註21〕

　　酈承銓（1904～1967），字衡叔，號願堂，江蘇南京人。自 1928 年起，先後任教中央大學、金陵大學、華西協合大學、浙江大學等校。1949 年後，任浙江文物管理委員會副主任。曾師從王伯沆、柳詒徵和吳梅，在經史學、文字學、版本目錄學和詩詞創作上造詣甚深，書畫上也卓有成就。時任浙大教授，獲獎作品 1944 年鉛印。

　　第四屆獲獎作品，研究還是主要集中在古代文學作品與人物方面，也擴展至外國文學研究。第五屆獲獎作品在六屆中最多有 14 件，研究範圍擴展到教育研究，有 4 件之多，其中三等獎有 2 件。曾跟隨晏陽初從事平民教育的**李秀峰**，其人與作品情況都不詳，張德琇作品對實驗過程、統計結果、信度與效度等進行了分析。**張德琇**（1909～1989），湖南漢壽人，1937 年中央大學畢業，讀心理學研究生，1942～1946 年任四川教育學院講師、副教授。赴美出席國際勞工會議，因故滯美，先後就讀哥倫比亞大學、哈佛大學等，並從事教育心理學等方面的教學與研究工作。1973 年回國，任教湖南師範學院外語系。時任四川教育學院副教授，獲獎作品屬於教育心理學，以《語數位形測驗之編造與試用——研究大學考試問題的一個嘗試》發表於《高等教育季刊》。

　　5 件獎助作品中傅志純和吳蘊瑞作品也屬於教育學。曾任四川綦江縣教育科長的河北定貝人**傅志純**其人不彰，獲獎作品以《新制國民教育的理論與實施》為名，1944 年 10 月由說文社出版部出版。**吳蘊瑞**（1892～1976），江蘇江陰人。1918 年畢業於南京高等師範學校體育專修科，1924 年畢業於東南大學體育系，翌年留美，1927 年獲哥倫比亞大學教育學碩士。先後任教南京高等師範學校、東南大學、東北大學、北京師範大學、中央大學。1949 年後，歷任南京大學體育系主任、華東體育學院院長、上海體育學院院長、上海市體委副主任、中華全國體育總會副主席等，致力於體育教學學術化，著有《運動學》《體育原理》等。時任中央大學教授，獲獎作品不詳。

　　二等獎獲得者**柴德賡**（1908～1970），字青峰，浙江諸暨人。1933 年北半師範大學畢業，曾任中學教員，1936 年任教輔仁大學，1944 年內遷任國立女子師範學院教授，戰後回輔仁大學。1952 年院系調整，任北京師範大學歷史系主任。1955 年調江蘇師範學院任歷史系主任。文革中受迫害，1970 年 1 月

〔註21〕 車行健：《南雍學人陳延傑及其經學論著之整理》，《中國文哲研究通訊》第 28 卷第 2 期（2018），第 3～28 頁。

23 日，在蘇州尹山湖農場勞動中因心臟病復發猝死。師從陳垣，與余遜、啟功、周祖謨並稱「陳門四翰林」，著有《史學叢考》《史籍舉要》等，領銜編纂中國史學會主編《中國近代史資料叢刊·辛亥革命》等。時任國立女子師範學院教授，獲獎作品發表於《輔仁學誌》1943 年第 1～2 期合刊，被譽為「陳門北方抗戰史學」組成部分。〔註22〕

安徽繁昌人姚薇元（1905～1985），1926 年考入清華學校，初學物理，後轉歷史系，1931 年畢業，考入研究院，師從陳寅恪研究魏晉南北朝隋唐史，1936 年畢業，畢業論文《北朝胡姓考》是中國第一部研究胡姓專著。先後任教大夏大學、貴州大學、中央大學、金陵女子文理學院、中央政治學校等。1949 年後，歷任湖南大學、武漢大學教授。時任大夏大學教授，獲獎作品完成於清華求學期間，1942 年 2 月由貴陽文通書局初版，原題為《魏源〈道光洋艘征撫記〉考訂》，蔣廷黻作序高度評價說：「他的成績有兩件：第一，他給了我們許多關於鴉片戰爭的正確知識；第二，他告訴了我們道光時代一個大學者如魏默深究竟知道多少世界的事情。」〔註23〕郭廷以也對此書稱賞不一，說姚薇元的考證「翔實公允」，「糾正過去中國一般的錯誤觀念」，「不唯告訴大家以明確史事，而且指示有志斯學者以方法途徑。這種工作，真是嘉惠後學不淺」。〔註24〕

孫文青（1896～1986），河南社旗人。1925 年畢業於北京師範大學。曾任河南教育廳編輯主任、編審委員，省立第五中學教務主任，南陽教育局局長，開封等教育實驗區總幹事等。1949 年後曾任河南省文物管理委員會副主任兼河南省博物館館長等。任職南陽期間，搜集南陽漢畫像石，出版《南陽漢畫像石匯存》《南陽漢畫訪拓記》等，對南陽漢畫貢獻最大，獲獎作品 1944 年出版。

王玉哲（1913～2005），河北深縣人。1936 年考入北京大學歷史系，1940 年畢業，入北京大學文科研究所，師從唐蘭讀研究生，1943 年畢業獲碩士。先後任教華中大學、湖南大學，1948 年任教南開大學。先秦史專家，南開大學歷史學科重要奠基人之一，著有《中華遠古史》《中華民族早期源流》等。時任華中大學副教授，獲獎作品發表於《華中大學國學研究論文專刊》第 1 輯（1945）。

許澄遠（1903～？），江蘇南京人。1930 年畢業於中央大學，獲教育學碩士，先後任教中央大學、國立女子師範學院、重慶大學、西南師範學院、山東

〔註22〕李峰主編：《蘇州通史·人物卷》（下），蘇州大學出版社，2019 年，第 362 頁。
〔註23〕姚薇元：《鴉片戰爭史事考·蔣序》，文通書局，1942 年，第 3 頁。
〔註24〕姚薇元：《鴉片戰爭史事考·郭序》，第 2 頁。

大學、曲阜師範大學等。時任國立女子師範學院教授，獲獎作品不詳。

　　段青雲（1900～1947），即段凌辰，河南汲縣人。武昌高等師範學校畢業，曾任教中州大學、中山大學、齊魯大學，1938 年任河南大學文學院院長，著有《中國文學概論》等。時任河南大學教授，獲獎作品未刊，曾發表《文選注引漢書非襲用顏師古注本說》等。

　　相比眾多的研究性作品，本屆僅有一件創作作品即嚴濟寬《中國民族女英雄傳記》，以歷史上女英雄來激發民族的抗敵情緒。〔註25〕幼年孤苦的**嚴濟寬**（1899～1971），字伯僑，江蘇無錫人。1924 年無錫國專畢業，深受唐文治影響，曾任塾師、中學教員、縣長、同濟大學教授、國民黨黨史史料編委會處長、教育部專門委員兼秘書、無錫國專教授兼校務主任等。〔註26〕1950 年隨校併入蘇南文化教育學院，後轉任徐州師範學院教授。獲獎作品 1943 年 12 月由商務印書館出版，1945 年已三版，有同鄉吳稚暉、同學唐蘭序。

　　第五屆獎助除前述兩件教育學作品外，還有許毓峰、朱謙之、李曼瑰 3 件作品。山東人**許毓峰**（？～1987 年），生平不詳，1940 年畢業於西北大學中文系，曾在齊魯大學讀研究生，去世時為曲阜師範學院中文系教授。除獲獎作品外，編有《聞一多研究資料》（合編）、《李大釗年譜》等。獲獎作品刊於華西、金陵、齊魯大學合辦《中國文化研究彙刊》1943 年第 3 期。

　　朱謙之（1899～1972），字情牽，福建福州人。北京大學哲學系畢業，曾留日兩年，任教廈門大學、暨南大學、中山大學、北京大學等，1964 年調中科院世界宗教研究所。著述甚多，早年「英雄崇拜」，旋信仰虛無主義與無政府主義，後潛心歷史哲學、文化哲學、中國哲學史及東方哲學的研究。獲獎時任中山大學文學院院長，獲獎作品 1945 年作為中山大學文科研究所「歷史叢書」第一種出版，是為中國人發現美洲說之濫觴。〔註27〕

〔註25〕唐蘭在序言中說，嚴濟寬此書「意在發揚民族之精神，非苟焉而作者」。
〔註26〕陳國安等編：《無錫國專史料選輯》，蘇州大學出版社，2012 年，第 220～221 頁。
〔註27〕對於朱謙之作品，審查專家沈剛伯極為欣賞，認為「引證甚詳，論斷頗辯，對此二百年久極未決之案，雖未必遂成定論，但確能掃除希勒格派之曲見，可於舊說大有改進之點」，給予二等獎；而雷海宗則極力批駁其不著邊際所謂民族主義歷史研究：「全書觀點極不正確，治史最忌自我誇大；作者似認美洲之發現為中國之光榮，極力牽強附會，非證成見為事實不可。……只作不忠實之抹煞，實違歷史作者之根本立場」，自然不予獎勵。《一九四五年度學術獎勵著作申請書及審查意見（初審不合格者）》，中國第二歷史檔案館藏，國民政府教育部檔案-五-1360（1）。

　　女戲劇作家李曼瑰（1906～1975），原名滿桂，廣東台山人。1930 年燕京大學中文系畢業。1934 年留美，1936 年獲密西根大學戲劇學碩士。1940 年回國，曾任教金陵女子文理學院、中央政治學校、國立戲劇專科學校等。1949 年赴臺，先後任教師範大學、政治大學、輔仁大學等。一生著述甚豐，發表劇作 40 餘部，並有戲劇理論著作。《女畫家》原名《天問》，三幕話劇，1945 年 7 月出版。

　　與第四、五兩屆獲獎作品眾多，還有不少獎助相比，第六屆僅有兩件作品，且全是古文字研究。**楊樹達**後來當選首屆中研院院士，獲獎作品審查專家汪東、聞宥都給予極高評價（參閱上一章附錄）。**徐復**（1912～2006），字士復，又字漢生，江蘇武進人。1929 年入金陵大學國文專修科，師從黃侃。畢業後曾任中學教員，再入金陵大學國學研究班。1936 年入蘇州章氏國學講習會，師從章太炎。曾任軍訓部中校秘書、中央政治學校研究員〔註28〕，任教國立邊疆學校、金陵大學。1952 年院系調整，任教南京師範學院。章黃學派代表性學者之一，時任國立邊疆學校副教授，獲獎作品是從「舊作中選出的一組論文」。〔註29〕此前曾以《後讀書雜誌》獲得古代經籍研究第四屆三等獎。

　　六屆文學類獲獎作品有以下幾個特點：

　　第一，獲得文學類最高等第二等獎的六件作品全為研究性論著，無一件創作類作品；三等獎中也以研究性著述為多，文學創作包括小說、戲劇、詞曲和詩歌一共僅有十數件作品，占三分之一左右。趨勢是越向後越重視研究性作品，第一屆四件作品全是創作，第五屆九件正式獎勵作品中僅一件創作，還是歷史上女英雄傳記，最後一屆全是研究性作品。〔註30〕

　　第二，無論是二等獎朱光潛的《詩論》、楊樹達《造字時有通借證及古文字研究》等，還是三等獎曹禺的《北京人》、王力《中國語法之理論》、繆鉞《杜

〔註28〕 任職中央政治學校時，徐復與施之勉要好，經施之勉介紹，認識了錢穆。1952 年徐復回憶說：「他對我的校勘群書，曾有阿好言論，因之我對他特別有知己之感；而施又稱之不絕口，說他由苦學成名，著作有創見，此時我頗有依附之意。」王華寶《徐復先生傳略》，南京師範大學出版社，2016 年，第 47～48 頁。

〔註29〕 趙寧樂、方向東編：《樸學之光：語言文字學家徐復》，南京大學出版社，2000 年，第 8 頁。

〔註30〕 沈從文曾致函胡適說政府「學術獎金文學部門有個位置，可是得獎的卻多是些不相干的作品」。他以為主要原因是政府加強了對新文學運動的「管控」，學術獎勵設立「文學」僅僅是「點綴」。中國社會科學院近代史研究所中華民國史組編《胡適來往書信選》（中），第 575 頁。

牧之年譜》等，都是彪炳史冊的名著，或開啟了該學科後來學術發展的方向，或奠定了新創作形式的基礎。

第三，文學研究論著中，以歷史研究為特色，包括年譜、文學批評史、文集考訂，六件二等獎有四件為歷史研究。

第四，文學創作作品中，以古典詩詞為大宗，新文學創作只有戲劇《野玫瑰》《北京人》《女畫家》、歷史傳記《新中國幼苗的成長》和新詩《哲學與貓》等少數作品。這說明新文化運動以來，雖然在新的文學創作形式上，特別是小說、戲劇、新詩取得了重大的成就，但當時學術界真正認同的還是古典詩詞。當時學界無論是人文社會科學工作者還是科學技術工作者基本上都能吟詩作賦，一些政客與商人們也不忘記時時「以詩詞即興或紀行」。也就是說，新文化運動並未真正對傳統造成所謂「毀滅性」打擊，使傳統文化出現斷層，傳統學問在眾多大學的國文系和教育部學術審議會的學術獎勵這樣的體制內還有生存空間。這從側面表明對五四新文化運動的影響似乎還有重估的必要，特別是對傳統文化的衝擊與所謂斷裂性影響。

第五，文學創作中以謳歌抗戰作品為特色，無論是古體詩詞、散曲如《培風樓詩續存》《中興鼓吹》《國聲集》，還是新戲劇如《野玫瑰》等。

第六，不少請獎作品因戰爭等多種原因未能正式出版，以後也再無出版機會，因之有些獲獎人與獲獎作品幾乎處於「湮滅」狀態，需要繼續挖掘，以拂去層層覆蓋的歷史塵土。

整個獲獎群體（包括獎助）共有邵祖平、盧前、陳銓、曹禺、孫為霆、王力、唐玉虬、朱光潛、程伯臧、宗威、洪深、高華年、鄒質夫、羅根澤、李嘉言、馮沅君、李辰冬、方重、祝文曰、陳紀瀅、陳延傑、酈承銓、繆鉞、柴德賡、姚薇元、孫文青、嚴濟寬、李秀峰、王玉哲、許澄遠、張德琇、段青雲、楊樹達、徐復、陳敬容、傅志純、許毓峰、吳蘊瑞、朱謙之、李曼瑰等共 40 人，僅有楊樹達一人當選首屆中研院院士，王力正式候選，今天真正耳熟能詳者只有楊樹達、曹禺、王力、朱光潛、洪深、羅根澤、馮沅君、方重、繆鉞、柴德賡、姚薇元、朱謙之等少數人，不少人已被歷史遺忘，像李秀峰、傅志純幾乎沒有生平信息，許澄遠、許毓峰等人生平也不很清楚，主要原因可能與政權更迭造成的斷裂有關，其他原因也有待進一步挖掘。「文學類」獲獎者作為一個群體也值得進一步研究，諸如從年齡看，有七十多歲的耆老，也有二三十歲的青壯，幾代人共享教育部學術審議會這個學術競賽舞臺；因之既有前清舉

人、秀才與帝制時代官僚，更多新學後進與留洋碩博士；還有諸如籍貫、求學經歷與師承關係、就職機構等社會關係網絡等視角。這些研究視角與側面，只能有待進一步努力，其他類別獲獎群體也一樣。

當然，有些作品的歸類也值得進一步考慮，如姚薇元的《鴉片戰爭史事考》無論從那個角度看都是歷史研究，楊樹達《造字時有通借證及古文字研究》、王力《中國語法之理論》、徐復《語言文字學論叢》等屬於語言學研究，歸入「社會科學」類可能更名副其實；李秀峰《成人教養之實驗》、許澄遠《魏晉南北朝教育史》及獎助作品傅志純《新制國民教育之理論與實施》、吳蘊瑞《大肌肉活動用全部學習法與分段學習法效能之比較》等作為教育學作品，同樣歸入「社會科學」類可能更合理。這一情況的出現，可能與當日學界對學科分類的認知有關。

二、各具特色的哲學與古代經籍研究

哲學類獲獎作品數量很少，是各類作品中除工藝製造外最少的，特別是第二、四、六屆三屆每屆僅有一件作品，第六屆獲獎作品還是從社會科學類「移充」而來，包括獎助一共僅有 13 件作品。這一情狀的出現，可能與當時哲學界流行「意識形態」研究卻不被學術審議會看好相關，13 件作品中僅有王萬鍾《孫文學說疏證》和崔書琴《三民主義新論》涉及現實政治或意識形態，金平歐《心理建設論》回應孫中山的心理建設思想。正如上一章所言，第六屆哲學類有十件作品被提出大會選決，其中有 6 件研究現實哲學，諸如三民主義、國父思想、總理總裁哲學體系等，但這些作品全被學術審議會小組審查時「槍斃」，即使它們此前得到了審查專家的極高評價也不能幸免。與其他類別相比，哲學類成果真正少而精，12 件正式獲獎作品中有兩個一等獎、五個二等獎、五個三等獎，獲獎等第比例遠遠超過人文社會科學其他類別，也是所有學科比例最高者。具體如下：

第一屆：一等獎馮友蘭《新理學》；二等獎金岳霖《論道》；**三等獎 2 件**，李相顯《朱子哲學》、王萬鍾《孫文學說疏證》。

第二屆：三等獎劉奇《論理古例》。

第三屆：一等獎湯用彤《漢魏兩晉南北朝佛教史》；**二等獎 2 件**，唐君毅《道德自我之建立》、胡世華《方陣概念之分析》。

第四屆：二等獎黃建中《比較倫理學》；獎助李相顯《宋明哲學》。

第五屆：**三等獎 2 件**，崔書琴《三民主義新論》、金平歐《心理建設論》。

第六屆：二等獎張西堂《顏習齋學譜》。

第一屆 4 件作品作者，馮友蘭和金岳霖都是首屆中研院院士，**馮友蘭**（1895～1990）無疑是二十世紀中國最傑出的哲學家之一，他通過《新理學》建立起自己的哲學體系，《新理學》也因此被譽為二十世紀最有創見的中國哲學著作，論者以為只有熊十力《新唯識論》可以相提並論〔註31〕。張君勱審查意見說馮友蘭著作，「係自運精思，自出心裁，以苦心經營之作」，許為「空谷足音，繼洛學之後，而有功於今後理學之重振」；指出馮友蘭立場，「正與新唯識論者如出一轍，而明顯主張義理之由來，出於外物之自身，方之所以為方與圓之所以為圓，皆有其自身所以然之故，此所以然之故，即為邏輯觀點，形式觀點。由此出發點，進而將宋明以來理學家所討論之問題，如太極、理氣、兩儀、四象、天道、人道、是非、善惡等，概加以綜合的討論，且對於以上各問題，從而肯定之，證實之，將宋明以來理學家之理論，隱然之中，自成一個系統」。〔註32〕

金岳霖（1895～1984）通過《論道》構建起自己的哲學體系，也是二十世紀中國哲學中研究「純粹哲學」的典型作品。金岳霖以為「哲埋之為哲理，不一定要靠大題目，就是日常生活中所常用的概念，也可以有很精深的分析，而此分析，也就是哲學」。報導稱《論道》「純依邏輯之謹嚴論證立言，自立一元學系統，以全宇宙的對象，沉思玄覽，獲得一種宇宙觀，超現實而不入於神秘」；「將日常所妄執之一切事務，暨妄執之本身」，用分析的方法，「發現其無可安立處，而後如如理境，照然現前」，「吾國先哲所謂得道之作，亦不外此」。〔註33〕

李相顯，生卒年不詳，字丕之，山東曹縣人。1929 年畢業於北京大學政治系，1935 年入清華大學研究院讀研究生。先後教西北大學、西北師範學院、

〔註31〕陳榮捷：《馮友蘭的新理學》，《朱子學刊》編輯部編《朱子學刊》1998 年第 1 輯（總第 9 輯），黃山書社，1999 年，第 273～274 頁。

〔註32〕《教育部舉辦民國三十年度著作發明及美術獎勵經過述要》，《高等教育季刊》第 2 卷第 2 期（1942），第 106 頁。

〔註33〕《教育部舉辦民國三十年度著作發明及美術獎勵經過述要》，《高等教育季刊》第 2 卷第 2 期（1942），第 107 頁。

山西大學等，曾任山西大學校務委員。獲獎時任教國立甘肅學院，獲獎作品成稿於 1941 年 6 月，直到 1947 年 4 月才由世界科學社出版，洋洋灑灑 60 餘萬字，「以動態的方式闡述朱子哲學諸多概念和思想的發生、發展過程」等，「把民國時期的朱子學研究推向了新的高度」。〔註 34〕全書「依編年體裁，就朱子文集朱子語類及其他著作，抉擇原文，敘述朱子哲學思想之發展」，「以朱解朱，既不作主觀分析與批評，亦不用西洋哲學『名相』蒙絡中國思想，而所述朱子哲學之完整體系，灼然在目」。審查專家方東美「謂其用考證方法，取材允當，力救偏弊，此其所長，故詳於實證之推求，而略於理論之引申」。〔註 35〕李相顯還以《宋明哲學》獲得第四屆獎助，作品情況不明。〔註 36〕除上述獲獎作品外，李相顯還出版有《先秦諸子哲學》《哲學概念》《邏輯大綱》《人生哲學》等，還曾以《道德問題》和《名人哲學》申請第六屆評獎，未能獲獎。可見他是民國時期一個不僅研究中國傳統哲學，也研究邏輯學、倫理學的哲學家，應具有相當的影響力，結果卻生平不詳，哲學或哲學史研究者們往往僅提及他的作品，並不試圖瞭解其人其事。

　　王萬鍾（1901～？），生平不詳，字粟雲，江蘇泰縣人。畢業於東南大學，曾任泰縣教育局局長，教育部秘書科長、統計長，《第二次中國教育年鑒》副主編等。時任教育部統計長，獲獎作品完稿於抗戰爆發前，1944 年才由正中書局出版，1946 年再版。報導稱作品「奠總理知行學說之基礎於科學的心理學之上，取材豐富，用力甚苦，固國人不可不一讀之作也」。〔註 37〕這評論實在是坦白得無話可說。

　　第二屆僅一件三等獎作品，**劉奇**，生卒年不詳，江西彭澤人，北京大學哲

〔註 34〕 樂愛國：《民國學人李相顯〈朱子哲學〉述論》，《南昌大學學報（人文社會科學版）》，2013 年第 3 期。

〔註 35〕 《教育部舉辦民國三十年度著作發明及美術獎勵經過述要》，《高等教育季刊》第 2 卷第 2 期（1942），第 107 頁。

〔註 36〕 審查專家之一熊十力意見如下：「此書著者確費苦心，積多年之研究，始為極有體系之編述。其自序云：宋明諸師對先秦書籍所作之注解，事實上係自己之理論，及宋明諸師所用之名詞及語句，彼此雖相同，但其意義則彼此不同。非真瞭解宋明哲學者不能為此言。縱其敘述各家，皆條件分明，且能提控精要，有功先哲，極便學人。似可給予二等獎。」楊儒賓、馬淵昌也主編《中日陽明學者墨蹟》，國立臺灣大學出版中心，2008 年，第 67 頁（原文）、108 頁（釋文）。

〔註 37〕 《教育部舉辦民國三十年度著作發明及美術獎勵經過述要》，《高等教育季刊》第 2 卷第 2 期（1942），第 107 頁。

學系畢業，曾任浙江省立杭州高級中學教員、四川大學講師，時任職中央監察委員會秘書處。獲獎著作是作者在四川大學任教時的講義，「重加補苴」，1941年6月商務印書館出版，後曾多次重版。作為一本邏輯學著作，從概念判斷、推理、基本規律等方面摘取中國古代符合邏輯例子加以分類說明，正任教西南聯大的王憲鈞曾發文予以評論，以為有兩人缺點，一是「敘述理論嫌過簡且有不甚恰當處」，二是「說舉之例有未加分析者，有未能分析詳盡者，有誤舉者」，因此「恐未能達到著者作本書時之用意也」。〔註38〕趙紀彬也曾發表文章將《論理古例》與劉奇北京大學老師陳大齊著作《實用理則學八講》並列評論，指出兩書的相同點都是通俗讀物，「形式邏輯的立場」，「同樣重視我國古籍中的邏輯思想」等等。〔註39〕劉奇求學北京大學期間，曾翻譯康奈爾大學邏輯學和形而上學教授 James Edwin Creighton《邏輯概論》（*An Introductory Logic*），校訂者就是陳大齊。

　　湯用彤作品寫作期間就曾得到胡適的激賞：「讀湯錫予的《漢魏兩晉南北朝佛教史》稿本第一冊。全日為他校閱。此書極好。錫予與陳寅恪為今日治此學最勤的，又最有成績的。錫予的訓練極精，工具也好，方法又細密，故此書為最有權威之作。」〔註40〕審查專家柳詒徵說：「詳閱是書，剝蕉抽繭，切理厭心；於歷朝史籍、政教、風尚，因果昭融；於諸宗學說，鉤提玄要，層累曲盡。舉凡傳記附會之談，近賢臆測之說，東西學者之舛誤，慎思明辨，犀燭冰融。洵為佛教史之名著，能解各家之蔽者也。」〔註41〕賀麟更把該書稱為民族自信力的保證：「可以提供民族文化不致淪亡斷絕的新保證。」〔註42〕國際學術界對該書也給予極高的評價〔註43〕。當然，也有不同意見，當時另一審查專家呂澂就說：「湯君此著，用力頗勤，取材亦廣，惜於印度佛教面目認識未真，

〔註38〕王憲鈞：《書評（二）〈論理古例〉》，《哲學評論》第8卷第4期（1943），第67～70頁。

〔註39〕趙紀彬：《〈實用理則學八講〉與〈論理古例〉》，原載《讀書通訊》1943年第66期，《趙紀彬文集》第2卷，河南人民出版社，1985年，第1～7頁。

〔註40〕曹伯言整理：《胡適日記全集》第7冊，第372頁。

〔註41〕姚治華整理：《呂澂、柳詒徵「湯用彤〈漢魏兩晉南北朝佛教史〉審查書」》，龔雋等主編《漢語佛學評論》第3輯，上海古籍出版社，2013年，第7頁。

〔註42〕賀麟：《五十年來的中國哲學》，上海人民出版社，2012年，第23頁。

〔註43〕荷蘭學者許理和在其成名作《佛教征服中國：佛教在中國中古早期的傳播與適應》（江蘇人民出版社，2005年）序言說：「我和所有中國的佛教學者一樣，深深感激湯用彤教授，他的著作已經成為非常珍貴的研究工具和指南。」

故重要處每每考證不得要領。至於推闡義理，尤空泛繁蕪，多所失當。……雖見解不正，而搜羅編次粗具規模，資以參考，尚非全無用處也。」總評「是著取材博而不精，論斷泛而寡當，僅敘次有緒，可資參考而已。予以三等獎勵尚無不合」。〔註44〕

唐君毅（1909～1978）時年僅34歲，任中央大學哲學系教授。獲獎作品1944年11月由商務印書館出版，是其代表作之一，闡明如何在當下一念中自反自覺，建立道德自我，超凡入聖。他在自序中說：「本書重直陳義理，故於古今道德哲學各派之成說無所討論。著者思想之來源在西方則取資於諸理想主義者如康德、非希特、黑格爾等為多，然根本精神則東土儒佛之教。」〔註45〕張君勱和吳稚暉是審查專家，吳稚暉意見是給予「名譽獎勵」，張君勱推崇備至，認為與馮友蘭《新理學》《新原人》為「採歐美思想之精蘊，加之以內心上之融化」而成一家之言的「吾國現時道德思想復活之代表作」，「有獨創性，對於道德思想有特殊貢獻」，給予一等獎。〔註46〕

〔註44〕 姚治華整理：《呂澂、柳詒徵「湯用彤〈漢魏兩晉南北朝佛教史〉審查書」》，龔雋等主編《漢語佛學評論》第3輯，第5～7頁。

〔註45〕 唐君毅：《道德自我之建立·序》，商務印書館，1946年5月上海初版，第2頁。

〔註46〕 楊儒賓、馬淵昌也主編：《中日陽明學者墨蹟》，第64頁（原文）、107頁（釋文）。值得注意的是，張君勱審查意見注明時間為1944年11月1日，而本屆獎勵早於當年5月4日已經評出，張君勱填寫時間可能有誤，具體情形有待進一步查證。更值得指出的是，後人所編「唐君毅年譜」說《道德自我之建立》出版後，「當時學術委員會對之評價甚高，決定給予一等獎，並擬將二等獎給予《漢魏兩晉南北朝佛教史》作者湯用彤先生。但因湯先生為其老師，故先生稍加考慮，表示如此安排不能接受，只有將一等獎與二等獎名次對調，才便於接受。結果學術委員會尊重先生意見，將兩書之得獎名次對調」。（唐端正編撰《唐君毅先生年譜》，《唐君毅全集》第29卷，（臺北）學生書局，1988年，第58～59頁；何仁富、汪麗華《唐君毅全集》第34卷《年譜》，九州出版社，2016年，第126頁）兩書都沒有注明資料來源，這一說法可能是「無稽之談」，除對唐君毅吹捧褒揚之外，對唐君毅尊敬有加的老師湯用彤卻是極大的「侮辱」，這可能是以宣揚中國傳統文化為身家性命並身體力行尊老敬師的唐君毅完全沒有想到的。之所以說可能是「無稽之談」至少有下述原因，一是唐君毅雖然在教育部任職過，但學術審議會大會議決結果絕不會與他商議，更不會因他而輕易改動，因大會選舉當天就公布結果。第二，所謂「學術委員會」不知所指為何？若指學術審議會諸公，他們自然沒有權力給予唐君毅一等獎，他們只能根據審查專家的意見來確定等第，有鑒於吳稚暉的「名譽獎勵」，被議決為一等獎的可能性較低。第三，本屆獎勵選決大會1944年5月4日召開，而唐君毅書出版於11月，可見他是以未出版書稿「請獎」，「出版後」「評價甚高」云云在時間上完全不合。

　　胡世華時年僅 31 歲，是獲獎群體中年輕人代表之一。胡世華（1912～1998），又名子華，浙江吳興人，生於上海，1935 年畢業於北京大學哲學系。翌年留學歐洲，先後在奧地利維也納大學、德國西伐利亞─威廉─明斯特大學研習數理邏輯，1941 年獲博士。先後任中山大學數學系副教授，中央大學、北京大學哲學系教授。1953 年調中科院，任數學所、計算技術所、軟件所研究員，兼任北京計算機學院院長等。中國數理邏輯研究代表人物之一，對中國計算機科學的發展有大影響，1980 年當選學部委員。時任中央大學教授，獲獎作品開啟了邏輯與數學結合研究，未刊。

　　第四屆除上面提及的李相顯獎助作品外，僅黃建中一件作品。黃建中（1889～1959），字離明，又名士申，湖北隨縣人。畢業於北京大學，任教朝陽大學、中國大學，後留學英國愛丁堡大學、劍橋大學。1926 年回國，任教暨南大學、北京大學、中央大學、四川大學等，曾任教育部高等教育司司長、湖北教育廳廳長等。1949 年去臺，任臺灣師範大學教授。從事倫理學、教育學和儒家哲學研究，著有《民族道德與知行問題》《中國哲學的起源》等。時任四川大學教授，獲獎作品 1944 年由四川大學出版，翌年由中國文化服務社再版，闡明道德的起源與作用、道德評價、道德教育、道德修養等，認為中西道德在政治倫理與宗教倫理、家族本位與個人本位、義務平等與權力平等、私德與公德、尚敬與尚愛等五個方面都不同。〔註 47〕

　　第五屆兩位三等獎獲獎人為崔書琴和金平歐。崔書琴（1906～1957），河北故城人。1930 年畢業於南開大學，自費留美，1934 年獲哈佛大學政治學博士。任教中央政治學校、西南聯大、北京大學等，1948 年當選立法委員。1949年赴臺，曾任臺灣大學教授，國民黨中央改造委員、設計委員會主任等。著名國際法學家和政治學家，著有《國際法》《條約法》《全民政治與共產主義》《孫中山與共產主義》《大陸學人的悲劇》等。時任西南聯大教授，獲獎作品 1945年由商務印書館初版，1946 年再版，1947 年修訂再版。

　　金平歐（1903～1971），浙江台州人。國民黨中央黨務學校第一期畢業生，曾任武義、浦江縣長，1949 年去臺。著有《縣政革新論》《國父思想研究》《總統政治思想與實踐》《三民主義總論》等。獲獎作品 1945 年 8 月同時由中央訓練團編印和人人出版社出版，後者有「自序」，稱該書是他的「桃花源記，但非描寫世外的渺茫的境地，而是說明世間的現實生活」，該書的完成曾得到黃

〔註47〕張岱年主編：《中國哲學大辭典》，上海辭書出版社，2010 年，第 872 頁。

紹竑兩萬元的科研獎勵費。

第六屆唯一獲獎者張西堂（1901～1960），原名正，以字行，生於湖北武昌。1923 年畢業於山西大學政治系，曾任中學教員，1926 年轉任大學老師，先後任教孔教大學、河北大學、中國大學、武漢大學、河南大學、廣東勳勤大學、貴州大學、西北大學等，曾任西北大學文學院院長、中文系主任等。從事中國古代文學、經學研究，著有《經學史講義》《詩經六論》《唐人辨偽集語》《王船山學譜》等。時任西北大學教授，獲獎作品未刊。〔註48〕

可見，第一，哲學類獲獎作品無論是馮友蘭、湯用彤的一等獎作品，還是金岳霖的二等獎著作，都已經成為中國近代學術史上的經典，代表了中國近代學術發展史的最高水平。當然，唐君毅、胡世華等年輕一輩也顯露出學術才華與才能，昭示了他們未來的發展前景。

第二，從所涉及的研究領域看，邏輯學有金岳霖、胡世華、劉奇作品，歷史研究有湯用彤、張西堂著作，馮友蘭、黃建中、唐君毅、金平歐等人作品，相關「理學」「倫理學」「道德建立」「心理建設」等，李相顯更以宋明理學研究兩次獲獎。

第三，獲獎雖僅有 12 人，但馮友蘭、金岳霖、湯用彤三人後來當選首屆中研院院士，胡世華當選中科院學部委員，唐君毅是新儒家代表人物，獲獎群體學術影響力由此可見一斑。無論如何，哲學總是與社會意識形態緊密相關，在政權鼎革時，除情況不明的李相顯、劉奇、王萬鍾外，選擇離開大陸的有唐君毅、黃建中、崔書琴、金平歐等 4 人，占三分之一，這也使他們的作品（除新儒家唐君毅外）在大陸無籍籍名。同樣，12 人中有 3 人生平不很清楚，達到四分之一，比例也太高了點，需要學術界共同努力予以「考古發掘」，使他們的學術與人生重現。

相對哲學類的少而精，古代經籍研究類有 21 件作品獲獎，其中一等獎一件、二等獎五件，等第完全不能與哲學相提並論，但相較其他人文社會科學門類，一等獎、二等獎比例還是不低，具體名單及簡介如下：

　　第一屆：**二等獎 2 件**，楊樹達《春秋大義述》、陳啟天《韓非子
　　校釋》；**三等獎 4 件**，黎錦熙《方志今議》、羅倬漢《〈史記〉十二諸
　　侯年表考證》、賀棫慶《周易卦序之研究》、金景芳《易通》。

〔註48〕據其子張銘洽說，該書「為先父一九三七年初所撰，因戰亂頻仍，多年無暇顧
　　及」。直到 1994 年才由張銘洽整理、臺灣明文書局出版。

第二屆：二等獎羅倬漢《詩樂論》；三等獎丁超五《易理新詮》。

第三屆：二等獎聞一多《楚辭校補》；**三等獎2件**，錢基博《（增訂新戰史例）孫子章句訓義》、王如心《孟子趙朱異注纂述》；獎助楊樹達《積微居金文說》。

第四屆：一等獎勞榦《居延漢簡考釋》；二等獎吳毓江《墨子校注》；徐復《後讀書雜誌》、蔣禮鴻《商君書錐指》、張國銓《新序校注**三等獎3件**》。

第五屆：**三等獎2件**，陳延傑《周易程傳參正》、蘇維岳《詩經叢考》。

第六屆：**三等獎2件**，胡樸安《周易古史觀》、楊明照《漢書顏注發覆》。

楊樹達不僅在文學類獲得二等獎，在古代經籍研究也獲得二等獎，而且還以《積微居金文說》獲得相當於二等獎的5000元獎助，是所有獲獎人中唯一三次獲獎者。徐復以《後讀書雜誌》獲得第四屆三等獎，然後在文學類以《語言文字學論叢》獲得第六屆三等獎；陳延傑以《晞陽詩》獲得第四屆文學類三等獎，又以《周易程傳參正》獲得本類第五屆三等獎。他們跨越了「古代經籍」與「文學」兩個門類，一方面表明這兩個門類之間有不少相通之處，另一方面也說明這兩個門類的設置有待商榷。羅倬漢連續兩屆獲獎，也成為本門類唯一一個兩次正式得獎者。專門設立「古代經籍研究」類別，表明了當時學術界對傳統學問的重視，也滿足了1938年國民黨臨全大會通過的戰時教育綱要中「對於吾國固有文化精粹所寄之文史哲藝，以科學方法加以整理發揚，以立民族之自信」〔註49〕的欲求，再次證明了前面所說的新文化運動並沒有對傳統學問研究造成「斷代」與「毀滅性」打擊。如果以今天的學科分類，「古代經籍」自然沒有專門設立的必要，也沒有獨立的地位。楊樹達認為勞榦《居延漢簡考釋》屬於古代經籍研究類「殊為可笑」，他曾致函其鄉賢時任教育部次長朱經農專門論及此事。〔註50〕不知在楊樹達看來勞榦的研究應歸於何類？他自己《積微居金文說》屬於文字學研究，也不應歸於此類。據竺可楨記載，丁超五的獲獎曾有一些爭論：作品原名《科學之易》，竺可楨以其內容「有以

〔註49〕中國第二歷史檔案館編：《中華民國史檔案資料彙編》第5輯第2編「教育」（一），第13頁。

〔註50〕楊樹達：《積微翁回憶錄》，第229頁。

近代生物中因子 XX、YY 為雌性，XY 為雄性，與《易》中奇為陽、偶為陰之說相配合；又為大衍五十之義，以徑 7 周 22，與正方四邊 4×7（＝28）相加成 50 相附會」，覺其名不妥，徑改為《易理新詮》，得以通過獲獎。大會討論時，曾養甫、傅斯年曾對該作品獲獎予以堅決反對。〔註51〕

第一屆二等獎兩件、三等獎 4 件共 6 件。楊樹達感於日寇侵國，以《公羊》「攘夷」大義激勵國民抗敵，1940 年撰成《春秋大義述》，係「古為今用」之作，1943 年商務印書館出版，有陳立夫、曾運乾序言。〔註52〕審查專家胡小石說：「是書之作，專為抗戰時期鼓勵人心而發，故以榮復仇、攘夷、死義詣例開宗，其用心與宋代胡傳相同，皆為具有時效之作，在今日言之，可謂能見其大者也。有時公穀通引，亦幸無矛盾。可想見作者立言之旨」。〔註53〕

陳啟天（1893～1984），又名翊林、聲翊，字修平，湖北黃陂人。1916 年畢業於武昌中華大學，1924 年畢業於東南大學。少年中國學會主幹，與曾琦等創辦《醒獅》，宣傳國家主義，曾任青年黨中央執委兼訓練部主任、經濟部長等，國民參政會參政員，任教成都大學、中華大學。1949 年赴臺，曾任青年黨主席。著有《近代中國教育史》《民主憲政論》等。獲獎作品 1940 年由中華書局出版，認為「韓非乃一愛國之政治思想家，卓然有所以自立，雖身死異國，而至今兩千餘年，仍有其不可死者在焉」，近代以來中國處於新戰國時代，需要汲取戰國時代法家思想。評論說陳啟天「竭數年之力，綜合中外各家之說，重新加以改訂校釋……使韓非子之學，在歷史及學術上之價值，

〔註51〕 樊洪業主編：《竺可楨全集》第 8 卷，第 559 頁。丁超五在撰稿於 1944 年 3 月《易理新詮》序言中也說，將《科學的易》「略事修正，增加數節」，送學術審議會請獎，「蒙指示改用今名——即本書原第三章之標題」。

〔註52〕 據說為出版該書，楊樹達曾專門致函蔣介石，蔣將書稿轉正中書局，楊以為不妥，轉求商務印書館。有人以為該書與陳垣《通鑒胡注表微》、馮友蘭《貞元六書》、錢穆《國史大綱》「並轡齊驅，同樣具有時代之精神與不朽之意義」。當然也有人不以為然，魯實先在臺灣搜羅楊樹達著作出版《積微居叢書》不收入該書，以為該書「並不是遇老的光榮」。1951 年後，楊樹達與楊榮國因學術發生糾葛，以楊榮國為代表的學校當局曾以該書「凡例」有吹捧蔣介石的話語，內部定性為「反動書籍」並警告楊樹達，楊卻不為所動，直接上書最高當局，得到「勝利」，但該書卻被打入冷宮，直到 2007 年才作為「楊樹達文集」之一種再版，距離商務印書館 1943 年版已經足足有 64 年之久。楊逢彬《〈春秋大義〉的故事》，載氏著《楊樹達先生之後的楊家》，浙江大學出版社，2016 年，第 213～219 頁。

〔註53〕 《教育部舉辦民國三十年度著作發明及美術獎勵經過述要》，《高等教育季刊》第 2 卷第 2 期（1942），第 107 頁。

益以大明於世，允為整理韓非子空前之作，其有功於整理國故，昌明學術，實非淺尠」。〔註54〕

　　語言學家黎錦熙（1890～1978），號劭西，湖南湘潭人。畢業於湖南優級師範學堂，早期參與學校教科書編撰。1915 年任職教育部，積極參與文字改革。1919 年任教北京高等師範學校，隨校變遷、搬遷，在校前後達五十餘年，曾任西北師範學院院長、北京師範大學中文系主任等，1955 年當選學部委員。獲獎作品完整題目為《方志今議——以新修城固縣志為例》，1940 年商務印書館出版，原為其任職西北聯大時倡修《城固縣志》所擬定的《城固縣志續修工作方案》，其中言「蓋本書乃史家所謂『論史法』之書，而非『史』也」，雖以城固縣為例，具有普適性。〔註55〕評論以為其「撮述現代修志之原則，綜合新舊，自成機軸，全書首述總原則，次舉縣志擬目，作為詳盡之示例，次為纂修總例之敘述，以為結束；文筆不貌襲高古，令人難於索解，亦不用近今語體文，繁冗令人憎厭，可為方志中文題文筆之示範」。〔註56〕

　　羅倬漢（1898～1985），原名偉勤，字孟韋，廣東興寧人。1925 年畢業於北京大學哲學系，曾任教中學，擔任興寧縣長。1933 年留日，就讀東京大學研究院，抗戰爆發回國。任教桂林師專、中山大學、金陵大學、廣東省立文理學院等。1949 年後，任華南師範學院教授，曾任歷史系主任。時任金陵大學教授，獲獎作品 1943 年商務印書館出版，有錢穆序，不同於當時以《左傳》自身考證《左傳》真偽，而以《史記》的《十二諸侯年表》與《左傳》先後關係，證明《左傳》非晚出。〔註57〕評論說「多據春秋左氏傳立言，全書謹嚴，頗足糾正一般人認左書為晚出之誤」。〔註58〕獲得第二屆二等獎的《詩樂論》，1941 年成書，1948 年中正書局出版，「仍是以考證為主的，接著《年表考證》說下來的，不過目的更明確些」，「旨在證明孔子前之詩與孔子後之詩有一貫之大義」，「以『情理雙融』的『仁』來貫串」，以「為『仁』樹立

〔註54〕《教育部舉辦民國三十年度著作發明及美術獎勵經過述要》，《高等教育季刊》第 2 卷第 2 期（1942），第 107 頁。
〔註55〕倉修良：《方志學通論》，方志出版社，2003 年，第 389 頁。
〔註56〕《教育部舉辦民國三十年度著作發明及美術獎勵經過述要》，《高等教育季刊》第 2 卷第 2 期（1942），第 107 頁。
〔註57〕車行健：《考〈史〉以證〈左〉——羅倬漢與〈史記十二諸侯年表考證〉》，《中國典籍與文化論叢》第 18 輯，鳳凰出版社，2017 年，第 314 頁。
〔註58〕《教育部舉辦民國三十年度著作發明及美術獎勵經過述要》，《高等教育季刊》第 2 卷第 2 期（1942），第 108 頁。

生命，為經學樹立生命」。〔註59〕審查專家之一為朱光潛，以為「本書研究《詩經》，脫去章句訓詁窠臼，就全經要旨及其相關問題，詳加考訂，頗多創見」，在「總評」中說：

> 作者記問甚淵博，能貫通群經諸子，以自圓其說；不囿於漢宋而兼有漢宋之長。其意見頗新穎，而思想卻甚平正通達，無時下考據家穿鑿附會之病。本書為冥心孤往、慘淡經營之作，一望而知。惟本書頗不易讀，其由有二：一、作者擅長在考訂而不在立論，其述考訂者尚能明白曉暢，而立論處則迷離恍惚，不易捉摸。二、全書文章組織似欠周密之斟酌，繁簡重輕未能安排適宜，……論內容，可列第一等；以文字稍遜，擬置第二等。〔註60〕

賀懋慶（1886～1945），即栐慶，字勉吾，江蘇丹陽人，機械工程學家。1909 年首屆庚款留美，1914 年獲麻省理工學院造船科學士。曾任河南礦務大學、交通大學貴州分校教授，浙江餘杭縣長，道清、隴海等鐵路機務及總務處長、農林部秘書等。〔註61〕時任黔桂鐵路工程局正工程司兼總工程司室第三組主任。典型「工科男」業餘研究《周易》，中國科學社《社友》曾記載說他杭州失守後，辭去縣長職務，避居上海，「年來好易，應用算學闡明易理，已成一書待刊」。〔註62〕獲獎作品成書於 1930 年春，1944 年 1 月出版，由西安正報社印刷發行。得到戴季陶、吳稚暉等激賞，戴氏說「切實純正，語無虛□，洵為現代研究國學難得之成就」；吳氏贊其「老實說數，不以新奇為尚」；報導還稱「賀氏明於數理，用心甚專，用力亦多，本於十翼要旨，使孔氏舊說，愈能分明，頗足補前人所未備，而為說易之助，雅老於此，尤致其

〔註59〕羅孟韋：《〈詩樂論〉提要》，陳寂、傅靜庵主編《嶺雅》，廣東人民出版社，2013年，第 740 頁。

〔註60〕朱茂男、楊儒賓主編：《東亞朱子學者暨朱氏前賢墨蹟》，（臺北）中華民國朱氏宗親文教基金會出版，2006 年，第 47 頁。轉引自車行健《現代學術獎勵機制觀照下的羅倬漢之經學成就——以〈詩樂論〉為核心之探討》，林慶彰、盧鳴東主編《中日韓經學國際學術研討會論文集》，萬卷樓圖書股份有限公司，2015 年，第 464 頁。羅倬漢曾贈書楊樹達，楊樹達說「頗多見道之論」。楊柳岸整理《楊樹達日記（1948～1954）》，中華書局，2021 年，第 43 頁。

〔註61〕中國科學社《社友》稱，1949 年 1 月賀懋慶已去世，具體時間不詳（張劍、姚潤澤編注《〈社友〉人物傳記資料選編》，上海科學技術出版社，2020 年，第 191 頁）。據王天駿先生從賀懋慶孫女處得到信息推測，賀懋慶 1945 年 4月病逝於重慶黃沙溪，生前為交通大學（唐山校區）教授。

〔註62〕張劍、姚潤澤編注：《〈社友〉人物傳記資料選編》，第 287 頁。

嘉許之意焉」。〔註63〕也有學人認為他「於易學深思之情可喻，惜於先儒之易說似未廣聞，故略有事倍功半之感焉」。〔註64〕

　　金景芳（1902～2001），字曉邨，遼寧義縣人。曾任通遼縣教育局局長、安徽省秘書處秘書、國立東北中學教務主任，1941 年始任教東北大學，先後任講師、副教授、教授，1954 年調東北人民大學（吉林大學）。1940 年入讀復性書院，得馬一浮、謝无量等教誨，主攻《周易》與《春秋》，終「著作等身，學開一派」，成為著名歷史學家和經學家。時任東北大學講師，獲獎作品 1945年商務印書館出版，對於該書的寫作，金景芳晚年回憶說：

　　　　我寫《易通》一書，在於寫出我多年讀《易》的心得。我最初學
　　《易》是聽人家說《易經》最難讀，我偏要找來看看。我從小學算術
　　養成一種習慣，老師出的算題越難，我算上時越有興趣。當我開始接
　　觸《易經》這部書時，確實感到古怪。左看右看，也看不懂。但我不
　　洩氣，借了許多注釋書，冥思苦索，逐漸摸到門徑。但對全書的思想
　　體系及若干具體問題，依舊不得要領。一九三九年，我所在的東北中
　　學由湖南邵陽桃花坪遷至四川自流井靜寧寺。在遷校途中，從生活書
　　店購得胡繩同志著《唯物辯證法入門》，傅子東譯的列寧著《唯物論
　　與經驗批判論》等書，讀來覺得格外新鮮。特別是傅譯附錄中有列寧
　　著的《談談辯證法的問題》，引起我極大的興趣，從而悟到如應用辯
　　證法的理論解釋《易經》，過去有很多長期不能解決的問題，這回可
　　以迎刃而解了。寒假得閒，欣然命筆，因寫成《易通》一書。〔註65〕

　　報導稱「議者稱其繁簡得中，頗具識見」。〔註66〕金景芳在自序中說，「《易》理淵奧，不易喻曉，自來學者，多試求解決，而或蔽於成見，或取其斷章，率強古經以就己意，罕能客觀持平作系統之研討，是以解者愈多而《易》

〔註63〕《教育部舉辦民國三十年度著作發明及美術獎勵經過述要》，《高等教育季刊》
　　　　第 2 卷第 2 期（1942），第 108 頁。
〔註64〕潘雨廷：《讀易提要》，上海古籍出版社，2006 年，第 535 頁。據國民黨海軍
　　　　將領黎玉璽回憶說，賀懋慶曾與他談易。賀讀過當時研究《易經》專書數百種
　　　　中一百四十餘種，認為其中四分之一未讀通或讀懂《易經》，中國的一切學問
　　　　都源於《易經》，凡是讀懂讀通《易經》的著作都可以用牙牌推算。賀常常用
　　　　牙牌「卜卦」「算命」。張力訪問、紀錄《黎玉璽先生口述歷史》，九州出版社，
　　　　2013 年，第 39 頁。
〔註65〕金景芳：《學易四種》，吉林文史出版社，1987 年，第 245 頁。
〔註66〕《教育部舉辦民國三十年度著作發明及美術獎勵經過述要》，《高等教育季刊》
　　　　第 2 卷第 2 期（1942），第 108 頁。

義愈晦」，「近載以還，皮傳尤甚，或假之以證科學，或本之以說文字，逞臆穿鑿，彌滋巧說」，他自己「幸生此科學昌明之世，多所借鏡，而自弱齡嗜《易》，沉潛垂二十年，博觀冥契，悠然自得，因筆之於篇，計始事於二十八年十一月二十八日，至二十九年一月二十四日而脫稿，費時將近兩月，總成五萬餘言，顏曰：《易通》」。

第二屆僅兩件作品，除上述羅倬漢二等獎外，還有丁超五三等獎。丁超五（1884～1967），福建邵武人。科考秀才，畢業於福州格致書院。曾任國會眾議院議員，追隨孫中山，任國民黨中央委員、候補執委、執委，福建省政府委員兼建設廳廳長、福建省參議會會長，1949年後任華東軍政委員會委員、福建省副主席（副省長）等。〔註67〕典型從政為官者，業餘從事易經研究，獲獎作品1941年以《科學的易》由中華書局出版，後易名《易理新詮》於1944年印行，附吳稚暉、孫科、鄒魯、陳立夫等來函。1952年，丁超五因病留居上海，再次修訂，「數易其稿」，最後定名為《易經科學講》，1996年三聯書店以《易經科學探》出版。研究者認為丁超五「以近代科學思想和科學成就為基礎，對易卦的象數思想給予科學分析，從中掘析出易學的自然觀思想的合理內涵，深入探討了易卦的起源及其與數學、生命科學的深刻聯繫」。〔註68〕

第三屆3件作品獲獎。聞一多（1899～1946）《楚辭校補》獲二等獎，由國民圖書社1942年3月出版，詳採博引28家成說，並多有駁正。聞一多在《引言》中說，他研究《楚辭》有三項課題：說明背景、詮釋詞義、校正文字。三者間「互相關連」，「常常沒有明確的界限」，「所以要交卷最好是三項同時交出。但情勢迫我提早交卷，而全部完成，事實上又不可能，我只好將這最下層，也最基本的第三項——校正文字的工作，先行結束，而儘量將第二項——詮釋詞義的部分容納在這裡，一併提出」。他在《楚辭》上「已經花上了十年左右的光陰，再要拖延下去，總會教人膩味的」。

錢基博（1887～1957），字子泉，別號潛廬，江蘇無錫人。曾任教聖約翰大學、清華大學、無錫國專、光華大學、浙江大學、藍田國立師範學院、華中大學等。1949年後，隨校併入華中師範學院。著有《經學通志》《現代中國文學史》等。時任國立師範學院國文系主任，獲獎作品1947年11月商務印書館

〔註67〕 著名近代經濟史家、上海中山學社首任副社長兼秘書長、上海社會科學院經濟研究所研究員丁日初（1917～2002）先生是其哲嗣。

〔註68〕 辛翀：《易學與科學——丁超五科學易學思想研究》，科學出版社，2009年。

出版。面臨抗戰困局，錢基博先與浙江大學教授顧谷宜合作翻譯出版《德國兵家克勞山維茲兵法精義》，再結合克勞塞維茨的軍事思想，撰成獲獎作品。研究者以為，該書借鑒克勞塞維茨《戰爭論》相關論述和第一次世界大戰以來的具體戰例，「對《孫子兵法》的思想作出了近代意義上的詮釋」，不僅在文獻學的題解、注釋、訓詁上有一定的特色，在抗戰軍事思想戰略上注重持久戰、戰術上強調運動戰，為《孫子兵法》研究開闢了新境界，論證了抗戰勝利的必然性，具有「鮮明的時代感」。〔註69〕

王如心（1902～？），生平不詳，山東膠縣人。畢業於北平華北學院，長期擔任中學教員。時任國立第六中學教員，獲獎作品未刊。

第四屆有5件作品獲獎，年輕的勞幹可謂異軍突起，以「居延漢簡」研究成為本類唯一一等獎獲得者，顯現了學界對其研究的高度認同，他也因此被譽為居延漢簡研究的先驅，最終成為該研究的集大成者。顧頡剛評審說：「作者本漢史專家，適會居延漢簡大量出土，潛心研究，十年於茲。又親至其地，詳加考察，所得更多。近三年中，先成《考釋》，繼為《考證》，穿穴群書，折衷舊說，以視沙畹、王國維之《流沙墜簡》考釋，積水增冰，大恢其緒矣。……此書為漢史學上不朽之著作，對於學術確有特殊貢獻，擬列第一等，應請予以獎勵」。〔註70〕勞幹（1907～2003），字貞一，湖南善化人，生於陝西商縣。1930年畢業於北京大學歷史系，長期供職於中研院史語所，亦曾兼職北京大學、中央大學。1949年赴臺，任臺灣大學教授，後去美先後任職哈佛大學、加州大學伯克利分校，1958年當選中研院院士。時任中研院史語所副研究員，獲獎作品由史語所出版。

吳毓江（1898～1977），苗族，四川秀山（今屬重慶）人。1925年畢業於北京大學經濟系，相繼任中學教員、忠縣和秀山縣長、《四川日報》主筆、四川大學教授等。1935年留日，就讀東京大學。1937年回國，先後任中法大學教授、四川糧食儲運局秘書、西南學院教授等。1950年，任西南師範學院政治課教授，1956年調歷史系教授。時任四川糧食儲運局秘書，獲獎作品1944年由獨立出版社出版，保存了後來不易獲見或失傳的《墨子》各種版本異文，為整理《墨子》提供了詳盡的版本資料。柳詒徵的審查意見說：

〔註69〕 沈麗婭：《錢基博與〈孫子章句訓義〉》，王玉德主編《錢基博學術研究》，華中師範大學出版社，2008年，第273～285頁。
〔註70〕 車行健：《顧頡剛撰於一九四〇年代的幾份學術審查文件》，《國文天地》第36卷第7期（2020年12月號）。

　　　　　吳書援據舊本，有逾前賢。增損移易，亦頗矜慎。駁難近人議
　　論，語多中肯，足見功力之深。惟以……等語，皆當有待於商榷。……
　　注語，亦未盡符墨子本恉，宜加修正，以求完善。

　　　　　參考詳贍，條理完善，自成體系，能有系統之敘述。第其創見，
　　多未合於周秦漢史學本恉，擬請列第二等。〔註71〕

　　正如前面所言，徐復以《語言文字學論叢》獲得文學類第六屆三等獎。他曾
對學生說，1944 年《後讀書雜誌》獲獎時還有蔣禮鴻等獲獎，1948 年《語言文
字學論叢》獲獎時還有楊樹達等獲獎，「楊、蔣諸位都是以研究高深學問為樂的
學者，值得我們學習，只要經濟上夠吃飯，我們決計少出門，多讀書」。〔註72〕

　　蔣禮鴻（1916～1995），字雲從，浙江嘉興人。1938 年畢業於之江文理學
院，任教國立師範學院、中央大學、之江文理學院等。1951 年調浙江師範學院
（杭州大學），1978 年晉升教授。精於文字、訓詁、音韻、目錄、校勘之學，著
有《敦煌變文字義通釋》等。時任中央大學講師，獲獎作品未刊，直到 1986 年
才由中華書局作為「新編諸子集成」第一輯出版。蔣禮鴻晚年回憶說，他當年
才 29 歲，憑此獎勵升任講師，一位審查專家評語大致如此：「本著作參採訂正
今昔諸家之說，並下己意整理古籍，頗稱賅備。議論亦每有獨到之處，而允當
樸實，一洗穿鑿之弊，尤為難能可貴。《商君書》殆當推此為善本矣。」〔註73〕

　　張國銓（1915～？），字白珩，生平不詳，四川崇慶人。肄業復性書院，
長期擔任中學教師。時任成都建國中學教員，獲獎作品 1944 年由成都茹古書
局出版。

　　第五屆陳延傑及其《周易程傳參正》不贅述。蘇維岳（1877～1947），字
周翰，湖南新化人，秀才。曾任新化鄉村師範學校校長、楚怡工業學校國文教
員，獲獎作品情況不詳。

　　第六屆兩人獲獎，楊明照（1909～2003），字韜甫，四川大足人。先後就
讀重慶大學、四川大學，1936 年考入燕京大學研究院，師從郭紹虞研究《文
心雕龍》。1939 年畢業留校任教，後轉中國大學、遷蓉燕京大學，1946 年任教
四川大學，以《文心雕龍》研究聞名於世。

〔註71〕楊共樂、張昭軍主編：《柳詒徵文集》第 12 卷《詩詞集・書集集・演講集・雜
　　　　著》，商務印書館，2018 年，第 345～346 頁。
〔註72〕吳金華：《古文獻整理與古漢語研究》（續集），鳳凰出版社，2007 年，第 2 頁。
〔註73〕北京圖書館《文獻》叢刊編輯部等編：《中國當代社會科學家》第 1 輯，書目
　　　　文獻出版社，1982 年，第 338 頁。

胡樸安（1878～1947），名韞玉，以字行，安徽涇縣人。曾任江蘇民政廳廳長，任教上海大學、持志大學等，擅長文字學、訓詁學，編著《中華全國風俗志》等。獲獎作品 1942 年自印 200 本，審查專家意見摘要見上一章附錄，顧頡剛詳細審查意見如下：

（1）觀點無不確之處。（2）除古代史事外，並能運用文字學，是其特長。（3）按卦序排列說明，結構完整。（4）《易》中包括史實，雖早有成說，但按卦次爻辭一一為之說者尚未之見，本書雖不無附會處，要亦一家之言也。……

總評：六經皆史，由來學者所深信。比年以來，《易經》已為研古代社會史者所重視，新見解甚多。著者耆年篤學，又半體偏廢，猶能廣搜注疏，撰為專著，縱其所牽合之古史有可疑之處，然心思細密，致力勤勤，實可讚佩……可以給獎（一等）。〔註74〕

上述簡述可見，無論是一等獎勞榦的「居延漢簡」研究，還是二等獎楊樹達《春秋大義述》、聞一多《楚辭補校》、羅倬漢《詩樂論》、陳啟天《韓非子校釋》、吳毓江《墨子校注》，還是一些三等獎作品諸如羅倬漢《〈史記〉十二諸侯年表考證》、金景芳《易通》、徐復《後讀書雜誌》、蔣禮鴻《商君書錐指》等，甚至楊樹達的《積微居金文說》，都是民國學術發展史上值得重視的經典性作品。更有以下幾點值得注意：

第一，《周易》是研究熱點，20 件正式獲獎作品中有 5 件專門研究《周易》，達到四分之一。除專業學者金景芳、陳延傑、胡樸安外，也有工程專家賀懋慶與從政官員丁超五參與其間，似乎《周易》研究門檻很低。丁超五為《易理新詮》出版所做序言中說：「中國易學失傳，致科學未能發達；而科學不發達，故易學更難明瞭。二者互為因果，遂演成今日文化落後之現象。」他將中國科學不發達的原因歸結於《易經》的失傳，正如金景芳所說，他們處於「科學昌明之世」，因此用新的科學方法研究《易經》成為「時髦」，而且也會引起共鳴與反響。

丁超五在正式出版《科學的易》之前，曾以《周易的新發現》為名於 1938年秋油印和石印，「急遽發表，遍送各方友好」。孫科回函說：「以科學闡易經

〔註74〕車行健：《顧頡剛撰於一九四〇年代的幾份學術審查文件》，《國文天地》第 36卷第 7 期（2020 年 12 月號）。據顧潮說，此審查意見行文語氣與筆跡都與顧頡剛不同，可能是別人代筆。

之蘊奧，真二千年來所未有如此新發現，誠於易學有袪迷解惑之功。」鄒魯致函嘉許：「吾兄易理深邃，能將易學與科學溝通，所以有此驚人發明，往昔學者關於易義各執一說，聚訟紛紛，從此如撥雲霧而見天日，可以得一歸宿，學術上之貢獻實至偉大。」教育部長陳立夫當然也有回函稱頌，「易為諸學之宗，欲明孔道之大，必先知易理，吾兄發其隱閟，貢獻於學者大矣」。接讀《科學的易》後，陳立夫更是繼續發揮：

> 班固有云「易為大道之原」。鄙見大道者即一般法則之謂，所謂原者亦即指其為一般法則之母也。周易統攝群經，諸子即西洋科哲學所立原則與定例，亦胥不出其範圍，誠屬我民族文化之寶庫。所惜易道久晦，學者研討未深，動輒指為玄邈。先生獨覃思竭精，推演邵子先天之學，而歸於「伏羲六十四卦，每卦不過是數理的哲理的符號」。一語足見洞明竅要，由此溝通中外，遂能左右逢源，易學昌明，深有賴焉。〔註75〕

民國易經研究熱潮迭起，有所謂注釋派、論述派、考證派、創新派，以科學方法解釋易經或以易經闡釋科學被歸為創新派，丁超五著作自然歸屬於創新派。〔註76〕

第二，因上述原因，作者群體呈現出比較混雜的特色，有學者，也有官員，還有「工科男」，更有兩名中學教員王如心和張國銓，說明那個時代中學老師也能潛心於學術研究並取得學術界認同的成果。當然，因各種原因他們生平不詳，從另一個角度說明他們後來的遭際。

第三，與「學而優則仕」相反，作者中也有金景芳、吳毓江這樣的「棄政從學」者，在政壇摸爬滾打後，最終在學術園地找到了生命寄託。

第四，與哲學類有唐君毅、胡世華這樣的年輕人一樣，古代經籍研究也有一批年輕的學者崛起，如1907年出生的勞幹、1909年的楊明照、1912年的徐

〔註75〕上述所引書信及丁超五序言，皆見《易理新詮》，1944年印行。

〔註76〕如此多易經研究成果獲獎，不知是否與陳立夫有關係。1946年10月20日，中研院召開第二屆評議會第三次會議，已接替朱家驊任組織部長的陳立夫到會「捧場」。代理院長朱家驊批評當時還有人以周易測算行星，定性為偽科學，而陳立夫回答說對青年人不可予以打擊，「科學決不武斷」。竺可楨評曰「亦針鋒相對也」。樊洪業主編《竺可楨全集》第10卷，第232頁。竺可楨日記中說，朱家驊批判對象為「劉治華」有誤，應是劉子華（1899～1992），四川簡陽人，1943年以《八卦宇宙論與現代天文學——一顆新行星的預測》獲得巴黎大學博士，1945年回國，曾任四川省政府參事。

復、1915 年的張國銓和 1916 年的蔣禮鴻。

　　古代經籍研究獲獎人有楊樹達、陳啟天、黎錦熙、羅倬漢、賀楙慶、金景芳、丁超五、聞一多、錢基博、王如心、勞幹、吳毓江、徐復、蔣禮鴻、張國銓、陳延傑、蘇維岳、胡樸安、楊明照等 19 人，大多是有成就的學者，除當選院士（學部委員）的楊樹達、勞幹、黎錦熙外，聞一多、錢基博、陳啟天、羅倬漢、金景芳、徐復、蔣禮鴻、陳延傑、楊明照等也在各自的研究領域成就卓著，值得進一步挖掘與研究。

三、參差不齊的社會科學

　　社會科學包括歷史（考古學）、地理、經濟、法學、政治學、教育學、社會學與人類學等學科，是人文社會科學方面獲獎數目最多的一類，共有 64 件作品獲得正式獎勵、6 件作品獲得獎助，具體如下：

　　第一屆：二等獎胡煥庸《縮小省區方案研究》，三等獎陸懋德《中國上古史》。

　　第二屆：**二等獎 4 件**，郭寶鈞《中國古銅器學大綱》、陸懋德《史學方法大綱》、胡厚宣《甲骨學商史論叢》、胡元義《破產法》；**三等獎 6 件**，全漢昇《中古自然經濟》、張印堂《滇緬鐵路沿線經濟地理》、吳文暉《中國土地問題及其對策》、費孝通《祿村農田》、張金鑑《人事行政學》、羅香林《國父家世源流考》；獎助歐陽祖經《中華民國國名省名考》。

　　第三屆：一等獎陳寅恪《唐代政治史述論稿》；二等獎劉節《中國古代宗族移殖史論》；**三等獎 11 件**，曾資生《中國政治制度史》、鄭天挺《發羌之地望與對音等論文三篇》、王煥鑣《曾南豐先生年譜》、鄧廣銘《宋史職官志考正》、薛祀光《民法債編各論》、吳學義《民事訴訟法要論》、李顯承《馬克思及其地租論》、宋同福《田賦徵實概論》、羅廷光《教育行政》、蔣旨昂《戰時的鄉村社區政治》、章柏雨和汪蔭元《中國農佃問題》；獎助張金鑑《行政管理概論》。

　　第四屆：**二等獎 5 件**，蕭一山《清史大綱》、簡又文《太平軍廣西首義史》、吳學義《戰時民事立法》、張德粹《農業合作》、吳文暉《土地經濟學原理》；**三等獎 16 件**，藍文徵《中國通史》（上卷）、洪啟翔《古代中日關係之研究》、施之勉《古史摭實》、王伊同《五

朝門第》、陳體強《中國外交行政》、孟雲橋《三民主義之理論研究》、
秦宏濟《專利制度概論》、汪士傑《里甲制度考略》、孟光宇《土地
登記制度》、蔣明祺《政府審計原理》、褚葆一《保護貿易新論據》、
嚴匡國《桐油》、姜琦《德育原理》、吳康《新人文教育論》、徐益棠
《雷波小涼山之儸民》、劉徵明《南洋華僑問題》。

　　第五屆：**二等獎 3 件**，彭雨新《縣地方財政》、周蔭棠《中國近
代文官出身之途徑》、樊弘《資本蓄積論》；**三等獎 8 件**，孫芳《民
法總則》、羅仲言《中國國民經濟史》（上冊）、李安宅《邊疆社會工
作》、張質君《人類社會與民族國家論》、孟光宇和郭漢鳴《四川租
佃問題》、汪龍《社會調查綱要》、周敦禮《戰時勞動政策》、陳國琛
《文書之簡化與管理》；獎助言心哲、蔣明祺、張之毅三人（具體作
品不詳）。

　　第六屆：**二等獎 3 件**，馬學良《撒尼倮語語法》、施之勉《漢史
考》、劉銘恕《中外交通論叢》；**三等獎 4 件**，曾仲謀《廣東經濟發
展史》、張秀勤《日本史正名篇》、竇季良《同鄉組織之研究》、徐松
石《泰族僮族粵族考》；獎助黃貴祥《文盲字彙研究》。

　　從數量來看，第一屆僅 2 件作品，第二屆陡增到 10 件，第三屆 13 件，第
四屆 21 件，達到最高，第五屆回落到 11 件，最後一屆 7 件，可謂「過山車」。
除第一、六兩屆外，其他 4 屆三等獎數量都遠遠超過規則規定（5 件），第四
屆二等獎也超過 2～4 件的規定。這一情狀的出現自然與其包括學科門類眾多
有關，從側面反映了當日學界對學科分類的認知情狀，也說明學術審議會學科
分類有進一步改進之處。

　　獲獎作品有以下特點：第一，總體上看，獲獎數量雖多，但等第卻難以與
數量相匹配，一等獎僅有第三屆陳寅恪《唐代政治史述論稿》一件作品，二等
獎也只有 17 件，其他全為三等獎，比例為 1：17：46，遠低於平均比例 1：6：
12，不僅不能與哲學相提並論，與古代經籍研究也有相當的差距；第二，獲獎
作品以歷史研究（包括經濟史、考古學等）最多，有 24 件，其中一等獎 1 件、
二等獎 9 件，與此相對應的是，有關現實研究的學科如政治學、經濟學、法
律、社會學、教育學等獲獎成果較少；第三，農村問題似乎普遍受到當時學者
們關注，有超過 10 件作品與此相關，諸如農業合作、土地、田賦、租佃和鄉
村社區等；第四，只要言之成理，學術研究沒有「意識形態」禁區，既有羅香

林《國父家世源流考》、孟雲橋《三民主義之理論研究》分獲第二、四屆三等獎，也有李顯承《馬克思及其地租論》獲第三屆三等獎。

有多人兩次獲獎，陸懋德第一屆以《中國上古史》獲三等獎，第二屆以《史學方法大綱》得二等獎；施之勉以《古史摭實》獲第四屆三等獎，以《漢史考》獲第六屆二等獎；吳文暉以《中國土地問題及其對策》獲第二屆三等獎，以《土地經濟學原理》得第四屆二等獎；吳學義以《民事訴訟法要論》獲第三屆三等獎，以《戰時民事立法》獲第四屆二等獎；張金鑑以《人事行政學》獲得第二屆三等獎，以《行政管理概論》獲得第三屆獎助。社會科學類獲獎成果特別是學科分布在一定程度上表明了當時社會科學各學科的發展情狀，如主要相關現實研究、由域外引進而逐步發展起來的學科如政治學、法學、經濟學、社會學、教育學等還未有學界公認的一流成果。這也與首屆中研院院士選舉中相關現實研究學科雖候選人不少，但最終當選人數卻與之不相匹配一致。〔註77〕

第一屆僅有兩件作品獲獎。**胡煥庸**（1901～1998），字肖堂，江蘇宜興人。1923 年畢業於南京高等師範學校，1926 年赴巴黎大學進修自然地理和人文地理。1928 年回國，任中央大學教授和中研院氣象所研究員，後專任中央大學地理系主任，1953 年調華東師範大學地理系，創建人口地理研究所。中國現代地理學奠基人之一，著有《氣候學》《論中國人口之分布》等。獲獎時任中央大學教授兼教務長，獲獎作品刊《中國青年》季刊。報導稱胡煥庸「根據具體事實，尤其山川形勢，經濟交通，歷代沿革，未來開發諸資料，審慎設計，成一萬五六千言之方案，並附圖表多幀，詳陳山川水道、農工商產業、耕地指數、各縣田賦數額、各地礦產分布、人口密度暨交通情況。誠為將來行政分區時，極有價值之參考資料」。〔註78〕

陸懋德（1883～1965），字用儀，號泳沂，山東歷城人，生於浙江紹興。1911 年第三屆庚款留美，先後就學威斯康星大學、俄亥俄大學，獲碩士學位。

〔註77〕 1948 年首屆中研院院士選舉，正式候選人除政治學 5 位候選人有周鯁生、錢端升、蕭公權當選（蕭公權回國後也主要研究中國政治思想史）外，法學 6 位僅王世杰、王寵惠兩人當選，經濟學 8 位僅馬寅初一人當選，社會學 5 位僅陳達、陶孟和當選，當選比例僅三分之一，相比其他學科當選比例都低（當選總比例為 54%，其中數理組 57%、生物組 54%、人文組 51%）。具體參閱第七章的進一步分析。

〔註78〕 《教育部舉辦民國三十年度著作發明及美術獎勵經過述要》，《高等教育季刊》第 2 卷第 2 期（1942），第 108 頁。

1914 年回國，曾任大總統府禮官、教育部視學和編審、北京政法專門學校教授等。1922 年任教清華學校，創辦歷史系並任主任。1927 年轉北平師範大學教授，後兼歷史系主任，抗戰隨遷，歷任西北聯合大學、西北大學、西北師範學院教授兼歷史系主任，戰後隨校回遷，1960 年調東北文史研究所。著有《周秦哲學史》《中國史學史》等。時任西北師範學院教授，獲獎作品出版信息不詳，大概是講義。報導稱陸懋德在北平各大學「講授史學甚久，對於古代器物和文字，曾做長時間之探討」，其書「除取材從古文獻外，極端重視實物」，金毓黻評「其能於實事求是之中，又甚矜慎持平，態度既多可稱，創見尤是珍貴」，「由此評語，蓋可概見陸著之價值焉」。〔註79〕第二屆二等獎作品成稿於 1937～1939 年，1945 年獨立出版社出版，被譽為國人所著史學概論、史學方法一類書中「最精」者。〔註80〕也有人以為該書「條理清晰，文字簡要，廣泛介紹西方史學家的觀點、方法，並且有分析、有對比，能提出自己的見解，持論也比較平允。對於所論述的問題，常能探源求本、辯明流別，並且予以中國和外國情況的對比分析」。〔註81〕

第二屆二等獎有 4 件之多，其中 3 件為歷史和考古學研究。郭寶鈞（1893～1971），字子衡，河南南陽人。1922 年畢業於北京師範大學，曾任中學校長，教育廳督學、秘書等，1928 年參加中研院史語所安陽殷墟發掘，1930 年入史語所工作，後任研究員，曾兼任河南大學教授。1949 年後，任職中科院考古所。畢生從事商周考古發掘與研究，著有《山彪鎮與琉璃閣》《浚縣辛村》《中國青銅器時代》等。獲獎作品 1941 年撰成，未刊，又名《中國古器物學大綱——銅器篇》，正如上一章所言，由傅斯年推薦參與評獎。

胡厚宣（1911～1995），原名福林，河北望都人。1934 年畢業於北京大學〔註82〕，入中研院史語所，後轉齊魯大學、復旦大學，1956 年調中科院歷史

〔註79〕《教育部舉辦民國三十年度著作發明及美術獎勵經過述要》，《高等教育季刊》第 2 卷第 2 期（1942），第 108 頁。

〔註80〕齊思和：《近百年來中國史學的發展》，李孝遷編校《中國現代史學評論》，上海古籍出版社，2018 年，第 168 頁。

〔註81〕劉澤華主編：《近九十年史學理論要籍提要》，書目文獻出版社，1991 年，第 114 頁。

〔註82〕胡厚宣回憶說，他在北京大學求學時，甲骨學為顯學：「那時在北大教甲骨文的教授有好幾位，常常幾門甲骨文課在中文、史學兩系同開。此外容庚先生在燕京，商承祚先生在師大，輔仁有于省吾，清華有吳其昌，北京圖書館有劉節，一流的學者，幾乎雲集北京……轟轟烈烈，盛極一時。」胡厚宣《我和甲骨史》，張世林編《學林春秋——著名學者自序集》，中華書局，1998 年，第 270 頁。

所，致力於甲骨文資料的搜集與研究，被認為無論是深度還是廣度上「皆已度越前人」。〔註83〕時任齊魯大學副教授，獲獎作品作為齊魯大學國學研究所專刊1944～1946年共出版4集，徐中舒在「序」中將胡厚宣與王國維、董作賓相提並論：「余生既逢甲骨之發露，故師友間治此學者尤眾，而陳義豐長，用志專篤，翕然為世所崇信者，則不得不推三人焉，曰海寧王靜安先生，南陽董彥堂先生，望都胡厚宣先生。」〔註84〕據胡厚宣回憶，時任故宮博物院院長馬衡是審查專家，審查意見如下：

> 甲骨文字之研究，始於孫詒讓。取其材料以研究商史者，始於王國維。惟其時材料零亂，整理開始，篳路藍縷，僅啟萌芽。逮中央研究院正式發掘殷墟後，材料始有系統可言。又經董作賓等以科學方法從事整理，分析時代之先後，於是史料乃可完全應用。作者擬以三數年之力，整理舊稿，寫成《甲骨學論叢》若干集，以為商史之長編，然後以二十萬字寫一《殷商新史》，此固為作者之宏願，實亦現時最需要之著作。此編為《論叢》第一集，如《卜辭乙說》《四方風名考證》等文，皆能有所發明，可為不易之論也。〔註85〕

後來者也對該書給予極高評價，以為該書一改以往甲骨文研究者僅注重文字考釋風氣，在通盤徹底整理甲骨材料基礎上，用科學方法統計、比勘、分析、考證，並結合商代歷史與商代遺跡遺物，解決了不少重要問題。〔註86〕

胡元義（1897～1966），湖南常德人。日本東京帝國大學法學士，先後任教清華大學、燕京大學、武漢大學、四川大學、同濟大學、復旦大學、華東政

〔註83〕胡文輝：《現代學林點將錄》，廣東人民出版社，2010年，第201頁。

〔註84〕胡厚宣曾請陳寅恪、傅斯年作序，陳寅恪先同意後拒絕（因此初版有目無文），傅斯年斷然拒絕。此書出版後因牽涉史語所，演成小風波，反映了學人之間的關係。參閱高山杉《「書一部」與「自在宵」》，《南方都市報》2021年8月29日。

〔註85〕胡厚宣《我和甲骨史》，《學林春秋——著名學者自序集》，第274頁。胡厚宣回憶說馬衡是學術審議會委員，主動推薦其書申請獎勵。這回憶有誤，第一，正如第五章所言，馬衡不是學術審議會委員；第二，馬衡作為介紹人向學術審議會推薦，就不能作為審查專家。因此，馬衡如果是介紹人，上引文字可能是「介紹人意見」；如果是審查意見，馬衡就不是其書的推薦人或介紹人。具體情況有待資料的進一步發掘與查證。同樣的，胡厚宣回憶說華羅庚得一等獎，他與郭寶鈞同得二等獎，將獲獎時間與屆次搞錯了，華羅庚是第一屆，他與郭寶鈞是第二屆，相差一年之久，回憶錄的可靠性實在值得警惕。他還回憶說，《論叢》使他聲名鵲起，齊魯大學給予他褒獎，並加了薪。

〔註86〕倉修良主編：《中國史學名著評介》（4），山東教育出版社，2006年，第352頁。

法學院等，後轉上海社會科學院。1942 年榮膺首屆部聘教授，曾任同濟大學法學院創始院長（1945～1947），著有《民法總則》《物權法論》等，後人輯有《胡元義集》。時任四川大學法律系主任，獲獎作品由四川大學法律系 1942 年 11 月出版，程天放題詞「衡變通量，立論精審」。

三等獎 6 件 3 件為經濟學成果。全漢昇（1912～2001），廣東順德人。1935 年畢業於北京大學歷史系，入職中研院史語所。1944 年留美，先後在哈佛大學、哥倫比亞大學和芝加哥大學進修，1947 年回國任中央大學教授。1949 年赴臺，曾任中研院代總幹事、臺灣大學教授，後轉香港，任新亞書院教授等。長期致力於經濟史研究，著有《中國行會制度史》《明清經濟史研究》等，1984 年當選中研院院士。時任史語所副研究員，獲獎作品刊史語所集刊，認為從魏晉南北朝直到唐中葉，實物貨幣取代金屬貨幣成為交易、納稅、工資支付等主要手段，自然經濟仍佔據優勢，至今仍是研究魏晉至唐中葉中國貨幣演變重要著作。

張印堂（1903～1991），字蔭棠，山東泰安人。1926 年燕京大學畢業，留學英國，1930 年獲利物浦大學地理學碩士。歷任燕京大學講師、清華大學教授、西南聯大教授，1948 年去美。中國經濟地理學主要奠基人之一，著有《地理研究法》等，譯有葛德石《亞洲之地與人》。時任西南聯大教授，獲獎作品 1940 年撰成。當時對滇緬鐵路線路選擇存有爭議，張印堂 1939 年 10 月初在清華大學、資源委員會及滇緬鐵路局三方資助下，前往滇緬沿線進行調查，歷時六個月，行程二千五百餘公里，於 1940 年 3 月返回昆明，完成該報告書。1943 年 7 月作為西南研究叢書之一，由雲南大學西南文化研究室以《滇西經濟地理》為名出版。

吳文暉（1913～1990），廣東梅縣人。1933 年中央大學社會系畢業，1936 年赴英國倫敦政治經濟學院深造，1938 年獲博士回國。先任母校教授，後轉浙江大學教授兼農經系主任，並創辦農業經濟研究所，再回母校任農經系主任兼農業經濟研究所主任。1949 年後任教中山大學、華南農學院。時任浙江大學教授，獲獎作品作為「大學叢書」1944 年由商務印書館出版。第四屆二等獎作品《土地經濟學原理》全書約 50 萬字，因戰爭等原因未能及時出版，並在文革抄家中不知所蹤。〔註87〕

〔註87〕張清勇：《中國土地經濟學的興起》（1925～1949 年），商務印書館，2014 年，
　　　　第 240 頁。

　　中國社會學、人類學、民族學奠基人之一費孝通（1910～2005），1938 年獲英國倫敦經濟政治學院博士學位論文《江村經濟》已成為經典著作。獲獎作品 1943 年商務印書館出版，是《江村經濟》續篇，以土地制度為中心，解釋祿村人利用農田而發生的種種現象為目的，描繪了現代工商業發展過程中農村社區發生的變遷。

　　張金鑑（1903～1988），字明誠，河南南陽人。1926 年考入北京大學預科，翌年轉中央黨務學校，1928 年畢業，從事黨務工作，曾任山東省黨務整理委員等。1931 年留美，1935 年獲斯坦福大學政治學碩士。任教河南大學、南開大學、中央政治學校等，曾任訓育主任、行政學系主任、法政學系主任等，也曾當選參政會參政員、立法委員等。後去臺，曾任教育部學術審議會委員、國立政治大學教授等。被譽為「中國行政學鼻祖」，時任中央政治學校教授兼研究部副主任。獲獎作品資料搜集於留美求學時代，1935 年任教河南大學時開始撰稿，直到 1938 年 6 月才完成。1939 年 8 月以「南開大學經濟研究所叢書」由商務印書館出版，1940 年 12 月再版。獲第三屆獎助的《行政管理概論》，1943 年 8 以「青年文庫」由中國文化服務社出版，1946 年 10 月再版，1947 年 3 月第三版。

　　羅香林（1906～1978），字符一，廣東興寧人。1930 年畢業於清華大學歷史系，入研究院專治唐史與百越源流問題。1932 年任中山大學校長室秘書，後曾任教中央大學、暨南大學、中山大學、中央政治學校等，兼任廣州市立中山圖書館館長、廣東省政府委員兼省立文理學院院長、省文獻研究會副主任等。1949 年移居香港，先後在新亞書院、香港大學等校任教。時任國民黨中央黨務委員會專員、中央政治學校教授，獲獎作品 1942 年 12 月由商務印書館出版，1945 年 12 月再版，1947 年 2 月已四版。

　　獲得獎助的歐陽祖經，時任中正大學副教授，獲獎作品 1942 年 8 月由江西省立圖書館文化服務部出版。歐陽祖經（1882～1972），字仙貽，江西南城人。早年留日入東京高等師範習數理科學，曾參加革命。畢業後曾任江西中學、江西師範學校、心遠中學教員，省立第一中學校長、北京女子師範大學教務主任、江西省圖書館館長等。1940 年任中正大學副教授，旋升教授。1953 年院系調整到蘭州大學歷史系。著有《歐陽祖經詩詞集》《歐美女子教育史》《譚襄敏公年譜》等。

　　第三屆陳寅恪《唐代政治史述論稿》是社會科學類唯一一等獎作品，不僅

是唐史研究的高峰，而且也開啟了歷史研究的新方法。崔瑞德曾說，對唐代政治制度研究做出第二大貢獻的是「偉大的中國史學家陳寅恪先生」（第一是日本人內藤虎次郎），「他提出的關於唐代政治和制度的一個觀點遠比以往發表的任何觀點紮實、嚴謹和令人信服」，成為後續研究者的基礎。〔註88〕顧頡剛也是推崇備至：「隋唐五代史的研究，亦以陳寅恪先生的貢獻為最大，他撰有《隋唐制度淵源略論稿》一冊，《唐代政治史述論稿》一冊。二書對於唐代政治的來源及其演變均有獨到的見解，為近年史學上的兩本巨著」。〔註89〕

劉節（1901～1977），字子植，浙江永嘉人。1926年上海國民大學畢業，考入清華學校國學研究院師從王國維、梁啟超，畢業後任教南開大學、河南大學，轉北平圖書館金石部主任，再轉燕京大學、大夏大學、浙江大學、金陵大學、中央大學等，1946年任中山大學教授，曾任歷史系主任。古史學家、古文字學家，著有《古史考存》《歷史論》《中國語言史》等。時受中英庚款董事會、教育部等資助，在重慶專門從事學術研究，獲獎作品1943年撰成未刊，1948年5月由正中書局出版，認為「上古史應該先解決人的問題，然後再看人與事的錯綜複雜關係」。在《自序》說：「這本書是中英庚款董事會協助研究的成績報告，後來又得教育部學術審議會的二等獎。……中國民族一定要更生！從什麼地方開始呢？就從各種學術上開始。學術工作是在打開一條人生的正確途徑，改正我們的錯誤觀念。沒有嚴肅的人生，不會有真正強盛的國家啊！」

三等獎有11件之多，涉及歷史、法學、經濟、教育與社會學等。曾資生（1912～？），生平不詳，湖南安化人。北京大學畢業，陶希聖得意門生，「食貨」派幹將，《食貨》主編，曾任國民政府文官處政務科長等，兼國立政治大學教授、《中央日報》主筆等。筆耕不輟，著有《兩漢文官制度》《中國宗法制度》《中國五權憲法制度之史的發展與批判》等。時任軍委會委員長侍從室第二處第五組秘書，獲獎作品計劃6冊，1943年3月由南方書店開始出版，最終僅出版4冊。書前有陶希聖1941年7月15日「序」，其中說：

> 近來的史學著作，自其材料與方法上說，可分為兩種：一種是只有材料而無系統；一種是只有系統而無材料。有材料而無系統者，

〔註88〕崔瑞德編，中國社會科學院歷史研究所西方漢學研究課題組譯：《劍橋中國隋唐史》，中國社會科學出版社，1990年，第11頁。

〔註89〕顧頡剛：《當代中國史學》第87頁。

可以說是「學而不思」，其弊為支離。有系統而無材料者，可以說是
「思而不學」，其弊為空虛。……自著作內含的思想來說，史學著作
又可分為兩種：一種是拜古的，一種是用世的。所謂拜古者，執筆
搖頭之際，其神與古會，而以為凡是古的，就是善的。價值判斷跟
隨著事實判斷而不可分，其價值判斷的標準，則為「古」字。他們
也並非不求用世，但其用世之道，為一不可捉摸的所謂「世道人
心」。……所謂用世者，直承中國古來「經世之學」，而其講求史學
的用意，在使現前實際的問題，能獲前賢先民累積的經驗，而為有
力的參考。價值判斷不隨事實判斷而即下，必須將事實發展與變化
的途徑和法則，客觀的尋了出來，……與「世道人心」之教條派，
有很大的差異。

他自然以為弟子的著作是有材料有系統的，而且也是「用世」的。曾資生「自
序」稱：「茲值建國事業，成為必需，舉國上下捨此無由自救。然建國之道，
必需立制度，定典章，究政策，言功效，廢虛聲而求實事，必賞罰而明是非，
循名核實，稽始考終。余之治中國政治制度史……蓋欲考制度之變遷，明治亂
之得失，以供建國事業之參考。」可謂與乃師相呼應。顧頡剛縱論當時中國史
學時將該書作為政治史唯一作品予以介紹，並評論說「極為翔實」。〔註90〕

鄭天挺（1899～1981）：原名慶牲，字毅生，福州長樂人，生於北京。1921
年北京大學畢業，任教廈門大學。翌年考入北京大學研究所國學門攻古文字，
參與整理明清檔案。1924 年任教北京大學，後曾任浙江民政廳秘書、教育部
秘書等。1930 年回北京大學，曾任中文系副教授、秘書長、文科研究所副主
任、副校長等，西南聯大歷史系教授、總務長、遷移委員會主席等。1952 年院
系調整，任南開大學歷史系教授、明清史研究室主任、系主任、副校長等。時
任西南聯大教授，獲獎作品僅是臨時湊成的 3 篇論文，都刊於中研院史語所集
刊，其作品與獲獎情形參見上一章。

干煥鑣（1900～1982），字駕吾，號覺無，江蘇南通人。1924 年畢業於東
南大學，曾任中學教員和江蘇省立國學圖書館編輯部主任，後任教浙江大學、
貴州大學、貴陽師院，曾任中文系主任。1946 年任之江大學教授，也曾兼中
文系主任。1952 年院系調整，任教浙江師範學院，曾任圖書館館長。長期致
力於目錄學、版本學研究，在文字、音韻、訓詁方面也功力頗深，著有《明孝

〔註90〕顧頡剛：《當代中國史學》第 84 頁。

陵志》《先秦寓言研究》《墨子校釋》等。時任浙江大學教授，獲獎作品 1943
年由商務印書館出版。

鄧廣銘（1907～1998）獲獎作品，刊載中研院史語所集刊（1943 年 5 月
出刊），陳寅恪序稱：鄧廣銘「用力之勤，持論之慎，並世治宋史者，未能或
之先也。……其神思之縝密，志願之果毅，逾越等倫，他日新宋學之建立，君
當為最有功之一人，可無疑也」。顧頡剛也說：「鄧廣銘先生年來取兩宋各家類
書、史乘、文集、筆記等，將《宋史》各志詳校一遍，所費的力量不小，所成
就亦極大。……宋史的研究，鄧先生實有篳路藍縷之功。」〔註91〕

薛祀光（1900～1987），字聲遠，浙江瑞安人。早年留日，獲九州島帝國
大學法學博士。1928 年回國，歷任中山大學法律系教授、主任、法學院院長。
戰後出任東京國際法庭顧問，1947 年任暨南大學教授，翌年轉任同濟大學教
授，曾兼任法學院院長。1951 年調廈門大學，曾兼任副教務長。1953 年調武
漢大學，1958 年再轉湖北大學。專長民法，於債法尤有心得，有「薛老債」之
稱，著有《管子六法》《民法概論》等，輯有《薛祀光集》。時任中山大學教授，
獲獎作品為講義，未刊。

吳學義（1902～1966），字仲常，江西南城人。1925 年畢業於北京朝陽學
院。留日入京都帝國大學，獲法學士。1929 年回國，曾任教朝陽學院、中央大
學、浙江大學、武漢大學、政治大學等。曾當選立法委員，任職外交和法制委
員會，戰後曾任東京國際法庭顧問。1949 年後，曾任教南京大學、華東藥學
院（南京藥學院）等，文革爆發後深受衝擊。著名法學家，著有《民事法論叢》
《中國民法總論》《法學綱要》等。時任立法院委員，獲獎作品 1942 年 10 月
以「大學叢書」由正中書局出版，1947 年 5 月已經滬版第五版，可以想見其
暢銷程度。第四屆二等獎作品《戰時民事立法（事情變更原則與貨幣價值之變
動》，1944 年 9 月商務印書館出版，時任武漢大學教授。

李顯承（1909～？），生平不詳，浙江東陽人。暨南大學法學士，中央政
治學校地政學院畢業，曾任中央地政研究所、中央政治學校研究員，國立商學
院教授、合作專修科主任、土地經濟系主任，後轉中央訓練團工作，曾任中將
主任。時任國立商學院教授，獲獎作品 1942 年 2 月由獨立出版社出版。除獲
獎作品外，還著有《土地經濟學》一書，也編有《浙江民政廳實習報告》《杭
市縣辦理土地清丈之經過及其成績》等。

〔註91〕顧頡剛：《當代中國史學》第 88 頁。

宋同福（1912～？），字子范，山東榮成人。1935 年考入北京大學經濟系，1939 年西南聯大畢業，入中研院社會研究所財政組讀研究生，畢業後留所，曾任助理研究員。後曾任財政部科員，中央銀行經濟研究處協纂、編纂、研究員等。1946 年隨中央銀行復員上海，兼任《金融日報》主筆，升任中央銀行一等專員兼員工合作社經理。1949 年後，曾任上海市工商局計劃科副科長、商業科科長，上海市服務局飲食科科長等。1956 年調中科院上海經濟研究所任編審組長，1958 年被打成「歷史反革命」，發配回原籍。1981 年平反，回上海社會科學院經濟研究所工作，參與編撰《晚清經濟史事編年》等。時任中央銀行研究員，獲獎作品 1942 年 10 月作為中央銀行叢書由中央銀行經濟研究處出版。論者以為該書雖有美中不足之處，但「在今後中國財政史中實為一部具有參考價值的歷史文獻」。〔註 92〕

羅廷光（1896～1993），號炳之，江西吉安人。1921 年畢業於南京高等師範學校教育專修科，任師範學校教員，1925 年再入東南大學進修，畢業獲教育學學士。1928 年留美，先後入斯坦福大學和哥倫比亞大學，獲教育學碩士。1931 年回國，曾任教中央大學教授、湖北教育學院院長。1934 年赴歐，在英國倫敦大學等研究訪學，1936 年回國，任河南大學教務長兼教育學系主任、西南聯大教授、中正大學教務長、中央大學師範學院院長等。1949 年後，曾仁南京大學教育系主任、南京師範學院教授。著有《教育科學研究大綱》《教育概論》《教學通論》等。時任中正大學教授，獲獎作品作為「大學叢書」1943 年 7 月由商務印書館出版，1948 年 7 月已滬版增訂三版。

蔣旨昂（1911～1970），又名青立，河北豐潤人。1930 年考入燕京大學社會學與社會服務學系，曾任清河社會試驗區股長，1935 年畢業留美。入讀西北大學，1937 年獲社會學碩士。曾任鄉政學院講師、華西協合大學教授。1952 年院系調整，到四川醫學院從事英語教學，並擔任總務長等，文革中被作為「美帝特務」，遭受殘酷迫害。中國社會學綜合學派代表，著有《盧家村》《社會工作導論》等。時任華西協合大學教授，獲獎作品 1941 年作為「鄉村建設研究叢書」由鄉村建設研究所出版，運用社會學功能主義的觀點和方法，研究鄉村的社會與政治，力求獲得有關鄉村政治的一般性認識，作為鄉村社會政治建設根據。

〔註 92〕許廷星：《評〈田賦徵實概論〉》，《財政評論》第 10 卷第 4 期（1943），第 93 頁。

　　《中國農佃問題》由章柏雨和汪蔭元兩人合作，第一次出現合作成果獲獎。兩人是安徽來安縣同鄉，也同是金陵大學農學士，還是金陵大學同事，獲獎時都是金陵大學副教授，獲獎作品1943年6月作為「文史叢書」由商務印書館出版，1945年6月已三版，1948年2月已滬版三版，五年之間已經六版，其受歡迎程度可見一斑。書前有喬啟明序，自序中說卜凱和喬啟明都曾審定書稿，而特別要感謝吳景超。兩人還合著有《各國農產物價統制實施》。章柏雨（1909～？），生平不詳，原名祖鼐，曾任金陵大學助教、講師，行政院農產促進會技正，還著有《農村組織現狀及其改進》。汪蔭元（1913～1995），1936年畢業於金陵大學農業經濟系。曾任金陵大學農業專修科教員、講師、美國洛氏基金會研究員、副教授、教授等。1952年院系調整，任南京農學院教授。長期從事土地整理、農貸、農業統計及物價調查統計教學和科研，著有《農業統計學》等。

　　第四屆獲獎作品最多，二等獎5件，其中2件為前面曾獲得三等獎者吳文暉、吳學義獲得，其他三位獲獎者為蕭一山、簡又文、張德粹。蕭一山（1902～1978），名桂森，以字行，江蘇銅山人。1921年考入北京大學政治系，受業於梁啟超，期間出版《清代通史》上卷。1925年畢業，任教清華學校。1929年創辦北平文史政治學院，自任院長。1931年任中央大學教授，翌年赴歐美考察，1934年回國。曾任河南大學、東北大學、西北大學文學院院長，榮膺教育部首屆部聘教授。戰後任北平行轅秘書長，當選行憲監察委員。1948年赴臺任臺灣大學教授，後曾任中研院近史所研究員等，1963年完成五卷本《清代通史》。獲獎作品《清史大綱》1944年5月由重慶經世學社出版，翌年改名《清史》由商務印書館出版。作者以為一部清史就是一部中國近代史，以反對外侮的民族革命史觀作為綱領，因此革命的對象從最初的滿清轉向帝國主義，最終從列強轉向日本帝國主義。顧頡剛認為清史研究方面蕭一山與孟森貢獻最大，三卷《清代通史》外，《清史大綱》「本其革命史觀，作簡略的敘述，可以通史相輔而行」。〔註93〕

　　太平天國史研究奠基人之一簡又文（1896～1978），字永真，筆名大華烈士，廣東新會人，基督徒。先後畢業於美國奧伯林學院、芝加哥大學，獲碩士。1921年回國，曾任基督教青年會編輯部幹事、燕京大學副教授、國民革命軍第二集團軍前敵政治部中將主任、今是學校校長、山東鹽運使、鐵道部參事、

─────────────

〔註93〕顧頡剛：《當代中國史學》第91頁。

立法委員、廣東省文獻委員會主任兼文獻館館長等，創辦《逸經》《大風》等雜誌。1949 年移居香港。自 1938 年立志撰寫《太平天國全史》，獲獎作品為第一部，1944 年 8 月由商務印書館出版，1962 年「全史」三冊在香港出版，願望終於達成。顧頡剛認為太平天國史研究，簡又文與羅爾綱貢獻最大，獲獎作品「體例詳明，取材豐富，為太平天國史的傑作」。〔註 94〕

張德粹（1900～1987），字敬之，湖南攸縣人。1927 年畢業於東南大學農科，1935 年留歐，先後求學丹麥皇家農學院、英國曼徹斯特大學、威爾斯大學，獲農業經濟學碩士。1938 年回國，曾任西北農學院、浙江大學農業經濟系教授，中央大學農業經濟系主任。1948 年赴臺，任臺灣大學農業經濟系教授，後曾任系主任、研究所所長等。中國農業經濟學奠基人之一，著有《農業經濟學》《土地經濟學》《農產運銷學》《臺灣土地之利用》等。時任中央大學教授，獲獎作品 1944 年 3 月由商務印書館出版，朱經農在序言中稱該書「內容充實，闡述詳明」，「尤能抉擇各國農業合作之精髓，分章羅列，藉供國內人士之參考，實不可多得之傑構也」。

三等獎 16 件，其中 5 件為歷史作品。藍文徵（1901～1976），字孟博，吉林舒蘭人。早年曾就學於吉林省立師範學校、吉林法政專門學校，1927 年入清華學校國學研究院師從梁啟超、陳寅恪，1929 年畢業，執教東北大學。1933 年留日，入早稻田大學研習唐史。1937 年回國，先後執教東北大學、西北大學、西北師範學院等，曾任歷史系主任。戰後任北平行轅參議兼《經世日報》主筆，當選立法委員。1949 年赴臺，曾任教臺灣師範大學、政治大學、東海大學等。著有《魏晉南北朝史》《隋唐五代史》等。時任西北大學教授，獲獎作品 1942 年由貴陽文通書局出版，據稱是其「學術研究綱領，體現了對梁啟超先生文化史研究構想的繼承」。赴臺後曾欲修訂上冊並續修下冊（由宋到民國），終未能完成。〔註 95〕

洪啟翔（1903～1988），廣東梅縣人，1923 年考入北京大學，1928 年留日，先後就讀東京東亞學校、東京高等師範學校研究部等。曾任中學教員、浙江省第九區專員公署視察、軍委會戰時工作訓練團中校教官、軍委會參事室幹事等。1946 年任廣東省立文理學院教授，院系調整到華南師範學院，曾任圖書館主任、歷史系教授。著有《日本人口論》《物價高漲與降低生活》等。時

〔註 94〕顧頡剛：《當代中國史學》第 91～92 頁。
〔註 95〕馬強才選編：《藍文徵文存·前言》，江蘇人民出版社，2012 年。

任軍委會參事室幹事，獲獎作品商務印書館 1944 年 9 月出版。在《自序》中申說了他撰寫該書的理由，對於古代中日關係，日本有大量的著作予以研究，但有不少的謬論與曲解，中國相關研究卻很缺乏，更有人將日本學者的謬說介紹給國內，「這真是一種可痛心的事。我們要糾正這種錯誤，要使國人知道日本學者的虛偽，我們只有以我們中國人的立場，正確地將中國與古代日本關係的史實加以闡明」。

施之勉（1891～1990），字敦臨，江蘇無錫人。1920 年畢業於南京高等師範學校，曾任教廈門集美師範學校、江蘇省立無錫師範學校、合川國立第二中學、中央政治學校、齊魯大學、邊疆學校等，戰後復員任無錫縣立中學校長。1948 年赴臺，歷任嘉義女子中學、臺南第二中學教員，臺灣工學院國文教授、成功大學中文系主任等。著有《史漢疑辨》《史記會注考證補》《後漢書集解補》等。時任邊疆學校副教授，獲獎作品有好友錢穆序，當時未刊。後再以《漢史考》獲得六屆二等獎。

王伊同（1914～2016），字斯大，江蘇江陰人。1932 年考入金陵大學，翌年轉入燕京大學，1937 年畢業，入文科研究所史學部讀研究生，畢業任職金陵大學中國文化研究所。1944 年留美，1949 年獲哈佛大學博士，先後任教芝加哥大學、威斯康星大學、哈佛大學、加拿大英屬哥倫比亞大學、匹茲堡大學等，退休後曾任教（新竹）清華大學，有《王伊同學術論文集》行世。〔註 96〕時任金陵大學中國文化研究所研究員兼副教授，獲獎作品成稿於求學燕京大學研究院期間，1943 年刊於金陵大學中國文化研究所叢刊，顧頡剛以為「排比史料，翔實之至」。〔註 97〕

陳體強（1917～1983），福建閩候人。1939 年畢業於清華大學政治學系，曾任中法大學講師、外交部科員等。1945 留英，1948 年獲牛津大學國際法博

〔註 96〕王伊同燕京大學研究院文科研究所史學部研究生同年級同學僅他與何炳棣、王鍾翰三人。何炳棣回憶說，王鍾翰是「公認的清史名家，長於滿文的中國民族史權威」，王伊同是「江陰才子，駢文典雅，同輩學人罕有其匹」，「不知何以久久未有鴻文問世，殊為可惜」。何炳棣《讀史閱世六十年》，商務印書館（香港），2019 年第 4 次印刷，第 127 頁。兩人的追求可能完全不同，何有些「苛求」了。王伊同晚年為中華書局再版他的學術論文集序說：「予老矣，歷年著述，得失自知。大抵少壯命題，界疇略廣。時代則自漢徂清，科目則兼經及史。晚年簡約，則以南北朝文史課題為多，性所趨也；文體多出文言，少所習也。不立異，不標奇，語有本，事有源，期期自許者蓋如是。」《王伊同學術論文集》，中華書局，2006 年。

〔註 97〕顧頡剛：《當代中國史學》，第 87 頁。

士。〔註98〕回國任教清華大學政治學系，1950 年任中國人民外交學會編譯委員會副主任兼研究部副主任，1956 年後在國際關係、國際法、國際問題研究所主持國際法研究工作，1957 年被劃為右派。1981 年任外交學院教授。除獲獎作品外，著有《英國行政法論》，與王鐵崖譯有《奧本海國際法》，輯有《國際法論文集》。獲獎作品 1943 年 10 月以「國立西南聯合大學行政研究室叢刊」由商務印書館出版，有錢端升序。

孟雲橋（1904～1988），名繁倬，以字行，山東章丘人。早年畢業濟南師範學校，後入北京大學哲學系，1930 年畢業。留學英國，先後就讀倫敦大學、牛津大學，獲得哲學碩士。1938 年回國，曾任教中央大學、武漢大學、中央政治學校。戰後出任青島教育局長，當選立法委員。1949 年後，曾任東吳大學法學院、山東工業技術學校、山東機械工業學校教授，1957 年被劃為右派，文革期間被遣送回鄉務農。著有《西洋政治思想史》等。時任中央政治學校教授，獲獎作品 1943 年 12 月由正中書局出版。

秦宏濟（1903～？），生平不詳，江蘇無錫人。交通大學電機科畢業，曾任經濟部技正、科長。獲獎作品 1945 年 9 月商務印書館出版，我國第一部專利法專著。

汪士傑（1908～？），生平不詳，江西萍鄉人。中央政治學校畢業，曾任蘇皖湘等省財政所會計主任、財政部科員，中央政治學校研究部財政組研究員等。時任中央政治學校研究員，獲獎作品 1942 年 7 月商務印書館初版，1944 年已再版，書名為《里甲制度考略———一個中國基層財政組織簡史》，從財政稅收等經濟角度考察里甲，以鄉村經濟建設為立足點，為「新縣制」推行下的財稅改革提供了參考。有薩孟武序，稱讚該書雖僅四五萬字，但對里甲制度「作新創而獨到之觀察，並抉搜歷代史實，作系統之論列」，「堪稱為精到之作」。

〔註98〕何炳棣說，陳體強博士論文 *The International Law of Recognition*（《有關承認的國際法》）出版後，影響深遠，「被舉世公認為標準著作，被列為國際法必讀之書」，是 20 世紀華人在歐美大學博士論文最著名的兩篇之一，「體大思精，析理犀利，觀點均衡」，「當之無愧的煌煌巨著」，「二十世紀中國社科方面的一個『奇蹟』」。另一篇博士論文為蕭公權 *Political Pluralism: A Study in Contemporary Political Theory*（《政治多元主義：一項當代政治理論研究》），與蕭公權繼續取得著稱於世的學術成就不同，陳體強回國後被完全埋沒，他在自己文集自序中說：「1957 年後，格於形勢，擱筆伏櫪，坐視光陰流逝，報國無門。1979 年後國際法重見光明，我亦振筆再起，寫了文章若干篇，但已是強弩之末，力難從心，水平遠低於客觀要求，論述也無補於實際」。何炳棣《讀史閱世六十年》第 177～181 頁。

孟光宇（1909～？），生平不詳，黑龍江東寧人。畢業於中央政治學校地政學院，曾任中央政治學校助理研究員、講師。時任中央政治學校研究員，獲獎作品1944年7月由重慶天地出版社出版。

蔣明祺（1906～1960），字山青，江蘇南京人。復旦大學肄業，曾任中山陵管委會會計課科員等。1933年通過第二屆高等文官考試，入審計部任職，曾任稽查科長、國民政府審計委員、重慶市審計處處長、審計部駐外審計等。1949年後，任重慶大學經濟系教授。著有《合署辦公與集中購置》《政府審計實務》。審計家外，也是「文學青年」，發表多以「蔣山青」署名。時任審計部編纂，獲獎作品作為「立信會計叢書」由立信會計圖書用品社1941年出版，有潘序倫「序」，指出獲獎作品是蔣明祺著作《政府審計》上卷「理論部分」。在潘的建議下，該書分開出版，下卷「技術部分」即1942年8月出版的《政府審計實務》。潘序倫對蔣明祺也是稱頌有加：

> 蔣君精研會計之學，服務政府機關，主持審計職務，又既有年；其所諳甘苦，自較為親切，而所輯資料，亦殊覺新穎豐富；加以抱獻身事業之夙志，有從事述作之熱忱；茲所論議，創造多於因襲，理解堪供觀摩，誠有裨學術治理之作也。

他第五屆獲得獎助的作品不知是否就是《政府審計實務》，有待進一步查證。

褚葆一（1913～2011），浙江嘉興人。1933年畢業於上海商學院工商管理系，翌年赴歐留學，先後在英國倫敦政治經濟學院，德國法蘭克福大學、柏林經濟學院等學習研究。1938年回國，任中央大學經濟系教授、主任。1946年兼任上海商學院國際貿易系和銀行系主任等。1950年任上海財政經濟學院副院長，1958年隨校併入上海社會科學院，曾任世界經濟所所長。著有《工業化與中國國際貿易》《貨幣價值論》《世界經濟學原理》等，輯有《褚葆一文集》。時任中央大學教授，獲獎作品出版情況不詳。〔註99〕

嚴匡國（1916～2005），湖北黃梅人，生平不詳。1940年中央大學畢業，曾任上海社會科學院經濟、法律、社會諮詢中心外經諮詢研究室主任、研究員、高級諮詢顧問，從上海社會科學院經濟研究所退休。長期從事對外經貿科研和

〔註99〕褚葆一有論文《保護貿易新論據：不完整競爭與保護政策》刊載《國立中央大學社會科學季刊》第1卷第2期（1944）第78～84頁。僅憑這樣一篇論文獲獎似乎不可能，該獎勵是著作獎勵而非論文獎勵，鄭天挺獲獎作品因僅三篇論文字數不夠，演成不愉快（參閱上一章相關內容），估計應該還有其他論文合併一起申請，具體如何有待進一步查證。

教學，主編《上海經濟》等。時任財政部貿易委員會技術處研究員，獲獎作品1944 年 1 月以「財政部貿易委員會商品叢書」由正中書局出版。「財政部貿易委員會商品叢書」由貿易委員會技術處負責編撰，嚴匡國書為其中第一本。書前有鄒琳〔註 100〕序，稱「嚴君係農業經濟學士，在本會從事桐油調查研究有年，熟諳桐油各方面情形，茲本其多年探究所得，萃為是篇，內容甚豐，切合實用」。

　　姜琦（1886～1951），字伯韓，浙江永嘉人。日本明治大學學士、美國哥倫比亞大學碩士。曾任暨南大學、浙江大學、西北聯大、上海師範專科學校等校教授，也曾任教育部訓育委員會專任委員，戰後參與接收臺灣，任臺北教育局長、編譯館編纂等。獲獎時任職國立編譯館，獲獎作品以「三民主義哲學叢書」1944 年 9 月由獨立出版社出版。書前有蘇淵雷題詞〔註 101〕，也有姜琦的題獻：「本書為永久紀念孔子誕辰教師節暨我自己曾受薰陶過的各位恩師而寫作的。」

　　吳康（1897～1976），字敬軒，廣東平遠人。北京大學學士，巴黎大學博士，曾任教無錫國專、廈門集美學校、中山大學、巴黎大學中國學院、中國文化大學等。1949 年去港，1951 年轉臺任臺灣大學教授。著有《哲學大綱》《周易大綱》等。獲獎時任教中山大學，獲獎作品 1943 年 9 月由江西贛縣中華正氣出版社出版。

　　徐益棠（1896～1952），浙江崇德縣人。1925 年畢業於東南大學教育系，曾任國文教員、商務印書館編輯。1928 年自費留法，1933 年獲巴黎大學博士。回國後任金陵大學教授，從事民族學研究。1949 年後，曾任南京大學社會學系主任等。著有《民族學大綱》《非常時期之雲南邊境》等。時任金陵大學教授，獲獎作品 1944 年 3 月金陵大學中國文化研究所出版。其自序表現了當時學人從事學術調查研究之困境：

〔註 100〕鄒琳（1888～1984）：字玉林，鄒魯族侄，廣東大鋪人，生於四川宜賓。早年就讀成都高等學堂、京師譯學館，1913 年畢業於北京法政專門學校。曾在北京執律師業，任四川屏山、內江縣知事等。1920 年赴廣東，曾任廣東軍政府司法部司長、廣東財政廳秘書兼科長、廣州國民政府財政部鹽務總處秘書等。1928 年後，曾任財政部秘書長、鹽務署署長、政務次長，國防最高委員會委員、國家總動員設計委員會財政金融組長、廣東財政廳長、財政部貿易委員會主任等。戰後曾任廣東省政府委員兼秘書長等。1949 年赴港。

〔註 101〕蘇淵雷題詞為：永嘉故學追三民，禮運新篇演大同。卻喜貞元交會日，重來豎義振宗風。甲申二月，伯韓先輩新著《三民主義哲學》及《德育原理》二書成，喜呈一絕。

　　民國二十九年夏，偕助理研究員胡良珍君作雷波小涼山儸民之調查。時值雨季，道途泥濘，旅行艱難；而疫痢流行，病家均閉門不予接待；健康者又扃門盡室上山，割取苞谷；故工作不易展開，成績至寡。學校以上課故，函電催促，遂於十月初旬匆匆返蓉。此稿擱置經年，本擬再作第二次考察，重為增校，祇以人事倉卒，材料恐多散佚，而物價奇昂，重遊不知何日，姑先整理印行，以待補正。

　　劉徵明（1916～？），生平不詳，字錦添，廣東中山人。畢業於中山大學，曾任中學教員，時任中山大學助教。獲獎作品 1944 年 2 月作為「中山大學社會研究所叢刊」由金門出版社出版。有胡體乾〔註 102〕序，指出研究南洋的重要性及相關研究的缺乏，劉徵明研究之不易。

　　第五屆共 11 件作品正式獲獎，另有 3 件獲得獎助，二等獎 3 件。彭雨新（1912～1995），湖南瀏陽人。1939 年畢業於中央政治學校，入中研院社會所讀研究生，畢業留所，先後任助理研究員、副研究員。1948 年赴英國曼徹斯特大學進修，翌年回國任嶺南大學教授，後隨校併入中山大學，1953 年調任武漢大學經濟系教授，後轉歷史系。著有《川省田賦徵實負擔研究》《清末中央與各省財政關係》《清代關稅制度》等。時任職中研院，獲獎作品 1945 年 2 月作為「中研院社會科學研究所叢刊」由商務印書館出版。

　　周蔭棠（1906～1947），字漢南，安徽桐城人。金陵大學中文系畢業，曾任教金陵大學、湖北教育學院、西南聯大、重慶大學、湖南大學等校，著有《臺灣郡縣建置志》等。獲獎作品撰述與出版情況不明。

　　樊弘（1900～1988），四川江津人。1925 年畢業於北京大學政治系，曾任報紙編輯、北平社會調查所秘書、中研院社會科學所助理研究員、湖南省立商學院教授等。1937～1939 年在英國劍橋大學進修，回國後曾任湖南大學、中央大學教授，中研院社會科學所研究員，復旦大學經濟系教授兼系主任。1946 年起，任北京大學教授。著有《勞動立法原理》《現代貨幣學》《社會調查方法》等，輯有《樊弘著作集》。獲獎作品情況不明。

　　三等獎 8 件，《民法總則》作者孫芳生平不詳，曾任武漢大學法學院教授，譯有三潴信三《物權法提要》1934 年由商務印書館出版，獲獎作品 1945 年文

〔註 102〕 胡體乾（1895～1977）：字筠岩，吉林永吉人。1923 年留美，入芝加哥大學研修政治經濟與法律。1926 年回國任教吉林。1931 年任教中山大學，曾任社會學系主任、法學院院長。1946 年任吉林省政府委員兼教育廳長。1950 年後，任教廈門大學，曾任經濟學院副院長、圖書館館長等。

化印書館出版。

羅仲言（1896～1995），即羅章龍，中共早期領導人，1931 年 1 月被開除黨籍。自 1934 年起，歷任河南大學、西北大學、湖南大學等校教授。1949 年後，曾任教湖南大學、中南財經學院、湖北大學等。著有《經濟史學原論》《近代歐洲各國經濟政策》等。時任西北大學教授，獲獎作品作為「大學叢書」1944 年 9 月由商務印書館出版，下冊 1948 年由湖南大學出版。

李安宅（1900～1985），字仁齋，河北遷安人。1929 年畢業於燕京大學社會學系，曾在多所大學任教。1934 年留美，在加州大學伯克利分校、耶魯大學研習人類學。1936 年回國，任教燕京大學。1941 年轉任華西協合大學教授，曾任社會學系主任，創辦華西邊疆研究所。1947 年赴歐美訪學，1949 年回國，曾任西南民族學院副教務長、四川師範學院副教務長兼外語系主任等。民族學和社會學家，著有《藏族宗教之實地研究》《祖尼：母系社會研究》《儀禮與禮祀之社會學的研究》等。時任華西協合大學教授，獲獎作品 1944 年 8 月作為社會部研究室主編「社會行政叢書」由中華書局出版。

張質君，生平不詳，曾任教西北農學院，1949 年後曾任教西北大學法律系、西安政法學院法律系。獲獎作品 1945 年 6 月商務印書館出版。顧頡剛序（寫於 1942 年 9 月）稱：「這書內容，方面極廣，企圖甚高；對於政治社會諸般問題作全盤的觀察和解說，可說是一種橫切的歷史。而又能從發生學上著眼，集合各部門的知識融於一爐，逐步推闡，秩序鑿然，所製圖表亦具匠心，這真是足以突破出版界的沉悶之感的。」

《四川租佃問題》由孟光宇和郭漢鳴合作，孟氏上屆已以《土地登記制度》獲得三等獎。郭漢鳴也生平不詳，曾任中央政治學校訓導處副主任和研究部副主任，與洪瑞堅合著《安徽省之土地分配與租佃制度》（正中書局 1937 年版）作為中央政治學校地政學院研究報告。畢業於中央政治學校地政學院，還著有《歐洲土地制度史探討》《各國之土地分配》等，譯有《十八九世紀歐洲土地制度史綱》。獲獎作品 1944 年 8 月作為「中國地政研究所地政叢刊」，由商務印書館出版，具體由孟光宇調查，郭漢鳴撰稿。

汪龍（1905～？），生平不詳，字希辰，安徽黟縣人。曾任教中央政治學校和復旦大學，1940 年任國民政府主計處科長，1943 年任社會部統計長。獲獎作品由中央政治學校和復旦大學授課講義整理而成，1944 年 2 月由商務日報文化信託部出版發行，時任社會部統計長。

周敦禮（1908～1959），字演生，浙江蕭山人。1928 年畢業於上海法學院，後留學德國獲柏林大學博士。曾任溧水、寶應縣長，荷蘭阿姆斯特丹領事等。抗戰期間任浙江省政府秘書兼視察、第三戰區戰地委員、中央設計局委員等，戰後任英士大學法學院院長，1949 年後在邯鄲、邢臺、嘉興、平湖等地任高中老師。著有《國際公法》《國際私法新論》《近百年中國外交史》等，獲獎作品 1944 年由中央訓練團義務勞動高級人員訓練班印行，對戰時勞動政策予以檢討，展望戰後勞動政策的實施，勞工保護是核心。

陳國琛（1894～？）：號寄安，安徽宿松人。1921 年畢業於北京法政專門學校。曾任馮玉祥部上校科長，1934 年任察哈爾省政府參議，此後在福建、廣東、江西、臺灣省政府從事文書檔案工作，並進行文書檔案和行政管理的研究和教學。被稱為民國影響很大的文書檔案改革家，獲獎作品 1946 年 5 月由臺灣新生報社發行（上編曾於 1945 年 10 月由福建永安藝聲印刷所自印）。

三位獲得獎助者除上文提及的蔣明祺外，還有言心哲和張之毅。言心哲（1898～1984），又名榮彰，湖南湘潭人。1919 年畢業於長沙甲種商業學校，勤工儉學留法，1920 年轉赴美國留學，攻讀社會學和經濟學，1928 年獲南加州大學碩士學位。同年回國，任教燕京大學、中央大學、中山大學、復旦大學等，曾任社會學系主任。1952 年院系調整，轉華東師範大學教育系從事翻譯工作。反右運動中因呼籲恢復社會學被劃為右派，晚年曾任中國社會學會顧問、上海社會科學院社會學所特約研究員等。畢生致力於社會調查及社會工作研究，著有《社會調查大綱》《現代社會事業》等。

張之毅有兩位，不知是其中哪一位。年齡較大為經濟史和國際關係史學者張之毅（1911～2003），天津人。1935 年畢業於哈爾濱俄語法政大學，歷任中研院社會科學所助理研究員、副研究員，西北農學院、浙江大學副教授，重慶農本局專門委員等。1946 年留美，翌年獲斯坦福大學經濟學碩士，入約翰·霍普金斯大學進修國際關係。1950 年回國，曾任中科院社會所（經濟所）研究員，駐印度大使館一秘、研究室副主任、印度研究所副所長，外交學院教授等。年紀較小為社會學家張之毅（1914～1987），湖南醴陵人。1939 年畢業於西南聯大歷史社會學系，任雲南大學副教授、代理系主任等，隨費孝通從事社會學研究，著有《易村手工業》《玉村農業和商業》等。1949 年任福建省研究院研究員，後曾任職中央財政經濟委員會統計處、國家統計局農業統計司，中科院經濟所副研究員，中國社科院社會學所副研究員、研究員。

　　第六屆共 7 件作品獲獎，二等獎獲得者除施之勉外，還有馬學良和劉銘恕。**馬學良**（1913～1999），山東榮成人。1938 年北京大學中文系畢業，翌年考入文科研究所，1941 年畢業入職中研院史語所。1949 年任教北京大學，1951 年調中央民族學院。主編有《語言學概論》《漢藏語概論》等，輯有《馬學良民族語言研究文集》。獲獎作品為碩士畢業論文，1951 年以《撒尼彝語研究》為名作為中國科學院語言學專刊第二種，由商務印書館出版，是中國第一部全面研究彝語著作，羅常培稱他「無所依旁作獨立研究，自成系統已屬可貴，且能利用國際音標記錄語言更為美備，論助詞一章尤見功力，對於學術確有貢獻」。

　　劉銘恕（1911～2000），字叔遂，河南息縣人。1932 年中國大學國文系畢業，考入北平師範大學研究院讀研究生，1933 年赴日本早稻田大學習考古學。1936 年回國，任職山東省立圖書館。抗戰爆發後失業，曾任中學教員。1941 年任金陵大學副教授、中國文化研究所研究員，1947 年任國立編譯館編審。1950 年後，曾任南京大學副教授、中科院圖書館館員，鄭州大學教師、資料員、副教授、教授。著名敦煌學家，著有《斯坦因劫經錄》等，輯有《劉銘恕考古文集》。獲獎作品情形見上一章相關內容。

　　三等獎 4 件中 3 件相關歷史。**曾仲謀**，生平不詳，廣東寶安人，日本中央大學畢業，曾任廣東法科學校、廣州人學等校教授，譯有《歷史與經濟組織》。獲獎作品 1942 年作為「廣東省銀行經濟叢刊」由廣東省銀行出版。

　　張秀勤，生平不詳，楊樹達時務學堂同學張葆元之子，曾任湖南大學教授。獲獎作品 1948 年 8 月作為「國立湖南大學叢書」由湖南大學出版，楊樹達作序稱，張秀勤「為人敦篤而好學」，留學日本「攻日本史」，著作「考證詳密，論斷謹嚴，信傑作也」。並指出中國留日者多，而專治日本史者卻無，張著「為之先導」，「此後必有聞風興起者」。

　　寶季良，生平不詳，申請獎勵介紹人為李安宅、蔣旨昂，大概也任職華西協合大學。獲獎作品 1943 年 10 月作為社會部研究室主編的「社會行政叢書」由正中書局重慶出版。

　　徐松石（1900～1999），廣西容縣人，浸信會牧師。1922 年畢業於滬江大學，1930 年留美，獲田納西州立大學歷史學碩士。長期擔任上海崇德女子中學校長，並任滬江大學、之江大學、華東大學等校教授。1957 年赴港定居，任香港浸信會神學院教授等。從事嶺南民族歷史文化研究，著有《基督教的佛

味》《粵江流域人民史》《東亞民族的中國血緣》等。獲獎著作 1946 年由中華書局出版，顧頡剛審查時曾詳細論說：

> 西南部族古代無信史可徵，為國族史上一大缺憾。本書作者研究此問題有年，復親至西南一帶調查，通各族之方言，又證之於史書、筆記及外國學者之論著，以其蓄疑已久，故創獲甚多，一經點破，莫不出人意外，入人意中。將來考古學人種學諸科發達，不難使其若干之假設成為定論也。〔註103〕

獲得獎助的黃貴祥，生平不詳，1933 年畢業於江西南昌鄉村師範學校，在國立社會教育學院工作期間，撰成獲獎作品，1947 年 6 月由貴陽文通書局出版，總結出 1504 個文盲字彙，1949 年教育部作為文盲識字標準課本。1949 年後，曾任南京市教育局中教科長、南京教育學院教務長、曉莊師範學校校長和書記等。

上述社會科學獲獎人與獲獎作品大致簡介，可以得出以下幾點：

第一，作者群體主要畢業於北方的北京大學、清華大學、燕京大學和南方的中央大學（從南京高師到東南大學再到中央大學）、中山大學。但值得注意的一個現象是，中央政治學校（包括前身中央黨務學校）畢業生也不少，特別是其地政學院及其調查研究報告值得「三農」問題研究者重視。

第二，也有不少政府實務部門研究者作品獲獎，如《中國政治制度史》作者曾資生任職軍委會侍從室，《民事訴訟法》《戰時民事立法》作者吳學義擔任立法委員，《田賦徵實概論》作者宋同福是銀行研究員，《古代中日關係研究》作者洪啟翔為軍委會參事室幹事，《政府審計原理》作者蔣明祺是審計部編纂，《桐油》作者嚴匡國任財政部貿易委員會技術處研究員，《文書之簡化與管理》作者陳國琛是文書、檔案實操人員等，似乎說明當日這些部門也有不少學人在其間或從事調查研究，或在總結工作經驗基礎上昇華為理論研究，所取得的成果獲得了學界的廣泛認同。有些成果與工作實務沒有多少關係，如《中國政治制度史》《古代中日關係研究》，這自然是他們業餘致力於研究的結果；有些成果純粹是實務的調查研究，如《田賦徵實概論》《桐油》等。與上一章陳果夫的教育改造作品被學術審議會「槍斃」情狀相較，再次說明學術審議會只看學術成就而不看官場地位與影響。

〔註103〕車行健：《顧頡剛撰於一九四〇年代的幾份學術審查文件》，《國文天地》第 36 卷第 7 期（2020 年 12 月號）。

　　第三，65 位獲獎者居然有曾資生、李顯承、章柏雨、秦宏濟、汪士傑、孟光宇、嚴匡國、劉徵明、孫芳、張質君、郭漢鳴、汪龍、陳國琛、曾仲謀、張秀勤、竇季良、黃貴祥等 17 人生平不很清楚，其中有些人一點信息也沒有。他們作為一個被遺忘和湮滅的群體，比例實在太高，人數實在太多。主要原因可能與政治特別是政權轉換有關，但並不表明作品沒有價值，不少都是相關領域的開創之作，就如第六屆 3 件三等獎作品來說，曾仲謀的《廣東經濟發展史》是研究近代以來廣東經濟發展都需參考的作品；張秀勤的《日本史正名篇》是中國人研究日本史的開山之作；竇季良的《同鄉組織之研究》雖然在一定程度上算不上真正的學術著作，但畢竟是後來所有的同鄉組織研究者都繞不開的里程碑成果，而且幾十年間無人超越。另外，秦宏濟《專利制度概論》是中國第一部專利法著作；汪士傑《里甲制度考略》也是里甲制度研究的奠基性作品。值得專門提及的是，後來曾工作於上海社會科學院的胡元義、宋同福、嚴匡國三人，相比曾擔任過領導職務的獲獎者褚葆一而言，生平信息很是缺乏，新時代社會科學研究機構風尚由此可見一斑。

　　第四，不少作品雖然因各種各樣的原因被掩埋被遺忘，但隨著社會歷史的發展，又不斷被再發現與被重新定位，顯現其價值，被不斷重版、翻印等等。如胡元義《破產法》、羅廷光《教育行政》、王伊同《五朝門第》、彭雨新《縣地方財政》、李安宅《邊疆社會工作》等。

　　第五，因處於抗戰時期，除一些相關現實的研究具有非常重要的現實意義外，不少純粹的學術研究作品也有意識地宣揚民族精神與愛國情懷，具有強烈的經世致用意識。這雖然一方面表達了學者的情感與情懷，但從學術研究本身應具有的真理追求本質屬性、學術獨立的角度看，似乎有值得反思的地方。

　　第六，生平不詳 17 人中嚴匡國、黃貴祥留居大陸外其他人情況不明，周蔭棠政權鼎革時已去世，其他 47 人中有全漢昇、張印堂、張金鑑、羅香林、蕭一山、簡又文、張德粹、藍文徵、施之勉、王伊同、姜琦、吳康、徐松石等13 人離開大陸，比例高達 27%。生平不詳者中離開大陸者比例可能更高。

　　65 位獲獎者作為一個不小的學者群體，在中國近代學術發展史的地位與意義值得多角度、多方位的考察研究，這些獲獎作品在中國近代學術發展史的地位、貢獻與意義，也需要進一步的思考與發掘。

　　從人文社會科學設立的獎勵類別，可以清楚地看出當時學術界對學科門類的認知與今天有很大的不同。今天學科設置中的「馬克思主義‧科學社會主

義」「黨史・黨建」在當時不見蹤影，雖然有三民主義、孫文學說或總裁理論的研究，但不是歸入哲學就是進入社會科學。以社會科學囊括今天所謂的理論經濟學、應用經濟學、政治學、社會學、法學、國際問題研究、中國歷史、世界歷史、考古學、民族問題研究、宗教學、新聞與傳播學、圖書情報學、人口學、教育學等學科〔註104〕；將文學、哲學和美術作為與社會科學並列的門類，表明了當時學術界的學科認知。正如上面所言，將古代經籍研究專門列出，表現了當時學界對傳統學問研究的重視。另外，整個人文社會科學類別，無論是文學、哲學還是社會科學，獲獎作品中以歷史研究最多，即使是美術類作品也有相關音樂史的研究著作（具體見第六節），說明當時對各門學科歷史研究的重視。因此，楊樹達得知他獲得第一屆二等獎時，在日記中有如下記載：

> 報載教育部學術審議會獎勵著作名單：一等獎兩人，為華羅庚、馮友蘭，二等獎十人，首金岳霖，次為余；三等17人，有陳銓、黎錦熙、陸懋德、羅倬漢等。二十九人中屬之史科目者十一人。〔註105〕

人文社會科學學科類別的設定及其獲獎成果對歷史研究的重視，一方面可能表徵了當時中國學術發展水平的情狀，但在更大程度上說明了處於新陳代謝過程中的中國近代學術發展的複雜性，傳統與近代、新與舊、四部之學與分科之學等相互糾纏、交織在一起。

四、彪炳史冊的自然科學

與人文社會科學有文學、哲學、古代經籍研究、社會科學這樣的學科分類不同，科學技術不是按數學、物理、化學、天文、氣象等學科分類，而是按照純粹研究、應用研究與技術發明進行劃分，分為自然科學、應用科學與工藝製造三個類別。科學技術總共有130件作品正式獲獎，27件作品獲得獎助，其中一等獎9件、二等獎50件，獲獎等第遠遠超過人文社會科學。

自然科學類共有61件作品正式獲獎、10件獲得獎助，其中一等獎8件、二等獎22件，無論是一等獎還是二等獎數量都是各類最高。一等獎數目超過整個獎勵一等獎總數一半，第二、三屆各3件，超過了每類1件的規則規定，二等獎、三等獎數量也超過了規定。自然科學成果獲得這樣高度認同，是對當

〔註104〕學科門類以「全國哲學社會科學規劃辦」的劃分為標準，但不包括「語言學」，語言學被歸入文學。

〔註105〕楊樹達：《積微翁回憶錄》第185頁。

時各門相關學科發展的肯定，也是抗戰期間中國科學界克服各種困難堅持科學研究的顯現。因此教育部曾報告說：「各類得獎者以自然科學為最多，……足徵國人對於科學研究已有顯著之進步。」〔註106〕自然科學包括天文、氣象、數學、物理、化學、生物、地質、體質人類學和心理學等學科，61 件正式獲獎作品學科分類統計如表 6-2。

表 6-2　自然科學類獲獎作品學科類別及獲獎等第一覽表

等　第	一等獎	二等獎	三等獎	合　計
氣　象		5		5
天　文			1	1
地　質	1	2	3	6
數　學	4	4	7	15
物　理	2	5	1	8
化　學		3	5	8
生　物		3	13	16
人類學	1			1
心理學			1	1
合　計	8	22	31	61

可見，生物學獲獎作品最多有 16 件、數學名列第二有 15 件、物理學和化學各 8 件、地學（包括古生物學、地理）6 件、氣象 5 件，天文、人類學和心理學各 1 件。值得指出的是，天文作品王易《歲差考實》屬於傳統曆法研究。數學、物理、氣象和人類學獲獎等第較高，一等獎 8 件中數學占一半，物理 8 件中一等獎 2 件、二等獎 5 件，氣象學 5 件作品全是二等獎，人類學一件為一等獎；與此相對應的是，生物學 16 件作品中三等獎有 13 件之多，化學 8 件作品中無一等獎，二等獎有 5 件，從獲獎等第分布看，似乎只有地質較為正常。這一學科分布情狀從側面反映了抗戰期間各門科學的發展現狀：即數學發展很快，其他學科特別是戰前已有相當發展基礎的物理學、地質學和生物學都受到了戰爭的極大影響。因此任鴻雋 1944 年說：

〔註106〕　杜元載：《抗戰時期教育》，中國國民黨黨史史料編纂委員會編《革命文獻》第 58 輯，第 344 頁。

我們國內的數學近年也有驚人的發展。這大約是抗戰期間，實驗
科學多受影響，而數學一門較易進行的原故。目下我們的幾個數學專
家如華羅庚、陳省身等，都被外國的數學大師約去共行研究。將來對
於我國的數學，乃至於對於全體科學，有極好的影響是不用說的。……
〔抗戰〕八年中，一切科學研究皆大受損失。有的科學如地質學、生
物學等，雖勉強進行，而實際增加無數困難。有的科學，如天文、物
理、化學等，因儀器的損失與藥品的缺乏，根本上無從進行。〔註107〕

生物學獲獎等第較低，可能與民國生物學的發展主要以分類學、形態學
等所謂「調查生物學」有關。相比較而言，民國發展最為成熟、成就也最大
的地質學獲獎成果數量卻較少，即使受到抗戰影響（實地調查不易），獲獎成
果也不至於如此稀缺，其原因待考〔註108〕。另外，在獲獎者中，有王福春、
蕭之的、張宗燧、馬廷英四人兩次獲獎，王福春第一次獲得三等獎，第二次
獲得第六屆唯一的一等獎，可惜獲獎不久就英年早逝；蕭之的是華中大學生
物系教授，他兩次獲獎都是三等獎，一次為動物學論文，一次為《洱海的理
化性質》；張宗燧、馬廷英都是前一次正式獲獎、後一次獲得獎助。各屆具體
獲獎名單如下：

第一屆：**一等獎**華羅庚《堆壘素數論》；**二等獎 3 件**，許寶騄
《數理統計論文》、張宗燧《對於合作現象之貢獻》、涂長望《中國
氣候之研究》；獎助李非白和楊復曦《蠕蟲透明標本製做法》。

第二屆：**一等獎 3 件**，蘇步青《曲線射影概論》、周培源《激流
論》、吳大猷《多元分子振動光譜與結構》〔註109〕；**二等獎 6 件**，
周鴻經《傅氏級數之可和性因子等論文》、鍾開萊《對於幾率論與數
論之貢獻》、馬仕俊《原子核及宇宙射線之間子理論》、呂炯《西藏
高原與今古氣候》、孫雲鑄《中國古生代地層之劃分》、盧於道《腦
的研究》；**三等獎 6 件**，朱汝華《關於分子重排及有機綜合論文》、
馮景蘭《川康滇銅礦紀要》、劉建康《淡水門魚試養於鹽水之成功及

〔註107〕 任鴻雋：《五十年來的科學》，樊洪業等編《科學救國之夢——任鴻雋文存》，
上海科技教育出版社，2002 年，第 587 頁。
〔註108〕 正如第二章所示，地質學內部學術評議與獎勵機制相對完善，已形成比較成熟
的體系。這難道是地質學界不願意或不積極參與教育部學術評議的原因之一？
〔註109〕 著作為英文 *Vibrational Spectra and Structure of Polyatomic Molecules*，現通行
譯名為《多原子分子的結構及振動光譜》。

其理論根據》、方文培《峨眉植物圖志》、薛芬（1）《鲱魚魚群之研究》（2）《鯽魚鯉魚之統計研究》、黃翼《兒童物理因果觀念》；**獎助4件**，趙廷炳《陰離子分析法》、嚴楚江《荔枝龍眼維管束解剖之初步》和《蕭山楊梅花果之構造與發生》、侯學煜《貴州中北部之土壤》、朱壬葆《脊椎動物內分泌生理論文》。

第三屆：**一等獎3件**，陳建功《富里級數之蔡荼羅絕對可和性論》、楊鍾健《許氏祿豐龍（應分獎金三分之一與發現者卞美年）、吳定良《人類學論文七篇》；**二等獎7件**，李華宗《方陣論》、王竹溪《熱學問題之研究》、張青蓮《重水之研究》、李方訓《離子半徑與其在水溶液中之物理化學性質》、王葆仁《子位胺酸之新綜合法》、馬廷英《古氣候與大陸漂移之研究》、趙九章《大氣之渦旋運動》；**三等獎8件**，王福春《富里級數之平均收斂》、盧慶駿《富里級數之求和論》、熊全治《曲線及曲面之射影微分幾何學》、趙廣增《高能電子穿越物質》、羅建本《關於有機化學論文十五篇》、蕭之的《關於動物學論文四篇》、曲仲湘《西康泰寧附近草地之初步觀察》、倪達書《海南島之雙鞭毛蟲六雙半球蟲屬詳志》；**獎助**張宗燧《物質點在電磁場中之能量動量張量》。

第四屆：**二等獎3件**，朱炳海《本國鋒之消長與氣旋》、鍾盛標《用新石英腐蝕圖及其應用於電軸之測定與結晶缺點之檢驗》、孫逢吉《青苔屬若干分類特徵之評價及本屬分類系統之建議》；**三等獎8件**，劉之遠《遵義縣團溪之錳礦》、高尚蔭《苕子根瘤細菌之研究》、張素誠《曲線與曲面射影微分理論之新基建》、吳祖基《曲面之附屬二次曲面系統》、蔡啟瑞（1）《低級脂酸混合物中有機酸準確速測法》（2）《有機酸之測定電位法》、李瑞軒《血漿抗溶血系統之研究》、王易《歲差考實》、蔡金濤《展開一般行列式》；**獎助**馬廷英《泥盆紀氣候及當時諸大陸相對位置論》。

第五屆：**二等獎**馬大猷《建築中聲音之漲落現象》；**三等獎6件**，鄭作新《三年來邵武鳥類野外觀察報告》、吳大榕《同步機常數之理論分析》、吳浩青《芳香氨基醛及氨基酮之新合成法》、梁樹權《分析化學論文四篇》、胡秀英（1）《成都生草藥用植物之研究》（2）《冬青科植物一新種》、蕭之的《洱海之理化特性》；**獎助3件**，陳正祥

《中國之霜期》、毛宗良《艾白之解剖》、陸德慧《新式珠算除法》。

　　第六屆：**一等獎**王福春《三角級數之收斂理論》；**二等獎 2 件**，何景《蘭州植物志》、盧鋆《中國氣候圖集》；**三等獎 3 件**，吳達璋《武功棕色金龜子之研究》、周堯《斑衣蠟蟬之研究》、鄭勵儉《四川新地志》。

　　第一屆華羅庚（1910～1985）《堆壘素數論》完成於 1940 年，未能立即出版，而是以手稿形式獲得一等獎。其成就很快得到國際學術界的承認，蘇聯科學院院士、國際著名數學家維諾格拉多夫得到華羅庚所寄手稿後，表示戰後立即出版。1947 年，該書以俄文版首次面世。1953 年，中文版以中科院數學研究所專刊甲種第 1 號由中國科學院出版。1959 年，先後出版德文本和匈牙利文本；1965 年又被譯成英文；以後還有日文版發行。一本數學著作，有如此多種文字出版，其影響不言而喻。熊慶來當年的審查意見值得引述於下：

　　　　堆壘數論之研究，始於英國之大數學家 Hardy 與 Littlewood 二
　　　　氏，其說咸基於未經證明之 Riemann 假定。捨該假定而立論，以期
　　　　得根本正確結果之工作，則蘇聯大數學家 Vinogradov 氏實開其端，
　　　　而華君集其成。所研究主要問題中素數中巒數之聯立方程式的討論，
　　　　則始於華君，進而為精深之研究者，亦惟華君。所論三角函數和中
　　　　之一著名問題，乃堆壘數論之重要工具，當代大數學家 Weyl，Hardy，
　　　　Littlewood，Vinogradov 及 Mordell 諸氏，均有甚深之研究，而華君
　　　　所得結果，較諸氏為憂，且據稱為至佳者云。又華君關於著名
　　　　Goldbach 問題及為堆壘數論之基礎之 Mean value theorem 定理，均
　　　　有超卓之結果。此其貢獻之犖犖大者，其他創獲之結果甚多。書□
　　　　提出□為有趣之問題，可為致力於此者之導線，亦屬可貴。〔註110〕

　　許寶騄（1910～1970）被公認為是數理統計和概率論方面第一個具有國際聲望的中國數學家，他親歷了數理統計這門學科的發展，並在其間做出了巨大的貢獻。因此，他自然看重數理統計方面的研究成果，對於華羅庚獲得一等獎後輿論對數論研究的鼓吹，他也曾有所不滿〔註111〕。他們兩人後來都年紀

〔註110〕《教育部舉辦民國三十年度著作發明及美術獎勵經過述要》，《高等教育季刊》第 2 卷第 2 期（1942），第 108 頁。

〔註111〕據徐利治回憶說，許寶騄曾說數學中重要的東西多得很，數論不過是數學的一個分支而已。徐利治口述，袁向東、郭金海訪問整理《徐利治訪談錄》，第217 頁。

輕輕就當選首屆中研院院士，獲獎可謂實至名歸。

張宗燧（1915～1969），張東蓀之子，浙江杭縣人。1930 年考入燕京大學物理系，翌年轉清華大學物理系，1934 年畢業，隨吳有訓讀研究生。1936 年庚款留英，1938 年獲劍橋大學博士，曾在哥本哈根大學理論物理所、瑞士高等工業學校與玻爾、泡利等共同研究。1939 年回國，任中央大學教授。1945～1948 年在英國劍橋大學、美國普林斯頓高等研究院等從事研究與任教。回國後任北京大學物理系教授。1952 年院系調整，任北京師範大學教授。1956 年調任中科院數學所研究員、理論物理研究室主任。文革開始後，深受迫害，1969 年 6 月 30 日，不堪受辱自殺。致力於統計物理和量子場論研究，在合作現象特別是固溶體的統計理論方面做出重大貢獻，對建立量子場論的形式體系特別是高階微商、高自旋粒子場論研究達到國際先進水平，1957 年當選學部委員。〔註 112〕時任中央大學教授，年僅 26 歲，獲獎作品發表在美國物理化學雜誌和英國皇家學會雜誌，是其統計物理研究代表性成果；後來還以《物質點在電磁場中之能量動量張量》獲得第三屆獎助，是量子場論研究的成果之一。

涂長望（1906～1962），湖北漢口人。1929 年畢業於滬江大學科學系。1930 年留英，先後入倫敦大學政治經濟學院學經濟地理、理工學院習氣象學、利物浦大學讀地理學，獲理學碩士。1934 年回國，曾任中研院氣象所研究員，清華大學、浙江大學、中央大學教授。1949 年後，任中央軍委氣象局、中央氣象局局長等。中國近代氣象科學事業開拓者，開創長期天氣預報研究，首次提出東亞季風進退的階段性與突變性，1955 年當選學部委員。

對於許寶騄、張宗燧、涂長望等三位二等獎作品，報導有如是評說：「張氏之作，專家評為有創見及有獨到之處；許氏對於統計學理，能精深窮研，發隱顯微；塗氏對於我國氣候區域與氣團性質，頗多貢獻，其利用統計方法及氣象智識，求得我國水旱先期預測之公式，誠為我國氣象學界有數之佳構也。」〔註 113〕

獎助作品由李非白和楊復曦合作完成。李非白（1912～1986），浙江樂清

〔註 112〕　中國科學技術協會編：《中國科學技術專家傳略・理學編・物理學卷 2》，中國科學技術出版社，2001 年，188～196 頁。以下傳記資料多源於這套傳記叢書，也有其他傳記辭典等，不一一注明。

〔註 113〕　《教育部舉辦民國三十年度著作發明及美術獎勵經過述要》，《高等教育季刊》第 2 卷第 2 期（1942），第 108 頁。

人，寄生蟲病學家。1938 年畢業於浙江省立醫藥專科學校，追隨洪式閭在杭州熱帶病研究所、江蘇醫學院工作，歷任助教、講師、副教授。1949 年後，歷任浙江醫學院研究員、室主任、寄生蟲病研究所所長、副院長等。時任職江蘇醫學院，獲獎作品為李非白與技師楊復曦合作，1941 年發表在杭州熱帶病研究所刊物上，後譯為英文在 1945 年第 156 卷《自然》發表。楊復曦，生平不詳，時任職江蘇醫學院，後在徐州醫學院工作，曾任學校首屆工會主席，在血吸蟲病防治方面甚有作為。

第一屆正式獲獎等第都較高，獲獎 4 人中兩人當選首屆中研院院士、都當選學部委員，他們對中國近代科學發展可謂功勳卓著。與首屆區區 4 件作品相比，第二屆一下子增加到 15 件之多。一等獎獲得者蘇步青、吳大猷是首屆中研院院士，周培源是正式候選人。

《曲線射影概論》是蘇步青（1902～2003）1937 年後四年成果的彙集，1942 年曾用英文寫成，但直到 1954 年才以中科院數學所專刊甲種第 2 號出版。

抗戰期間周培源（1902～1993）帶領林家翹〔註114〕等學生從事流體力學的湍流研究，取得了極大的成就，他通過提出脈動方程建立了普通湍流理論，並給出了求解湍流運動方程的具體方法。〔註115〕獲獎作品為這一理論成果的展現。

吳大猷（1907～2000）為北京大學四十週年校慶而作的 *Vibrational Spectra and Structure of Polyatomic Molecules* 出版後激起強烈反響，成為該領域最權威著作，曾獲得中研院丁文江獎金，美國核物理學家愛德華·康頓（Edward Uhler Condon）將該書列入他主持叢書中出版，在國際上擴大了影響，為吳大猷贏得了不少的「粉絲」。〔註116〕

二等獎 6 件作品中數學 2 件、物理 1 件、氣象 1 件、地質 1 件、生理學 1

〔註114〕 林家翹（1916～2013）：福建福州人，生於北京。1937 年畢業於清華大學物理系，留校任教。1940 年英庚款留學，入加拿大多倫多大學，後轉美國加州理工學院，1944 年獲博士，留校任教。1945 年任教布朗大學，1947 年起任教麻省理工學院。2002 年回國定居，任清華大學周培源應用數學中心名譽主任。以流體力學、應用數學研究享譽世界，1958 年當選中研院院士、1962 年榮膺美國科學院院士。

〔註115〕 董光璧：《中國現代物理學史》，山東教育出版社，2009 年，第 140 頁。

〔註116〕 美國第 36 任總統約翰遜的科學顧問霍尼格（Donald Hornig，曾任布朗大學校長）、國際純粹與應用化學聯合會會長湯普森爵士（Sir H. W. Thompson）等都曾深受吳大猷書的影響。吳大猷《回憶》，中國友誼出版公司，1984 年，第 44～45 頁。

件。學科分布較廣。周鴻經（1902～1957），字繪閣，江蘇銅山人。1927 年畢
業於東南大學算學系，曾任教廈門大學、清華大學。1934 年留英，1937 年獲
倫敦大學科學碩士回國。任中央大學數學系教授、師範學院數學系主任、理學
院數學系主任、訓導長等。1945 年任教育部高等教育司司長。1948 年回中央
大學，歷任教務長、校長，曾當選立法委員。1949 年 6 月赴廣州任中研院總
幹事，赴臺後曾兼任中研院數學所所長等。在傅里葉級數和冪級數上有重要
貢獻，時任中央大學教授，獲獎作品發表於倫敦數學會期刊。

鍾開萊（1917～2009），浙江杭縣人，生於上海，世界公認的二十世紀後
半葉「概率學界教父」。1940 年西南聯大數學系畢業，留校任教，師從許寶
騄，研究數理統計與概率論。1945 年留美，1947 年獲普林斯頓大學博士，先
後任教雪城大學、斯坦福大學。獲獎作品發表於法國科學院報告及美國數理
統計年報。

馬仕俊（1913～1962），字君邁，四川會理人，生於北京。1935 年畢業於
北京大學物理系，隨吳大猷讀研究生。1937 年留英，1941 年獲劍橋大學博士。
回國任西南聯大教授，1946 年赴美，先後在普林斯頓高等研究院、都柏林高
等研究院、芝加哥大學、加拿大國家研究院、悉尼大學從事研究與教學，1962
年農曆新年在悉尼自殺。〔註 117〕對介子場理論和量子電動力學貢獻甚大，楊
振寧當年隨他學習場論。時仁西南聯大教授，獲獎作品發表於英國皇家學會雜
誌和劍橋科學雜誌等。

呂炯（1902～1985），字蔚光，江蘇無錫人，海洋氣象與農業氣象學家。
1926 年畢業於東南大學地學系，曾在中研院氣象所工作。1930 年留德，先後
在柏林大學、漢堡大學研修氣候學、海洋學等。1934 年回國，曾任中研院氣
象所研究員、代理所長，浙江大學教授等，1943 年任中央氣象局局長。1950
年任中科院地球物理所研究員、氣象研究室主任等。時任中央氣象局局長、中

〔註 117〕對於馬仕俊 1962 年 2 月 5 日農曆新年的突然自殺，胡適在日記中有長長一
段的哀悼：「寫信給吳大猷，剪報上的馬仕俊死耗給他看。我在信裏提到一九
四八年中基會捐二十五萬美元為幾個大學的『復興』經費：北京大學十
萬，……把十萬元全給物理系為建立『現代物理學』之用。當時饒樹人主持
北大物理系，請吳大猷在美國主持籌劃延聘物理學人才，集中北大，建立一
個現代物理的中心。吳健雄、張文裕、胡寧、馬仕俊都在我們這個計劃之
中。……不幸這個好夢絲毫沒有實現，我就離開北大了。……我在信上說到
這件事，說：可惜國家白白浪費了十三四個年頭！」曹伯言整理《胡適日記
全編》第 8 冊，第 815 頁。

研院氣象所代理所長，獲獎作品發表於《氣象學報》。

中國古生物學奠基人之一孫雲鑄，時任西南聯大地質學教授、地質地理氣象學系主任，後曾正式候選首屆中研院院士，獲獎作品不詳。盧於道（1906～1985），字析薪，浙江鄞縣人。1926 年畢業於東南大學心理學系。留美入芝加哥大學攻讀神經解剖，1930 年獲博士。曾任上海醫學院副教授、中研院心理所研究員、復旦大學教授、中國科學社總幹事等。九三學社發起人之一，曾任九三學社中央副主席、上海市科協主席、上海市政協副主席等。中國神經解剖學奠基人之一，致力於人腦、哺乳動物腦組織與結構研究，尤其對大腦皮層的生成發育及機能有精深研究。獲獎作品不詳，大概是他相關人腦研究的論文合集。

三等獎 6 件作品中，化學、地質礦產、心理學各 1 件，生物學 3 件。時任西南聯大化學系教授的朱汝華（1906～1991），後正式候選中研院院士，專長有機化學研究。地質學家馮景蘭（1898～1976）字淮西、懷西，馮友蘭弟弟，馮沅君的哥哥，一家三兄妹都獲得教育部獎勵，可以稱得上「佳話」。1918 年北京大學肄業公費留美，先後就讀科羅拉多礦業學院和哥倫比亞大學，1923 年獲碩士。回國先後任中州大學教授、兩廣地質調查所技正，北洋大學、清華大學和西南聯大教授，曾兼任雲南大學工學院院長和採礦系主任。戰後復員任清華大學教授。1952 年院系調整任北京地質學院教授。中國礦床學奠基人之一和著名地貌學家，提出「封閉成礦學說」和「丹霞地貌」概念，1957 年當選學部委員。獲獎作品 1942 年出版，對西南銅礦的地理分布、成礦時間、走向與構造及礦物成分都有分析，推論其成礦原因並估算了儲量。

劉建康（1917～2017），江蘇吳江人。1938 年畢業於東吳大學生物系，入中研院動植物所隨伍獻文讀研究生，畢業留所工作，1945 年升副研究員。1946 年留學加拿大，1947 年獲麥吉爾大學博士。1949 年回國，曾任中研院動物所研究員，中科院水生生物所研究員、所長等。中國淡水生態學奠基人之一、魚類實驗生物學主要開創者，1980 年當選學部委員。時任中研院助理員，獲獎作品發表於中研院動植物所集刊。

方文培（1899～1983），字植夫，四川忠縣人。1927 年畢業於東南大學生物系，入中國科學社生物研究所隨錢崇澍讀研究生。1934 年留英，1937 年獲愛丁堡大學博士。回國後任四川大學生物系教授，曾兼任中科院植物所研究

員。植物分類學家，在槭樹科、杜鵑花科分類研究上貢獻卓著。獲獎作品 1942 年由四川大學出版第 1 卷第 1 號，此後又相繼出版第 1 卷第 2 號、第 2 卷第 1 號和第 2 號。

薛芬（1905～1948），字仲薰，江蘇無錫人，中國海洋學奠基人之一。1929 年畢業於清華大學生物系，留校任教。1936 年留英，1938 年獲利物浦人學博士。曾任西康國立技藝專科學校水產科籌備主任、四川農業改進所技正、復旦大學生物教授兼主任，1946 年在復旦大學生物系創立海洋學組，1948 年赴英講學途中病故。

黃翼（1903～1944）是唯一獲得獎勵的心理學家，字羽儀，福建思明人，現代兒童心理學家。1924 年清華學校畢業留美，先後就讀斯坦福大學、耶魯大學，1930 年獲博士。回國後一直擔任浙江大學心理學教授，通過實驗研究支持皮亞傑的理論，著有《兒童繪畫之心理》《兒童心理學》等。獲獎作品發表於美國 *Journal of Genetic Psychology*。

第二屆還有 4 人獲得獎助。趙丹若（1892～1966），原名廷炳，浙江嘉善人。1918 年畢業於北京大學化學系，留校任教，曾兼任北京女子師範大學理科主任、化學系主任等，1927 年任浙江大學教授。1930 年留美，1933 年獲康奈爾大學博士。回國後任中央大學教授，1949 年 8 月任復旦大學化學系教授，文革中被批鬥致死。長期從事分析化學研究，在國際上首次提出陰離子系統分析方法。獲獎作品作為中央大學叢書 1944 年出版。

以兩篇論文獲得獎助的嚴楚江（1900～1978），湖北武昌人。1926 年畢業於東南大學，留校任教。1929 年留美，1932 年獲芝加哥大學博士。回國後任中央大學、北平師範大學、河南大學、雲南大學、中正大學等校教授，曾任生物系主任、理學院院長等。1949 年後，曾任北京師範大學、雲南大學、廈門大學教授。

侯學煜（1912～1991），安徽和縣人。1937 年畢業於中央大學農業化學系，任中央地質調查所土壤研究室練習員、調查員、研究員。1945 年留美，1949 年獲賓夕法尼亞州立大學博士。1950 年回國，任中科院植物分類所（植物所）研究員、植物生態研究室主任等。中國植物生態學和地植物學開拓者之一，1980 年當選學部委員。時任中央地質調查所調查員，獲獎成果發表於該所主辦的《土壤專報》第 22 號（1941 年）。

朱壬葆（1909～1987），浙江金華人。1932 年畢業於浙江大學心理系，留校任教。1936 年留英，1938 年獲愛丁堡大學博士。曾任金陵大學農學院、中央大學醫學院、上海醫學院教授等。1951 年調軍事醫學科學院，歷任放射醫學研究所研究員、副所長，院學術委員會副主任等。長期從事內分泌生理研究，在性激素的功能，垂體、甲狀腺、性腺之間的關係等方面有不少發現，1980 年當選學部委員。

第二屆獲獎者成就也非常突出，19 人中除英年早逝的薛芬、黃翼外，蘇步青、吳大猷當選首屆中研院院士，蘇步青、周培源、孫雲鑄當選 1955 年學部委員，馮景蘭當選 1957 年學部委員，劉建康、侯學煜、朱壬葆榮膺 1980 年學部委員，其他朱汝華、鍾開萊、馬仕俊在海外也取得重大成就，影響較大。

第三屆獲獎作品最多，共有 19 人 18 件作品獲獎，另有張宗燧獲得獎助。一等獎三人楊鍾健、吳定良是首屆中研院院士，陳建功是正式候選人。作為中國函數論學科奠基人與開拓者，**陳建功**（1893～1971）在傅里葉級數方面研究精深，獲獎作品就是相關方面成果，發表於英美數學雜誌。**楊鍾健**作為中國地質學第二代代表，其成就在第二章已有較為詳細的介紹。其作品雖獲得一等獎，但他並不認為這是他的代表作。與楊鍾健共享三分之一獎金的卞美年，也是著名的地質學家，簡介亦參見第二章。吳定良（1894～1969）是中國體質人類學第一人，獲獎作品發表在中研院人類學集刊。

二等獎 7 件中，數學 1 件，物理 1 件，化學 3 件，地質和氣象各 1 件。李華宗（1911～1949），廣東新會人。1933 年畢業於中山大學天文算學系，任教廣西大學。1935 年留英，1937 年獲愛丁堡大學博士，旋在巴黎大學訪問研究。翌年回國，歷任四川大學、武漢大學教授，中研院數學所研究員。陳省身稱他是「一位富於開創性的微分幾何學家」，在克黎福德代數、二次型、量子力學的埃爾米算子等領域都有貢獻。

王竹溪（1911～1983），名治淇，以字行，湖北公安人。1929 年入清華大學土木工程系，翌年轉物理系，1933 年畢業，入研究院隨周培源研究湍流理論，1935 年畢業。同年留英，入劍橋大學攻統計物理學，1938 年獲博士。歷任西南聯大教授，清華大學教授、物理系主任。1952 年院系調整，任教北京大學，曾任理論物理研究室主任、副校長等。從事熱力學、統計物理學、數學物理等方面研究，在湍流尾流理論、吸附統計理論、超點陣統計理論、熱力學平衡與穩定性等領域取得重要成就，1955 年當選學部委員。王竹溪當年曾被目為與華羅

庚一樣的天才〔註118〕，其獲獎作品民間輿論認為可以獲得一等獎。〔註119〕

　　張青蓮（1908～2006），江蘇無錫人。1930年畢業於光華大學化學系，翌年考取清華大學研究生，隨高崇熙研習無機化學，1934年畢業。同年留學德國，1936年獲柏林大學博士，旋在瑞典物理化學所訪問研究。1937年回國，歷任中研院化學所副研究員、光華大學教授、西南聯大教授、清華大學教授等。1952年院系調整，任教北京大學，曾任化學系主任等。無機化學家，對同位素化學造詣尤深，中國穩定同位素學科奠基人和開拓者，1955年當選學部委員。時任西南聯大教授，獲獎作品為發表於國內外學術雜誌論文合集。

　　李方訓（1902～1962），江蘇儀徵人。1925年畢業於金陵大學化學系，留校任教。1928年留美，1930年獲西北大學博士。歷任金陵大學教授、理學院院長、校長，1952年院系調整，任教南京大學，曾任副校長等。長期從事電解質溶液性質及理論的研究，1955年當選學部委員。時任金陵大學教授，獲獎作品發表於《中國化學會會志》。

　　王葆仁（1907～1986），字愛予，江蘇江都人。1926年畢業於東南大學化學系，留校任教。1933年留英，1935年獲倫敦大學帝國學院博士，赴德國慕尼黑高等工業大學研究。1936年回國，任同濟大學理學院院長兼化學系主任，1941年轉任浙江大學化學系主任。1951年調中科院，曾任有機所研究員兼副所長、化學所研究員兼副所長等。中國有機化學先驅者和高分子化學主要奠基人之一，1980年當選學部委員。時任浙江大學教授，獲獎作品為合成磺胺新衍生物藥物研究成果。

　　馬廷英（1899～1979），字雪峰，遼寧金縣人。早年留日，1927年畢業於

〔註118〕1939年12月12日，北平研究院史學研究所主持人徐炳昶與物理學家錢臨照聊天，「知中國近年有二天才：一金壇華羅庚，係一少年數學家；一湖南王竹溪，係一少年物理學家；均對於學術很有貢獻」。可見，當時學界對王竹溪之期許。《徐旭生文集》第九冊，中華書局，2021年，第1055～1056頁。

〔註119〕第三屆評獎結果一議決，參加會議的學術審議會委員吳有訓立馬致函張青蓮說：「今日上午決定，吾弟得二等獎金，謹賀！同等尚有九章。因名額所限，竹溪書改列二等。」（劉民鋼、蔡迎春主編《文化抗戰珍檔：抗戰文化的崛起民族精神的吶喊》，上海書店出版社，2019年，第252頁）可見，第一，參與評獎者都非常關心評獎結果，「朝中有人」可以立馬得到消息；第二，王竹溪作品《熱學問題之研究》可能審查專家意見是一等獎，大家議論也認為應獲一等獎，但名額所限，只能與張青蓮、趙九章作品「改列二等」。第三屆一等獎有哲學湯用彤，社會科學陳寅恪，自然科學陳建功、楊鍾健、吳定良和應用科學一件共六件之多，與六屆共僅15件相比，實在是太多了。

東京高等師範學校,考入東北帝國大學地質系,1936 年獲博士。歷任中央地質調查所研究員、中國地理研究所研究員兼海洋組組長。1945 年赴臺,曾任臺灣大學地質系主任、臺灣海洋研究所所長等。海洋地質學家、古生物學家,致力於珊瑚化石的生長節律、古氣候和大陸漂移研究。獲獎作品為 1943 年在福建永安印行的發表馬廷英個人研究成果的系列專刊,當時計劃 8 篇 8 冊,當年印行 3 篇 3 冊,第一篇為《奧陶紀氣候及當時歐亞與北美大陸相對位置論》,第四屆獲得相當於二等獎獎助的《泥盆紀氣候及當時諸大陸相對位置論》為第三篇。到 1966 年,該專刊共印行 19 篇 19 冊。

趙九章(1907～1968),浙江吳興人,生於河南滎陽。1933 年畢業於清華大學物理系,留校任教。1935 年留德,1938 年獲柏林大學博士。歷任清華大學、西南聯大教授,中研院氣象所代理所長、所長。1949 年後,曾任中科院地球物理所所長、衛星設計院院長等。文革中不堪受辱,1968 年 10 月 26 日自殺。大氣物理、地球物理和空間物理學家,中國人造衛星事業的倡導者和奠基人之一,畢生致力於大氣、地球及空間科學研究,推動了中國動力氣象、大氣環流、數值天氣預報、空間科學技術等多學科發展,1955 年當選學部委員。

7 位二等獎獲得者都為中國科學事業的發展作出了重要的貢獻,除英年早逝的李華宗、去臺的馬廷英,其他 5 人都當選為學部委員。8 件三等獎作品中數學 3 件,獲獎人都與浙江大學密切相關,另有物理 1 件、化學 1 件、生物 3 件。王福春(1901～1947),字夢強,江西安福人。1922 年入武昌高等師範理化系,後轉數學系,師從陳建功,1927 年畢業,留校任教。1929 年留日,入東北帝國大學研習數學,1936 年回國。曾任暨南大學、西北農林專科學校、浙江大學教授,中正大學教授兼數學系主任。致力於傅里葉級數與黎曼ζ函數的研究,時任浙江大學教授,獲獎作品發表於國外數學雜誌。後又以《三角級數之收斂理論》獲得第六屆唯一一等獎,是數學學科唯一兩次獲獎者。

盧慶駿(1913～1995),江蘇鎮江人。1935 年畢業於浙江大學數學系,留校任教,歷任助教、講師、副教授。1946 年留美,1949 年獲芝加哥大學博士。同年回國,任浙江大學數學系主任。1952 年院系調整,任復旦大學數學系教授。1953 年調哈爾濱軍事工程學院,曾任數學教研室主任、科研部副部長等。1964 年後,曾任國防部第五研究院、七機部、航天部、航空部等單位分院副院長兼研究所所長、總工程師等。數學家、導彈與航天技術專家,專長於傅里葉級數研究,後轉導彈試驗學、可靠性和精度分析。時任浙江大學講師,獲獎

作品發表於國外數學雜誌。

熊全治（1916～2009），江西新建人，微分幾何學家。1936年畢業於浙江大學數學系，留校隨蘇步青從事微分幾何研究，後升任副教授。1945年留美，1948年獲密西根大學博士，曾短期任職於伊利諾理工學院、哈佛大學，後任裏海大學教授。時任浙江大學講師，獲獎作品發表於國外數學雜誌。

趙廣增（1902～1987），河北安國人。1930年畢業於北京大學物理系，留校任教。1936年留美，1939年獲密西根大學博士。翌年回國，任中央大學教授，1946年任北京大學教授，曾兼物理系主任、中科院應用物理所研究員等。從事氣體導電光譜學、原子和分子的高分辨光譜學等方面研究。

羅建本（1915～1994），廣東順德人。1935年畢業於清華大學化學系，入中研院化學所讀研究生。歷任中研院化學所助理員、助理研究員、副研究員。1943年公派赴美，入明尼蘇達大學化學系進修，最終與同為清華大學化學系畢業的朱汝蓉（1916～1993）夫婦留居美國。

蕭之的（1905～？），湖北武昌人。滬江大學理學士、燕京大學理碩士、哈佛大學博士。曾任滬江大學、哈佛大學助教，華中大學副教授、教授，戰後赴美。時任華中大學教授，獲獎作品發表於美國生物雜誌。後還以《洱海之理化特性》獲得第五屆三等獎。

曲仲湘（1905～1990），原名桂齡，河南唐河人。1930年畢業於中央大學生物系，曾任中國科學社生物所研究員、中國西部科學院植物部主任、復旦大學副教授、四川大學教授等。1945年留學，先後入讀加拿大多倫多大學、美國明尼蘇達大學，1948年獲碩士。當年回國，任復旦大學教授。1956年調雲南大學，曾任生物系主任等。中國環境科學開拓者之一，致力於植物生態學和環境科學教學和科研。時任復旦大學副教授，獲獎作品發表於《復旦學報》（科學號）1945年第2號。

倪達書（1907～1992），江蘇無錫人。1932年畢業於中央大學，入中國科學社生物研究所工作，1941年轉中研院動植物所，歷任副研究員、研究員。1946年赴美，在賓夕法尼亞大學動物系從事研究。1949年回國，任中研院動物所研究員，中科院水生生物所研究員、魚病學研究室主任、副所長等。原生動物學家、魚病學家，創立稻魚共生理論。

第四屆二等獎3件，氣象、物理、生物學各1件。朱炳海（1908～？），號曉寰，江蘇江陰人。1931年畢業於中央大學地學系，入中研院氣象所任測

候員。1936 年任教中央大學，歷任講師、副教授、教授。1949 年後，任南京大學氣象學系教授，曾任系主任。氣象學家，著有《氣象學》《中國氣候》《軍事與氣象》等。時任中央大學副教授，獲獎作品 1945 年發表於《中央氣象局集刊》，曾被趙九章譽為「劃時代的論文」，也得到竺可楨激賞，以為應「設法出版，俾能公諸大眾」，「如能譯成英文，則更佳矣」。〔註120〕

鍾盛標（1908～2001），廣東梅縣人，生於新加坡，晶體物理學家。1930 年畢業於北京大學物理系，留校任教，翌年任職北平研究院物理研究所。1934 年留法，1937 年獲巴黎黎大學博士，並在居里實驗室從事研究。1938 年回國，曾任北平研究院物理所研究員、中山大學物理系主任等。1949 年赴臺，曾任臺灣大學教授、東海大學物理系主任、新加坡南洋大學教授等，晚年移居加拿大。時任北平研究院物理所研究員，獲獎作品是其一生重要成就，利用水晶的新腐蝕圖樣發現了確定水晶軸向新方法。他還以《醫用紫外光燈之製造》獲得應用科學第六屆三等獎。

孫逢吉（1904～），字念慈，浙江杭縣人。1926 年畢業於東南大學，後留美獲明尼蘇達大學碩士。曾任江蘇省立教育學院講師，浙江大學講師、副教授、教授兼農場主任。1947 年赴臺，任臺灣糖業試驗所農藝系主任，晚年因雙目失明赴美與女兒同住。所著《棉作學》為中國第一部棉作學專著。

三等獎 8 件，相關地質礦產、微生物學、數學、化學、生物等。劉之遠（1911～1977），河北磁縣人。1935 年畢業於北京大學地質系，歷任浙江省立西湖博物館研究員、湖北省礦產調查隊調查員。1938 年任教浙江大學，歷任講師、副教授。1946 年任中研院地質所副研究員。1949 年後任職華東地質研究所等。1941 年帶領學生野外實習，發現了團溪錳礦，撰有《遵義團溪洞上錳礦報告》，獲獎作品 1944 年撰成（油印本），為該礦的開採與利用奠定了基礎。

高尚蔭（1909～1989），浙江嘉善人。1930 年畢業於東吳大學生物系。同年留美，1935 年獲耶魯大學博士，曾在英國倫敦大學研究。回國任武漢大學教授。1945 年赴美任洛氏研究所訪問研究員。1947 年回國，歷任武漢大學生物系主任、教務長、副校長等，兼中科院武漢分院副院長、中南微生物所所長、武漢病毒所所長等。從事煙草花葉病毒、流感病毒等性質及應用研究，1980 年當選學部委員。時任武漢大學教授，獲獎作品由武漢大學出版。

〔註120〕 樊洪業主編：《竺可楨全集》第 2 卷，第 617 頁。

張素誠（1916～2006），浙江蕭山人。1939 年畢業於浙江大學，留校任教，1946 年任中研院數學所助理研究員。翌年留學英國，1949 年獲牛津大學博士。回國後任南昌大學教授，旋調中科院數學所，歷任副研究員、研究員，創辦《應用數學學報》等。在微分幾何學、代數拓撲學等領域作出了重要貢獻。時任教浙大，受中英庚款資助隨蘇步青從事微分幾何研究。

吳祖基（1915～2003），江西婺源人。1940 年畢業於浙江大學數學系，隨蘇步青讀研究生，1942 年畢業，留校任教。1947 年任教清華大學，1952 年院系調整，任教北京大學數力系。1958 年調鄭州大學擔任數學系主任。時任浙江大學講師，獲獎作品刊載 *Duke Mathematical Journal*。

蔡啟瑞（1914～2016），福建同安人。1937 年畢業於廈門大學化學系，留校任教。1947 年留美，1950 年獲俄亥俄州立大學博士，留校從事鉍氧化物晶體結構測定研究。1956 年回國，任教廈門大學。中國催化科學研究與配位催化理論概念奠基人和開拓者，1980 年當選學部委員。時任廈門大學講師，獲獎作品由廈門大學出版。

李瑞軒（1912～？），河北豐潤人。清華大學畢業，曾任史量才獎學基金團研究員、中英庚款董事會協助研究員等。1947 年由美國醫藥助華會援助留美。時任中央大學講師，獲獎作品發表於英國實驗生理學雜誌。

王易（1889～1956），字曉湘，江西南昌人。畢業於京師大學堂，任教中央大學、中央政治學校、江西心遠大學、中正大學等，曾任中正大學文史系主任、文學院院長等。1949 年後，曾任湖南文史館館員。與黃侃、汪東、胡小石、王伯沆、吳梅、汪辟疆等合稱「江南七彥」，被錢仲聯譽為江西詩派護法神，著有《國學概論》《樂府通論》等。時任中正大學教授，獲獎作品未刊。一個傳統文化研究者因曆法著作獲得自然科學獎項，亦可見學審會諸公之視野與胸襟。胡先驌曾說王易「學問之淵博、文辭之美妙，雖岸傲自善之黃季剛亦不能不心折也」，「為人多才而博學，少年欲以文人成名，中歲以後，精治樸學，造詣益深。尤有他人所不能企及之絕學則曆學是也，嘗深研吾國歷代之曆學，而精密推步，於歲差之研究，有重大之貢獻」。〔註 121〕

蔡金濤（1908～1996），江蘇南通人。1930 年畢業於交通大學電機工程系，曾任電話局維修工程師、中研院物理所助理員。1934 年留美，獲哈佛大學碩

〔註 121〕胡先驌：《京師大學堂師友記》，王世儒等編《我與北大》，北京大學出版社，1998 年。

士，在聯邦電話電報公司工廠實習。1937 年回國，曾任中研院物理所副研究員、研究員，中央無線電器材廠研究室主任、浙江大學教授、資源委員會中央無線電器材公司總工程師兼研究所所長。1949 年後，曾任上海電工研究所研究室主任、通信兵部電子科學研究院總工程師，國防部、七機部等下屬單位技術負責人等。無線電技術專家，中國導彈與航天技術的主要開拓者之一，1980年當選學部委員。時任浙江大學教授，獲獎作品屬於無線電理論領域，相關研究曾獲得中國工程學會年會一等獎。與沈家楠合作完成的《統調超等他拍接收機最佳之對正頻率》獲得應用科學第六屆二等獎。

第四屆無論獲獎作品還是獲獎人在學術上的成就與影響上，似乎都不能與前面三屆相提並論，11 人中僅有 3 人當選 1980 年學部委員，可能與他們年齡較輕，1949 年前大多還未取得重大科研成就從而建立起學術地位有關。二等獎 3 人中有兩人赴臺，留居大陸的朱炳海卒年在互聯網高度發達時代也尋覓不得。

第五屆二等獎 1 件，馬大猷（1915～2012），廣東潮陽人，生於北京。1936 年畢業於北京大學物理系。翌年留美，1940 年獲哈佛大學博士。同年回國，歷任西南聯大副教授、教授，北京大學物理系教授、電機系主任、工學院院長。1952 年院系調整，任哈爾濱工業大學教授兼教務長。1955 年調中科院，曾任應用物理所研究員、電子學所副所長、聲學所副所長等。中國近代聲學奠基者，1955 年當選學部委員。獲獎作品 1946 年發表於《清華大學工學院研究叢刊》。

三等獎有 6 人獲獎，獲獎作品相關數學、化學、生物等，除前面已獲獎的蕭之的，其他各位簡況如下。吳大榕（1912～1979）〔註 122〕，江蘇蘇州人，著名電機學家。1933 年畢業交通大學電機系。同年留美，先後就讀康奈爾大學、麻省理工學院，1935 年獲碩士，赴德國西門子學習考察。1936 年回國，任中央大學、南京大學教授等。1952 年院系調整，任教南京工學院，曾任動力系主任、副院長等。獲獎作品情況不詳。

〔註 122〕 吳大榕去世記載有兩個時間，一為 1968 年 8 月 3 日去世，1979 年 1 月 13 日
　　　　 得以平反昭雪（孫文治主編《東南大學校友業績叢書》第 1 卷，東南大學出
　　　　 版社，2002 年，第 585 頁）；一為 1979 年 8 月 3 日（中央大學南京校友會等
　　　　 編《南雍驪珠 中央大學名師傳略》南京大學出版社，2004 年，第 528 頁）。
　　　　 兩個都有具體的日子，無從選擇，這裡暫取第二個。無論那一年去世，他在
　　　　 文革中都遭遇了難以想像的迫害。

吳浩青（1914～2010），江蘇宜興人。1935 年浙江大學化學系畢業，留校任教。後轉太倉師範學校、湖南藍田國立師範學院、滬江大學等校。1952年院系調整到復旦大學，歷任化學系副教授、教授、系主任等。中國電化學研究開拓者之一，1980 年當選學部委員。獲獎作品 1944 年發表於《美國化學會會志》。

梁樹權（1912～2006），廣東香山人，生於山東煙臺。1933 年燕京大學化學系畢業，1937 年獲慕尼黑大學博士。曾任中央地質調查所助理員、華西協合大學副教授、重慶大學教授兼化學系主任、中研院化學所研究員等。1949年後，歷任中科院物化所、長春綜合所、上海有機所、化學所等研究員。中國分析化學先驅者，研究領域包括鐵原子量測定、稀土和稀有元素的化學分析與分離、鎢和鉬的化學分析、高爐廢氣中氟元素的測定等，1955 年當選學部委員。

鄭作新（1906～1998），福建長樂人。1926 年福建協和大學生物系畢業，同年留美，1930 年獲密西根大學博士。當年回國，曾任福建協和大學教授兼生物系主任、理學院院長、教務長等，福建科學研究院研究員。1946 年任國立編譯館編纂。1950 年調中科院，曾任編譯局科學名詞室主任、動物所研究員兼研究室主任等。中國鳥類學研究奠基人，1980 年當選學部委員。獲獎作品 1944 年發表《協大生物學報》。

胡秀英（1910～2012），江蘇徐州人。1933 年金陵女子文理學院畢業，任教嶺南大學並讀研究生，1936 年獲碩士。1938 年任教華西協合大學，1946 年留美，1949 年獲哈佛大學博士，留校從事植物學研究，1968 年任教香港中文大學。畢生致力於植物分類學研究，冬青、萱草、泡桐、菊、蘭等科植物權威。時任華西協合大學副教授，校長張凌高親自推薦獲獎論文申請獎勵，審查專家為錢崇澍和方文培。胡秀英以研究冬青科聞名於世，獲獎作品之一為她第一篇相關冬青科論文。〔註 123〕

此外，還有 3 件獎助。陳正祥（1922～2003），浙江海寧人。1942 年中央大學地理系畢業，留校任教。1945 年赴澳大利亞等多國深造，曾獲日本、英國、聯邦德國博士學位。長期任臺灣大學教授，1964 年任香港中文大學地

〔註 123〕　胡宗剛：《1946 年胡秀英獲教育部頒發自然科學三等獎》，「近世植物學史」微信公眾號，2022 年 5 月 18 日。需要指出的是，胡秀英獲獎為 1945 年度，1946 年公布。

理學講座教授。後移居意大利，領導世界農業經濟學者協會和國際地理學會合作的土地利用調查研究，主持編輯出版了《世界農業地理圖集》五卷。獲獎作品以《國立中央大學研究院理科研究所地理學部專刊》第 7 號於 1945 年 5 月出版。

毛宗良（1897～1970），別號仲良，浙江黃岩人。1927 年東南大學園藝系畢業。1928 年留法，1933 年獲巴黎大學博士。曾任中央大學教授、園藝系主任，復旦大學教授兼園藝系主任。1952 年院系調整，任瀋陽農學院教授等。園藝學家，在園藝植物分類學、解剖學與造園學方面造詣深厚，首次在四川引種甘蔗良種成功。獲獎作品不詳。

陸德慧，生平不詳，曾任交通大學教授，獲獎作品情況不明。

第五屆 7 位正式獲獎人，除蕭之的生平不詳外，其他幾位成就非常突出，兩位 1955 年學部委員、兩位 1980 年學部委員，胡秀英也是國際聞名的植物學家。獲得獎助的三人，除生平不詳的陸德慧外，陳正祥是世界著名地理學家和生態學家，曾任聯合國世界農業地理委員會主席等；毛宗良在園藝學上無論教學還是研究都有重要貢獻。

第六屆僅有 6 件作品獲獎，一等獎王福春《三角級數之收斂理論》。二等獎 2 件，相關生物學和氣象學。何景（1912～1978），字星叔，江蘇泰興人。1935 年中央大學生物系畢業，留校任教。1940 年任甘肅科學教育館博物股主任，從事植物調查與研究。1946 年任福建省研究院副研究員、研究員。1951 年任教廈門大學生物系，曾任副系主任等。1958 年籌建中科院華東亞熱帶植物所併任所長。在植物分類學、植物生態學方面造詣精深，著有《植物生態學》《中國植物志・五加科》等，獲獎作品在甘肅工作期間成果，1944 年撰成，1946 年《國立甘肅科學教育館專刊》第五號出版。〔註 124〕

盧鋈（1911～1994），字溫甫，安徽無為人。1934 年畢業於中央大學地理系。曾任中研院氣象所武漢測候所主任，浙江大學副教授，中央氣象局技正、氣象台臺長，中央大學教授。1949 年後，歷任北京師範大學教授，中央軍委氣象局、中央氣象局副局長兼氣象科學研究所所長等，著有《中國氣候總論》《天氣預告學》等。時任職中央氣象局，獲獎作品 1946 年由中央氣象局出版。

〔註 124〕 胡宗剛：《何景在甘肅科學教育館從事甘肅植物研究》，「近世植物學史」微信公眾號 2022 年 5 月 13 日。

三等獎 3 件，2 件生物、1 件地理。吳達璋（1907～？），江蘇宜興人。1934 年中央大學農藝系畢業。曾任職中央棉產改進所、四川農業改進所，後轉任大學教授，曾任教西北農學院、英士大學、湖北省立農學院、蘇北農學院、江蘇農學院等，曾任農學系、植保系主任等。編著有《棉作害蟲》《家畜害蟲》等。時任西北農學院教授，獲獎成果與薛紹琯合作，1951 年發表於《昆蟲學報》。

周堯（1912～2008），浙江鄞縣人，昆蟲學家。1936 年南通大學畢業，留學意大利納波利大學攻讀昆蟲學，1938 年未畢業即歸國從軍參加抗戰。1939 年任西北農學院教授，曾任植保系主任、昆蟲研究所所長、昆蟲博物館館長、校學術委員會副主任，陝西省動物研究所所長等。1957 年被劃為右派，文革深受迫害。時任職西北農學院，獲獎作品 1946 年完成，同年刊載於《昆蟲與藝術》。

鄭勵儉（1902～1981），名資約，以字行，河北衡水人。1930 年北平師範大學史地系畢業，留學日本東京文理科大學地理研究所。歸國後，歷任東北大學史地系主任、四川大學教授、西北大學地理系主任。後赴臺，曾任臺灣師範大學、文華學院教授，美國威斯康星大學、新加坡南洋大學等校教授。著有《南海諸島地理志略》《琉球地理志略》。獲獎作品 1946 年 1 月由正中書局出版。

自然科學各學科，特別是地質、生物、物理在全面抗戰爆發前的「黃金十年」裏已有充分的發展，奠定了相當的基礎。日本帝國主義的侵略雖然打斷了中國科學發展的進程與步伐，但科學工作者們克服各種困難還是取得了卓著的成就，特別是數學，以華羅庚、陳省身、許寶騄等為代表，取得了突飛猛進的發展。學術審議會對自然科學成就的肯定充分反映了當日自然科學發展的態勢。無論是一等獎獲得者華羅庚、蘇步青、周培源、吳大猷、陳建功、楊鍾健、吳定良、王福春的作品，還是許寶騄、張宗燧、涂長望、周鴻經、鍾開萊、馬仕俊、呂炯、孫雲鑄、盧於道、李華宗、王竹溪、張青蓮、李方訓、王葆仁、馬廷英、趙九章、朱炳海、鍾盛標、馬大猷等二等獎成果，都是數學、物理、氣象、地質和化學等學科的奠基性著作，即使是朱汝華、馮景蘭、劉建康、方文培、薛芬、盧慶駿、熊全治、趙廣增、倪達書、高尚蔭、張素誠、吳祖基、蔡啟瑞、蔡金濤、鄭作新、吳浩青、梁樹權、胡秀英等三等獎成果也在中國近代學術發展史上有重要意義和獨特地位，獲得獎助的李非白、趙丹若、嚴楚江、侯學煜、朱壬葆、陳正祥、毛宗良等人也在中國科學技術發展史上功勳卓著。

　　總共 69 位獲獎者中，除英年早逝的薛芬、黃翼、李華宗、王福春外，當選 1948 年首屆中研院院士者有華羅庚、許寶騄、蘇步青、吳大猷、楊鍾健、吳定良等 6 人，1955 年學部委員有華羅庚、許寶騄、蘇步青、楊鍾健、涂長望、周培源、孫雲鑄、陳建功、王竹溪、張青蓮、李方訓、趙九章、馬大猷、梁樹權等 14 人，1957 年學部委員者張宗燧、馮景蘭 2 人，1980 年學部委員有劉建康、侯學煜、朱壬葆、王葆仁、高尚蔭、蔡啟瑞、蔡金濤、吳浩青、鄭作新 9 人，共有 27 人之多，達到 41.5%，聚集了中國科學技術發展歷程上幾代代表人物。整個獲獎群體除去世 4 位外，有吳大猷、周鴻經、鍾開萊、馬仕俊、朱汝華、卞美年、馬廷英、熊全治、羅建本、蕭之的、鍾盛標、孫逢吉、李瑞軒、胡秀英、鄭勵儉、陳正祥等 16 人離開大陸，也高達 25%，與社會科學 28% 相比，沒有明顯的差異。雖然鍾開萊、馬仕俊、朱汝華、卞美年、馬廷英、熊全治、鍾盛標、胡秀英、陳正祥等都在各自領域作出了重要成就，但無一人當選中研院院士（社會科學也僅全漢昇一人當選），這似乎是值得關注的一個現象。69 人中僅有楊復曦、羅建本、蕭之的、李瑞軒、陸德慧 5 人生平不詳，其中羅建本、蕭之的、李瑞軒定居美國，楊復曦、陸德慧為獎助獲得者。另外，赴臺的孫逢吉，留居大陸的朱炳海、吳達璋卒年不詳。相比眾多的社會科學「生平不詳」獲獎者，似乎可以看出政治因素在其間的關鍵性作用，畢竟「自然科學」相比「社會科學」來說，與政治的距離相對較遠，雖然也有文革中張宗燧、趙九章等人自殺，趙丹若被迫害致死這樣人間慘劇。

　　另外值得注意的是，六屆中相關數學獲獎作品共有 15 件（僅自然科學類，不包括哲學類胡世華作品），除華羅庚、許寶騄、鍾開萊、周鴻經、李華宗、蔡金濤、吳大榕等 7 人 7 件作品外，其他 8 件作品獲獎人都與浙大密切相關，或浙大畢業生或教授，特別是號稱蘇步青門下「四大金剛」中熊全治、張素誠、吳祖基三人都獲獎（另一人為白正國）。浙大數學系所獲成果超過一半，並且在四件一等獎中佔據三件，王福春一人獨自獲得三等獎和一等獎，浙大數學系在當日學術界地位可想而知。當然，似乎背後也隱藏著一些可以繼續探討的因素，因為當時西南聯大數學系和中央大學數學系也是人才濟濟。相較而言，以華羅庚、陳省身、許寶騄為代表的西南聯大數學系成就更為突出，陳省身曾對陳建功與蘇步青兩位培養人才的方式有所非議：「可惜他們採取的態度，可名為『學徒制』，學生繼續做先生的問題，少有青出於藍的機會。要使科學發展，

必須給工作者以自由，這是值得深長思的」。〔註125〕其實，早在 1944 年 3 月，吳有訓、姜立夫與竺可楨聊天時，就說「浙大數學系門戶之見太深」，蘇步青擅長的射影微分幾何，三十年前為意大利人 Fubini 等所創，「現則幾何範圍擴大，此道已無人問津」；陳建功擅長的傅里葉級數，「亦局於其中極小一部，不能開展」。〔註126〕

從第一屆到第六屆似乎有一個發展趨勢，總體上獲獎作品等第越來越低，獲獎人的學術成就似乎也有一代不如一代的趨勢，這似乎與科學發展應該越來越進步的邏輯相背離，其間的主要原因可能與獲獎者年齡越來越輕，他們在政權變更前學術地位還未確立，後來面臨新的發展環境，自然受到更大的限制。相關問題無論是作為一個獲獎群體還是其所代表的學科發展，都有進一步梳理的必要。

五、聚焦於工農業與國防的應用科學

應用科學類包括工礦、農林、醫藥、力學等方面，共有 64 件作品正式獲獎、12 件作品獲得獎助，獲獎總數達到 76 件，超過社會科學和自然科學，其中一等獎 2 件、二等獎 26 件，獎勵等第上不如自然科學。工程技術（包括工程力學、測量等）一等獎 1 件、二等獎 12 件、三等獎 14 件，共 27 件；農林包括畜牧獸醫二等獎 7 件、三等獎 15 件，共 22 件；醫藥包括生理學、營養學等一等獎 1 件、二等獎 3 件、三等獎 7 件共 11 件；地質礦產二等獎 3 件、三等獎 1 件共 4 件。可見，獎勵主要集中在工程技術和農林方面，這也昭示了抗戰期間工農業生產需要對科學研究的促進作用。值得注意的是，應用科學方面有徐冠仁、魏壽崑、柏實義、唐燿、王志鵠、劉述文等人兩次獲獎，超過其他門類次數，其中魏壽崑、柏實義兩次獲得二等獎，顯現了他們在各自研究領域內的地位，但也違反了學術審議會的相關規定。鍾盛標和蔡金濤在自然科學和應用科學兩類獲獎，鍾盛標自然科學獲得二等獎、應用科學三等獎，而蔡金濤反之，自然科學二等獎、應用科學二等獎。具體獲獎名錄如下：

第一屆：**二等獎 2 件**，沈霽春《數種藥品對於腎上腺等引起心臟纖維亂縮之作用》、俞啟葆《中棉黃苗致死之遺傳及其連鎖之研究》；**三等獎 2 件**，杜德三《鐵道瘤》、黃如瑾《自動視距儀視距管

〔註125〕張奠宙等編：《陳省身文集》，華東師範大學出版社，2002 年，第 22 頁。
〔註126〕樊洪業主編：《竺可楨全集》第 9 卷，第 53 頁。

之構造》；**獎助 2 件**，裴逸葦《電影複印機》、陳應霖《陳氏算盤》。

第二屆：**二等獎 4 件**，周同慶《磁伸縮式自動化紀錄回聲測深儀》、王恒守《浮遊選礦劑兩種》、武霈《武氏內燃機差壓引火方法之研究》、許植方《漢防己乙素構造之研究》；**三等獎 4 件**，鄒鍾琳《中國遷移蝗之變型現象及其在國內分布之區域》、郭質良《中國酒麴在近代化工之新應用》、林一民《由桐城制純鹼之最新方法》、李謨熾《公路研究》；**獎助 7 件**，孫輔世《揚子江防洪》、夏嘉貞和高克謙《應用組合作三角網之平均》、劉述文《定式法》、王世勳《植物染料及覆念色□標本》、奚元齡《雲南之木棉》、王善政《燃料工業學》、王師義《主力之研究》。

第三屆：**一等獎**杜公振和鄧瑞麟《痹病之研究》；**二等獎 2 件**，李耀滋《自動節油器》、顧毓珍《植物油籽普通壓榨公式》；**三等獎 5 件**，王之卓《利用傾斜攝影求高度法》、徐冠仁和盧浩然《栽培稻植物性狀之遺傳研究》、羅登義《增進蔬菜中 P 種維生素之探究》、劉君諤《中國木蛀蟲之研究》、吳襄《中華民族之生理水準》。

第四屆：**一等獎**林致平《多孔長條之應力分析》；**二等獎 5 件**，黃文熙（1）《地基之沉陷量及地基中之應力分布》（2）《擋土牆土壓力之研究》、柏實義《滑翔機之空氣動力特性》、魏壽崑《貝色麥法煉鋼去磷問題》、龍丕炎《煉鋁試驗》、唐燿《中國木材材性研究論文》；**三等獎 8 件**，宋達泉《福建省土壤分類制之商榷》、李慶逵《中國土壤之化學性質》、蔡邦華《水稻煙莖治螟之試驗》、金善寶《中國小麥區域》、嚴演存《分餾時最經濟之回流比》、陳百屏《結構構架之陣量分析》、王成發《國人丙素及戰時重慶學生營養狀況之研究等論文》、鄭集《大豆蛋白質營養價值之研究》。

第五屆：**二等獎 6 件**，錢令希（1）《梁與拱函數分布圖與其成應圖之聯鎖關係》（2）《懸索橋理論及分析改進》、朱蓮青《我國土壤層理分類及命名法》、郭祖超《醫學與生物統計方法》、徐冠仁《異型稻雜種不孕性之遺傳研究》、魏壽崑《四川白雲石提製鎂氧燒製鎂磚之研究》、斯行健《貴州威寧峨嵋山玄武岩樹狀羊齒內部構造之研究並詳論中國西南部玄武岩之地質時代》；**三等獎 10 件**，張象賢《鋼球軸承原理》、王志鵠《荊峪溝土壤之性狀與水土保持》、陳

心陶《香港人體寄生蟲病調查》、施珍《荒地所生草類與其自然給水關係》、朱鼎《中藥之科學原理》、齊敬鑫《國防用材核桃木》、楊櫃《川江船型之檢討》、唐余佐、陳永殷和朱成焯《土地測量論文等四篇》、劉述文《蘭索氏投影之方向及距離改正》、陳禮節《臀肌肉注射部位之研究》；**獎助 3 件**，張景賢《機構之數量及其形態變化之理論基礎》、黃端芳《牙組織的活動染色之研究》、張文治《特種淺水輪船》。

第六屆：**二等獎 7 件**，林國鎬《應用何夫孟氏降胝作用綜合甲位氨基酸之一普遍新法》、蔡金濤和沈家楠《統調超等他拍接收機最佳之對正頻率》、管相桓和涂敦鑫《栽培稻芒之連繫遺傳》、柏實義和康振黃《飄動之研究》、王清和《抵抗散黑粉病小麥品種之育成》、王志鵠《土壤微生物學研究上之新途徑》、蔡方蔭《用求面積法計算變梁之彎曲恒數》；**三等獎 7 件**，唐耀《中國木材材性之研究等》、余皓《中性高錳酸鉀液氧化腐植質之系數測定》、諶湛溪《磁性礦體深度之計算》、盛彤笙《水牛腦脊髓炎之研究》、鍾盛標《醫用紫外光燈之製造》、王仁權《土木工程實用聯立方程式之新解法》、陳椿庭《中國五大河洪水量頻率曲線之研究》。

與自然科學、社會科學總體趨勢越往後正式獲獎作品越少不同，應用科學前三屆都在 10 件以下，後三屆在 14～16 件之間，這可能與學科分類的認定隨著評議的進行越來越準確有關。據報導，第一屆應用科學申請者最多，「幾達四十件」，最終僅 6 件作品獲獎，二等獎、三等獎和獎助各兩件（沈霽春二等獎還是再審後獲取，沒有被報導《教育部舉辦民國三十年度著作發明及美術獎勵經過述要》記載）。沈霽春（1903～1978），浙江蕭山人，生理學家。1928 年復旦大學心理系畢業，任教中央大學、浙江大學。1935 年留學比利時，1938年獲根特大學博士。1940 年回國，任雷士德醫學研究院研究員。1945 年奔赴山東中共根據地，任新四軍軍醫學校生理學教授。1949 年後，曾任白求恩醫學院教授、軍事醫學研究所研究員、海軍醫學研究所副所長等。獲獎作品屬於生理學基礎研究，歸類自然科學似乎更為合理。

俞啟葆（1910～1975），江蘇崑山人，棉花遺傳育種專家。1934 年中央大學農藝系畢業，留校任教。1940 年任職中央農業實驗所，歷任技士、技正，期間於 1945 年赴美國康奈爾大學等考察一年。1949 年後，曾任西北農林部技術

研究室主任、西北農業科學所所長、中國農業科學院陝西分院副院長等。報導稱俞啟葆「於中棉及亞洲棉之研究，頗多創獲」，請獎作品為三篇論文，前兩文發表在英國劍橋大學主辦雜誌 *Journal of Genetics*，第三文發表在中國科學社主辦《科學》上。第三文英文稿在英國學術界也引起轟動，也將刊載 *Journal of Genetics*，「殊為吾國學者之光榮」。〔註127〕

杜德三（1899～？），生平不詳，山東招遠人。畢業於北京師範大學，曾任山東建設廳技正、教育部電教會技師，戰後赴臺，任職臺灣行政長官公署。獲獎作品「對於敵後鐵道破壞工作，裨益甚大，……體輕易於運送，安置容易，目標復小，甚難為敵人發覺也」。〔註128〕

黃如瑾（1902～？），浙江杭州人。浙江省立工業專門學校畢業。曾任浙江省公路局、水利局工務員，湘黔鐵路局、湘桂鐵路工務員、幫工程司，中南有色金屬局江西分局副工程師等。一生致力於設計發明，1949年前獲經濟部專利證明4種，獲獎作品為其中之一。自動視距儀「乃根據距尺 Stadia 原理製造，欲以代替手水準儀，作橫斷面測量，或簡單之經緯儀，作公路線之測量，甚或代替平板儀作地形測量。雖其理想不必盡符……預期之目標，誠能據以研究改進，未始不可為測量儀之製造，開一新紀元也」。〔註129〕

獲得獎助的兩位獲獎人，都生平不詳。裘逸葦，電影藝術家，曾任電影公司布景主任、繪景師、攝影師兼演員等，出演《漁光曲》等影片。戰後曾任中央電影攝影場一廠廠長，後到香港。陳應霖，1941年《西南實業》雜誌曾報導他科學改造算盤一事。

杜德三、黃如瑾兩件三等獎和兩件獎助作品，都屬於技術發明，應該歸屬於工藝製造類，而不是應用科學。

第二屆二等獎4件。周同慶（1907～1989）：江蘇崑山人。1929年清華大學畢業留美，1932年獲普林斯頓大學博士。1933年經歐洲，歷訪英國、德國和蘇聯回國，任北京大學物理系教授。1936年任中央大學物理系主任，1943

〔註127〕《教育部舉辦民國三十年度著作發明及美術獎勵經過述要》，《高等教育季刊》第2卷第2期（1942），第108～109頁。

〔註128〕《教育部舉辦民國三十年度著作發明及美術獎勵經過述要》，《高等教育季刊》第2卷第2期（1942），第109頁。

〔註129〕《教育部舉辦民國三十年度著作發明及美術獎勵經過述要》，《高等教育季刊》第2卷第2期（1942），第109頁。黃如瑾的發明也曾得到時任之江大學測量學教授顧世楫的幫助與指導，相關情況參閱拙著《賽先生在中國：中國科學社研究》第565頁。

年轉交通大學，歷任物理系主任、理學院院長等。1952 年院系調整，任復旦大學教授。中國光譜學奠基人之一，長期從事光學與光譜學、氣體放電、等離子體以及物質結構等研究，1955 年當選學部委員。獲獎成果為超聲發生器和探測器，專門設計用來探測長江、嘉陵江水下地形，以利於安全航行。

王恒守（1902～1981），字詠聲，浙江海寧人，生於上海。中央大學數學系畢業，留美入哈佛大學攻讀理論物理，獲碩士。1932 年回國，先後在山東大學、南開大學、廣西大學、中央大學等校任教。1949 年任教復旦大學物理系，1957年被劃為右派，翌年調安徽大學。作為本科數學轉理論物理的物理學家，研製浮遊選礦的兩種試劑，可以想見當日科學工作者為工礦企業生產之努力。

武霈（1911～？），四川中江人。1936 年同濟大學機電系畢業。曾任民生公司機器廠、重慶恒順機器廠工程師，同濟大學副教授，天津機器廠副廠長、上海中央機器公司工程師等。1949 年後，曾任華東工業部通用機器廠副廠長、總工程師，一機部第二設計分局副總工程師，機械科學研究院副總工程師、總工程師等。一生發明甚多，獲獎發明曾獲得專利 10 年。除差壓引火法外，還發明有雙重預熱引火方法，解決了內燃機點火問題，為抗戰做出了相當貢獻。

以上無論是物理學家周同慶、王恒守的作品，還是專業工程師武霈的獲獎成果，都屬於專利發明，歸類於工藝製造更合理。

許植方（1897～1982），字魯瞻，浙江黃岩人。1920 年南京高等師範學校畢業後，曾任教齊魯大學、金陵大學。1924 年入菲律賓大學習化學，畢業後曾任浙江建設廳技師、中研院化學所助理研究員、交通大學講師，福建醫學院、英士大學、北洋工學院教授等。1949 年後，曾任浙江大學、上海醫學院教授，中國醫學科學院藥物所研究員等。藥物學家，主要從事中藥漢防己、廣防己等成分研究。獲獎作品摘要 1944 年發表於《藥學季刊》。

三等獎 4 件，鄒鍾琳（1897～1983），字孟千，江蘇無錫人。1920 年畢業於南京高等師範學校農業專修科，留校任教。學校改東南大學後，修大學課程，畢業得學士。1929 年留美，1931 年獲明尼蘇達大學碩士。翌年回國，曾任江蘇省昆蟲局技師、技術科長，中央大學教授兼農學院院長等。1952 年院系調整，任南京農學院植物保護系教授。農業昆蟲學家，中國水稻螟蟲防治研究先驅，編寫中國第一部《昆蟲生態學》專著。時任中央大學農學院教授，獲獎作品發表於《國立中央大學科學季刊》1944 年第 1 期。

郭質良（1910～？），遼寧遼陽人。1935 年畢業於山東大學化學系，留校任教。1938 年任國立編譯館編輯，受中英庚款董事會和中基會資助在黃海化學工業社從事研究。1941 年任資委會川康銅業管理處工程師，旋任華西協合大學藥物研究所研究員。1945 年任中央林業實驗所技正等。戰後回東北，先任職瀋陽化工廠，後任撫順礦務局第一化工廠廠長。1948 年赴臺，任臺北糖業公司工程師等，晚年移居美國。著有《發酵學》《製糖副產品化學》《製糖化學》等。獲獎作品在中英庚款董事會和中基會資助下完成，與湯騰漢共同署名發表於《工程》第 15 卷第 5 期（1942）。

林一民（1897～1982），江西上饒人。1919 年畢業於上海南洋中學，翌年留美，先後就讀加州大學、尼布拉薩大學，1927 年獲碩士。同年回國，曾任教大同大學、河南大學、北洋工學院、浙江大學、復旦大學等，擔任化學系主任、教務長等，1947 年任中正大學校長。1949 年赴臺，曾任臺灣省立農學院教務主任、院長，鳳山陸軍軍官學校教務長、成功大學教授、臺灣師範大學理學院院長等。曾當選國大代表、國民黨中央候補執行委員。時任復旦大學教授，獲獎作品 1942 年經濟部曾授予專利權五年。

李謨熾（1907～），湖南瀏陽人。1928 年畢業於清華大學留美預備部，留美先後就讀普渡大學、密西根大學及麻省理工學院，獲碩士。曾任北洋工學院、同濟大學教授，交通部公路研究實驗室主任，西南聯大土木工程系教授等。1948 年赴香港，任香港大學教授。1952 年去美，曾任紐約大學教授。

第二屆獎助居然有 7 件之多，共有 8 位獲獎人。孫輔世（1901～2004），江蘇無錫人。1923 年畢業於北洋大學土木系。留美入讀康奈爾大學，1926 年獲碩士。曾任建設委員會水利處秘書主任，太湖流域水利委員會常務委員、秘書長兼技術長，建設委員會灌溉管理局局長，揚子江水利委員會總工程師、代理委員長，長江水利工程總局局長。1949 年後，曾任華東財經委員會專員、水利電力部科委委員等。著有《揚子江之水利》《長江水道情況與航道整理》等。

獲獎作品《應用組合作三角網之平均》為夏嘉貞和高克謙合作完成。夏嘉貞（1910～1963），字守誠，江蘇蘇州人，測量平差專家。陸地測量學校大地測量科畢業，曾任武漢測繪學院教授。著有《實用自由網函數》等。高克謙生平不詳。

劉述文（1892～1971），字漢琴，湖北鍾祥人。1921 年畢業於中央陸地測量學校高等科。曾任北京測繪局測量員，中央陸地測量學校主任教官、教育處

長、分校主任，貴州大學教授等。1949 年後，曾任解放軍測繪學院教授、副院長等。「文革」中作為反動學術權威遭到批鬥，被下放湖北蒲圻縣，病逝於此。中國現代最早從事天文大地測量學研究者，著有《大地測量學》等。時任職中央陸地測量學校，獲獎作品成稿於 1941 年，手稿石印。後還以《蘭索氏投影之方向及距離改正》獲得第五屆三等獎。

王世勳及其獲獎作品都不清。

奚元齡（1912～1988），江蘇武進人。1935 年畢業於中央大學農藝系，曾任中央農業實驗所技佐、技士，中正大學講師。1948 年留英，1950 年獲劍橋大學博士。當年回國，曾任華東農業科學所研究員，江蘇農科院研究員、經濟作物所所長、農業生物遺傳生理所所長等，棉花遺傳育種和栽培生理學家。獲獎作品不詳。

王善政，生平不詳，時任職中央工業試驗所，著有《製鹽工程學》《過熱汽缸油（高溫度汽缸油）》等。

王師羲（1906～？），上海人。留美就讀康奈爾大學，獲土木工程碩士。曾任清華大學教授、西南聯大機械工程系教授、廣西大學土木工程系主任。後赴臺，曾任臺灣大學教授、土木工程系主任。

8 位獎助獲得者有 4 位生平不詳，高克謙、王世勳一點線索也沒有，王善政也幾乎沒有，王師羲相對有一些信息。

第三屆第一次出現一等獎，由杜公振和鄧瑞麟合作完成。杜公振（1908～1986），山東高密人。1933 年畢業於同濟大學醫學院，翌年留德，1937 年獲圖賓根大學醫學博士，在德國衛生署等專攻傳染病兩年。1939 年回國，曾任同濟大學細菌學副教授、醫學院教授、院長兼檢驗科主任及護校校長等。1952 年院系調整，曾任中南同濟醫學院（武漢醫學院、同濟醫科大學）基礎醫學部主任等。鄧瑞麟（1916～），江蘇常熟人，1941 年畢業於同濟大學醫學院，留校任教。後留德，1951 獲漢堡大學博士。當年回國，歷任中南同濟醫學院副教授、教授等，長期從事醫學微生物和病毒學研究與教學。當時同濟大學內遷四川宜賓李莊，杜公振與助教鄧瑞麟一起，通過調查研究，表明宜賓地區痹病（俗稱麻腳瘟、軟骨病）的流行原因是所食五通橋所產食鹽氯化鋇含量過高所致，從而解決了這一困擾多年的地方疾病。

二等獎 2 件。李耀滋（1914～2011），福建閩候人，生於北京。1934 年畢業於北平大學電機工程系，1937 年獲中央大學機械特別班（即航空工程系）

碩士。留美入讀麻省理工學院，1939 年獲博士。回國曾任大定航空發動機廠總工程師。1947 年赴美，遂定居美國，曾任麻省理工學院教授。致力於中美友好關係，見證「一國兩制」方針的提出，曾任全美華人協會主席。流體力學專家，長期從事動態測量和自動控制等方面研究，研製了壓力、流量、加速度等傳感器，為高性能的動力裝置、大型風洞、飛行器的飛行試驗以及工業自動化提供了檢測手段，1987 年當選美國工程院院士。獲獎作品也屬於技術發明。

顧毓珍（1907～1968），江蘇無錫人，顧氏三兄弟之一（另顧毓琇、顧毓瑔）。1927 年清華學校畢業，留美入麻省理工學院讀化學工程，1932 年獲博士。當年回國，曾任中央工業試驗所技正、廠長、代所長、所長等，歷任同濟大學、復旦大學、江南大學教授等。1952 年院系調整，任華東化工學院教授。文革中作為特務遭受刑訊逼供，被連續毒打三天之後於 1968 年 7 月 27 日去世。長期從事化學工程及油脂工業研究，編著有《化學工業過程及設備》《油脂工業》等。時任中央工業試驗所技正兼油脂實驗工廠廠長，獲獎作品與著名的「顧氏公式——流體在管內流動時的摩擦系數關聯式」相關。

三等獎 5 件，獲獎人有 6 位。王之卓（1909～2002），河北豐潤人。1932年畢業於交通大學，任職隴海鐵路公務處。1934 年庚款留英，先入讀倫敦大學帝國學院，後赴德入柏林工業大學，1939 年獲博士。回國後曾任中山大學、同濟大學教授，中國地理研究所副研究員，軍令部第四所（陸地測量局）技術室主任，交通大學教授、工學院院長、校長。1952 年後，曾任青島工學院教授，武漢測繪學院教授、航空測量系主任、副院長、院長等。攝影測量與遙感學家，中國攝影測量與遙感事業的開拓者與奠基人，1980 年當選學部委員。時任職中國地理研究所，獲獎作品發表於《中國地理研究所測量專刊》第 1 號（1942）。

徐冠仁、盧浩然合作成果研究水稻植物性狀的遺傳。徐冠仁（1914～2004），江蘇南通人。1934 年中央大學農藝系畢業，留校任教，歷任助教、講師、副教授。1946 年留美，1950 年獲明尼蘇達大學博士，留校任農學及植物遺傳系研究員。1956 年回國，歷任中國農科院原子能利用所研究員、室主任、副所長、所長等。核農學家，開創中國原子能農業應用事業，1980 年當選學部委員。盧浩然（1916～2002），福建大田人，作物遺傳育種學科帶頭人，黃麻遺傳育種專家。1940 年中央大學農藝系畢業，1942 年研究生畢業，1943 年赴印度留學，1946 年獲孟買大學博士。曾任中基會研究員、中央大學副教授，

福建農學院教授、副院長、遺傳研究所所長等。從 1938 年開始，盧浩然就協助徐冠仁從事水稻遺傳研究，獲獎作品 1943 年聯合署名發表於《印度植物遺傳與育種雜誌》。徐冠仁後還以《異型稻雜種不孕性之遺傳研究》獲得第五屆二等獎。

羅登義（1906～2000），字紹元，貴州貴陽人。1928 年畢業於北京農業大學農業化學系，任教貴州大學、成都大學、北平大學。1935 年留美，1937 年獲明尼蘇達大學碩士。回國後曾任西北農學院教授、浙江大學農化系主任、貴州大學農學院院長等。1953 年後，任貴州農學院院長、中科院貴州分院院長等。營養學和農業生物化學家，著有《蛋白質之營養化學》等。獲獎作品不詳。

劉君諤（1900～？），女，江蘇鎮江人。燕京大學理學士，留美獲博士。曾任中學教員、浙江省昆蟲局技術員、中英庚款董事會研究員、四川大學教授等，1947 年赴美考察。先後從事桑蛀蟲等穿木蟲研究，有長觸角的甲蟲幼蟲研究權威。從 1933 年秋開始，就專力從事桑蛀蟲研究，後擴展到其他類別。獲獎作品包括畢氏桑蛀蟲、黃點桑天牛、柑橘星天牛、柑橘褐天牛等 7 種木蛀蟲的生活史及防治法。

吳襄（1910～1995），字成之，浙江平陽人。1934 年中央大學畢業，入中國科學社生物所讀研究生，曾任中央大學助教、講師、副教授。1946 年留美，獲明尼蘇達大學碩士，曾在哥倫比亞大學研究。1948 年回國，任中央大學教授。1949 年任大連大學醫學院生理學教研室主任，後隨校遷遵義。1983 年調恢復的大連醫學院。主編《生理學大綱》1947 年出版，影響甚大，多次修訂再版。

第四屆共 14 件作品獲獎，一等獎林致平 1 件。林致平（1909～1993），江蘇無錫人。1931 年畢業於交通大學土木工程系，留校任教。1934 年留英，1937 年獲倫敦大學航空學博士。曾任空軍機械學校高級主任兼高級教官、航空研究院結構組組長、四川大學航空系主任、航空研究院副院長等。1949 年赴臺，曾任航空研究院院長，東海大學、交通大學、臺灣大學等校教授，中研院數學所所長，中興大學校長。後去美，曾任弗吉尼亞理工學院教授。1958 年當選中研院第二屆院士。時任職航空研究院，獲獎作品還有合作者王培生、荊廣生，作為「航空委員會航空研究院研究報告」1944 年由航空研究院出版。

二等獎 5 件，其中 2 件相關金屬冶煉。黃文熙（1909～2001），江蘇吳江

人，生於上海。中學畢業後曾先後就讀暨南大學商科、大同大學理預科等，1929 年畢業於中央大學土木工程系，曾任設計員。1934 年留美，先後就讀艾奧瓦大學、密西根大學，1937 年獲博士。曾任中央大學水利系主任等。1949年後，曾任南京大學、南京工學院、華東水利學院教授，水利部南京水利實驗處處長，清華大學教授兼水利水電科學院副院長等。水土工程、岩土工程和土力學專家，致力於水工建設的結構力學和岩土力學研究，1955 年當選學部委員。獲獎成果 1944 年 11 月完成，曾是當時工程界熱點問題，1950 年作為《南京水利實驗處研究試驗報告》第 4 號和第 5 號出版。

柏實義（1913～1996），江蘇句容人。1935 年中央大學電機系畢業，1937年機械特別班畢業留美，1938 年獲麻省理工學院航空工程碩士，1940 年獲加州理工學院航空工程和高等數學博士。曾任中央大學航空工程系教授兼中央滑翔機製造廠研究部主任。1947 年去美，先後任康奈爾大學客座教授、馬里蘭大學研究教授等。針對不斷高速發展的飛機、太空飛行器和導彈的阻力和升力，進行先驅性開發研究，1962 年當選中研院第四屆院士。與康振黃合作完成的《飄動之研究》還獲得第六屆二等獎。

魏壽崑（1907～2014），天津人，1929 年畢業於北洋大學礦冶工程系，留校任教。1931 年留德，先後就讀柏林工業大學、德累斯頓工業大學，1935 年獲博士，並在亞琛工業大學鋼鐵冶金研究所從事研究。1936 年回國，曾任北洋工學院、西北聯大、西北工學院、西康國立技藝專科學校、貴州農工學院教授，經濟部礦冶研究所技正、兵工署材料試驗處冶金主任等。戰後重回教育系統，任北洋大學教授、工學院院長，唐山交通大學系主任等。1952 年參與籌建北京鋼鐵學院，曾任教務長、冶煉系主任、圖書館館長、副院長。冶金學和冶金物理化學家，中國冶金物理化學學科創始人之一，1980 年當選學部委員。時任經濟部礦冶研究所技正，獲獎作品發表於《礦冶復刊號》第 3 期（1943）。後還以《四川白雲石提製鎂氧燒製鎂磚之研究》獲第五屆二等獎（發表於《礦冶復刊號》第 4 期（1944）。

龍丕炎（1907～　），生平不詳，湖南常德人。北京大學學士、哥廷根大學冶金博士。曾任重慶大學教授、兵工署資委會合辦大渡口鋼鐵廠副工程師、經濟部礦冶研究所技正兼冶金主任等。1942～1944 年間，先後進行純氧化鋁提煉和用荷爾升熱電解法提煉純鋁的試驗，獲得極大成功，並獲得了兩項專利，即獲獎作品。

　　唐燿（1905～1998），安徽涇縣人，生於江蘇江都，中國木材學開拓者之一。1927 年畢業於東南大學植物系，曾任北平靜生生物調查所研究員。1935年留美，1938 年獲耶魯大學博士。回國後籌建中央工業試驗所木材試驗室，任技正兼主任。1950 年後，曾任林業部西南木材試驗館負責人、林業科學所副所長、中科院昆明植物所研究員等。

　　5 位二等獎獲得者，柏實義當選中研院院士，黃文熙、魏壽崑當選學部委員，唐燿也是中國木材學研究第一人，龍丕炎生平不詳。

　　三等獎 8 件，4 件相關農業，2 件相關營養學，與二等獎主要相關工程礦冶可謂「天壤之別」。宋達泉（1912～1988），浙江紹興人，生於遼寧瀋陽。1934年浙江大學農學院畢業，曾任中央地質調查所土壤室技士、技師、技正，福建省地質土壤調查所技正。1945～1946 年美國考察進修，回國任中央地質調查所技正。1949 年後，曾任中科院土壤所東北分所籌備處副主任、林業土壤所副所長兼土壤研究室主任等，文革中遭受毒打，並被關押兩年之久。獲獎作品為任職福建省地質土壤調查所時期成果，1941 年發表於《福建省地質土壤調查所年報》。

　　李慶逵（1912～2001），浙江鄞縣人。1932 年復旦大學化學系畢業。任職中央地質調查所，歷任練習員、助理員、技士、研究員。1944 年留美，1948 年獲伊利諾伊大學博士。回國後，曾任中央地質調查所研究員，中科院南京地質所研究員、土壤研究所研究員兼副所長等。土壤農業化學家，中國現代土壤學和植物營養化學奠基人之一，1955 年當選學部委員。

　　蔡邦華（1902～1983），江蘇溧陽人。1920 年留日，1924 年畢業於鹿兒島高等農林學校，回國任北京農業大學教授。1927 年再度留日，入東京帝國大學從事研究。1930 年赴德，先後在德意志昆蟲研究所、柏林動物博物館、慕尼黑大學等研習。1937 年回國，曾任浙江昆蟲局局長、浙江大學農學院院長等。1953 年調中科院，曾任昆蟲所副所長、動物所副所長等。中國昆蟲生態學奠基人之一，1955 年當選學部委員。

　　金善寶（1895～1997），浙江諸暨人。1920 年畢業於南京高等師範學校農業專修科，留校任試驗場技術員，1927 年東南大學本科畢業。1930 年留美，先後在康奈爾大學、明尼蘇達大學研習。1932 年回國，曾任浙江大學副教授、中央大學教授、江南大學農藝系主任等。1949 年後，曾任南京農學院院長，中國農科院副院長、院長等。中國現代小麥科學主要奠基人，主編《中國小麥

栽培學》《中國小麥品種及其譜系》等，1955 年當選學部委員。時任中央大學教授，獲獎作品發表於《中華農學會報》。

嚴演存（1912～2004），字衍城，江蘇吳縣人。兵工學校畢業，德國柏林工業大學博士。曾任西北工學院、東北大學、軍政部兵工學校教授。戰後赴臺接收化工企業，任臺灣工業發展委員會食品化工組組長，被譽為「臺灣化工之父」。1965 年赴美，擔任斯坦福國際研究所高級工程師。著有《蒸餾之理論與實施》《炮內彈道學》等。

陳百屏（1913～1993），安徽盧江人。1935 年畢業於交通大學電機系，1936年畢業於中央大學機械特別班，留校任教，歷任航空工程系助教、講師、副教授。1947 年留美，先後就讀斯坦福大學、布朗大學等，1950 年獲博士。當年回國，曾任大連工學院教授、應用數學系主任，解放軍軍事工程學院教授，西北工業大學教授兼飛機系副主任等。固體力學家，對構架結構的矩陣分析方法和彈性結構力學研究有突出貢獻。

王成發（1906～1994），遼寧遼陽人，中國現代營養學奠基人之一。1931年畢業於遼寧醫學院，任職附屬醫院。1936 年入協和醫學院，隨吳憲從事生化研究，後任福建省立醫學院教授。1941 年後，任職中央衛生實驗院，曾任營養研究所所長等。1943 年到印度營養研究所進修，1946 年赴美任哈佛大學營養系講座教授，1948 年底回國。1949 年後，曾任軍事醫學科學院營養系主任、營養研究所所長、衛生學環境醫學研究所所長等。

鄭集（1900～2010），字禮賓，四川南溪人，生物學家、營養學家和衰老研究開創人。1928 年畢業於中央大學生物系，留校任助教，並任中國科學社生物研究所助理。1930 年留美，先後入讀俄亥俄州立大學、印第安納大學，1934 年獲博士。回國曾任中國科學社生物研究所生理化學研究室主任、中央大學醫學院教授等。1949 年後，曾任南京大學醫學院、第四軍醫大學生化系主任、南京大學教授等。

總體上看，第四屆 14 位獲獎人科研成就似乎比前面三屆整體水平高一些，林致平、柏實義兩位離開大陸的航空工程專家當選中研院院士，黃文熙、李慶逵、蔡邦華、金善寶當選 1955 年學部委員，魏壽崑當選 1980 年學部委員，獲獎者一半當選為「院士」。此外，唐燿是中國木材學奠基人，宋達泉是中國土壤研究先驅，陳百屏也對中國飛機事業影響很大，王成發、鄭集是中國營養學奠基人，嚴演存被譽為「臺灣化工之父」。

　　第五屆共有 16 件作品正式獲獎，並有 3 件作品獲得獎助，共有 19 件之多，與自然科學第三屆獲獎數量相等，但無一等獎。二等獎 6 件，獲獎者除魏壽崑與徐冠仁外，還有錢令希、朱蓮青、郭祖超和斯行健 4 人。**錢令希**（1916～2009），江蘇無錫人，物理學家錢臨照弟弟。1936 年上海中法工學院畢業，留歐入比利時布魯塞爾自由大學，1938 年獲「最優等工程師」。當年回國，曾任昆敘鐵路局、川滇鐵路局、交通部橋樑設計工程處工程師，浙江大學土木系主任等。1952 年調大連工學院，曾任副院長、院長等。中國計算力學工程結構優化設計開拓者、結構力學與現代科技密切結合奠基人，1955 年當選學部委員。

　　朱蓮青（1907～1991），浙江嘉興人。1932 年畢業於金陵大學森林系，曾任中央地質調查所土壤室調查員、技師，中央林業實驗所研究員、技正。1949 年後，曾任華東農林部南京林業實驗所研究員，農業部土地利用局工程師，農墾部荒地勘探設計院副院長、建設局副局長，農牧漁業部土地利用局副局長等。土壤學家，在土壤地理、土壤發生分類、水稻土的形成和特性等方面有重要貢獻。

　　郭祖超（1912～1999），江蘇青浦（今屬上海）人。1934 年畢業於中央大學教育心理系，留校任教，歷任講師、副教授。1947 年赴美，入約翰·霍普金斯大學進修生物統計。翌年回國，任中央大學教授。1951 年後，歷任第五軍醫大學、第四軍醫大學教授。醫學統計學家、軍隊衛生統計學家，是中國第一位運用現代統計學方法搜集分析軍隊衛生工作統計資料組織者、指導者。獲獎作品 1945 年撰成，1948 年 9 月以「大學叢書」由正中書局出版。

　　斯行健（1901～1964），字天石，浙江諸暨人。1926 年畢業於北京大學地質系，曾任中山大學助教。1928 年留德，1931 年獲柏林大學博士，並在瑞典斯德哥爾摩大學從事古植物研究。1933 年回國，曾任清華大學、北京大學教授，中研院地質所研究員，1947～1948 年赴美從事學術交流。1951 年後，任中科院古生物所研究員、代所長、所長。古生物學家、地層學家，中國陸相地層學研究先驅，1955 年當選學部委員。

　　二等獎 6 位獲獎者 4 人當選學部委員，另兩位也開創了各自的研究領域。值得指出的是，斯行健的地質學成果完成是理論地質學研究，應歸入自然科學。三等獎作品 10 件，其中 1 件由 3 人完成，共有 12 位獲獎者。**張象賢**（1901～2008），1929 年同濟大學機械系畢業，留學意大利，獲都靈大學航空

工程研究院博士。1941 年回母校任教，曾任機械工程系主任。1948 年赴臺，曾任教成功大學。

王志鵠（1905～？），字思九，江蘇崇明人。南通大學農科畢業留日，入北海道帝國大學，後轉意大利皇家大學農學院，1934 年獲博士。曾任北平大學、西北農學院教授兼農業化學系主任。1944 年轉任同濟大學教授，1947 年任中山大學農學院院長。1949 年赴臺，曾任宜蘭農業職校校長、臺灣省立農學院院長、中國文化學院院長、南亞工業專科校長等。還以《土壤微生物學研究上之新途徑》獲得第六屆二等獎。

陳心陶（1904～1977），福建古田人。1925 年畢業於福建協和大學生物系，任教嶺南大學。1928 年留美，先後入讀明尼蘇達大學、哈佛大學，1931 年獲博士。曾任嶺南大學生物系主任、理科研究所所長，中正醫學院教授兼江西衛生實驗所所長。1946 年回嶺南大學，曾代理醫學院院長，1948 年赴美訪學。1949 年回國，繼續任教嶺南大學醫學院。院系調整任教中山醫學院，兼任廣東省血吸蟲病研究所所長、熱帶病研究所所長等。醫學寄生蟲學家，對華南地區的蠕蟲區系、中國吸蟲區系分類等奠定了基礎。

施珍，生平不詳，曾任職江西墾務處、國民黨中央訓練委員會。著有《墾殖概論》《墾殖方法論》《棉花栽培學》等，獲獎作品發表於《農報》1947 年底 2 期。

朱鼎，生平不詳，江蘇靖江人。曾任江蘇醫學院藥理學教授、第四軍醫大學教授。獲獎作品 1945 年由軍事委員會政治部印刷廠出版，有陳果夫、胡定安等人序言。

齊敬鑫（1900～1973），字堅如，安徽和縣人，林學家。1923 年畢業於金陵大學森林系，曾任中學教員，1928 年任中山大學助教。1930 年留德，1933 年獲慕尼黑大學博士。曾任西北農林專科學校教授兼森林組主任、西北農學院教授兼教務長、安徽大學農學院院長等。1949 年後，曾任安徽農學院林學系主任、院長等。獲獎作品為西北農學院與兵工署合作種植國防工業製造槍托所需核桃木項目總結報告，1945 年 10 月由商務印書館出版，有戴季陶序言。

楊槱（1917～），號君樸，江蘇句容人，生於北京。1935 年中學畢業留英，1940 年畢業於格拉斯哥大學造船系。曾任同濟大學講師、民生機器廠副工程師、重慶商船學校教員、交通大學造船系教授等。1944 年赴美參觀實習等，1946 年回國，先後任海軍江南造船所工程師、上海海軍機械學校教務組長等。

1949 年後，曾任同濟大學造船系主任、大連工學院造船系主任，上海交通大學教授、造船系主任、教務長、船舶及海洋工程所所長等。造船專家，中國電子計算機輔助設計、船舶技術經濟論證等新學科開拓者和船史研究奠基人，1980 年當選學部委員。獲獎作品曾在中國工程師學會年會宣讀，發表於《中國造船》1948 年第 1 期。

　　《土地測量論文等四篇》由唐余佐、陳永殷和朱成焯三人合作完成。**唐余佐**（1916～　），安徽來安人。1941 畢業於同濟大學測量系，任職中國地理研究所、水利部治淮指揮部、水利部哈爾濱勘測設計院，黑龍江水利勘測設計院，曾任勘測大隊副隊長、副總工程師等。**陳永殷、朱成焯**生平都不詳。

　　陳禮節（1906～1984），湖北漢陽人。曾就學於漢口同文書院，1926 年留日，1936 年畢業於京都帝國大學醫學部，曾留校從事研究。翌年回國，曾任西北聯大、福建醫學院教授，臺灣大學教授兼附屬醫院院長、熱帶病研究所所長，浙江省立醫院院長等。1949 年後，曾任杭州衛生局副局長、局長，杭州市副市長等。

　　3 件獎助作品分由三人獲得。**張景賢**，生卒年不詳，山東長山（今鄒平）人。1936 年同濟大學機械電工系畢業。曾任同濟大學副教授、教授，上海交通大學教授、動力機械系主任、內燃機教研室主任，西安交通大學教授等。

　　黃端芳，生平不詳，1936 年畢業於華西協合大學，獲牙科博士。

　　張文治（1906～1984），曾用名化天，河北景縣人。1929 年北洋大學機械系畢業，留校任教。1935 年留英，1937 年獲杜倫大學碩士，並在德國丹澤大學潛水艇專業研習。1938 年回國，曾任西北工學院教授，民生實業公司副總工程師、總工程師、副總經理。1955 年後，曾任交通部河運總局、海運總局、水運總局、技術局、海洋局等副局長、總工程師，船舶設計院副院長等。造船工程學家，長期從事內河航運、船舶設計、製造和修理工作。獲獎作品發表於《工程》第 18 卷第 1 期（1945）。

　　三等獎 12 人和獎助 3 人共 15 人中，有多人生平不詳，僅有楊樞一人當選學部委員。另外，值得提出的是，本屆同濟大學有張象賢、王志鵠、張景賢 3 人 3 件作品獲獎，在一定程度上顯現了地處李莊的同濟大學在應用科學方面的成就。

　　第六屆二等獎和三等獎各 7 件，二等獎獲得者蔡金濤、柏實義、王志鵠都曾獲過獎。**林國鎬**（1897～1972），浙江鎮海人，中國生物化學開創人之一。

早年就讀聖約翰大學，1916 年考入清華學校，1918 年留美，先後就讀布朗大學和哈佛大學，獲博士。1924 年回國，曾任北京協和醫學院講師，上海醫學院副教授、教授兼生化科主任。1935 年赴歐訪學，先後在牛津大學、劍橋大學等研修有機化學與生物化學。1938 年回國，任上海醫學院生化科主任，曾任中央衛生實驗院化學藥物組主任。1949 年後，曾代理上海醫學院院長，1951年調軍事醫學科學院，曾任生物生化系主任、放射醫學研究所副所長等。

　　與蔡金濤合作的**沈家楠**（1917～2005），浙江紹興人，生於杭州。1941 年畢業於浙江大學電機系，曾任資源委員會中央無線電器材廠技術員、浙江大學助教等。1947 年留美，1949 年獲西雅圖華盛頓大學碩士，再入伊利諾州立大學攻讀博士未畢業，1950 年回國。曾任華東重工業部電信研究所工程師，電器工業研究所（電器科學研究院）副研究員、研究員，國防部五院二分院導彈控制系統專業設計室副主任、主任，七機部一院控制系統設計所副所長等。無線電與自動化控制技術專家，中國航天控制技術主要創建人之一。

　　管相桓和涂敦鑫獲獎作品為農作物遺傳學研究。**管相桓**（1909～1966），原名傳學，四川營山人。幼年孤苦，依堂兄為生，受鄧錫侯助，考入中央大學農藝系。畢業後留日，入東京大學農學部研究稻作。曾任四川省稻麥改進所、農業改進所技正，華西協合大學、金陵大學、四川大學教授。1945 年赴美，任教加州大學，1949 年 9 月回國，任西南農學院副教務長、農學系主任等，反右中被打成右派，文革初期被迫害致死。獲獎作品 1946 年發表於《中華農學會報》。

　　涂敦鑫，生平不詳，除與管相桓從事水稻遺傳研究外，還從事黃麻等麻類作物研究。

　　與柏實義合作的**康振黃**（1920～2018），山西五臺人。1942 年中央大學航空工程系畢業，曾任工廠助理工程師、中央大學助教、重慶大學講師等。1947年留美，1949 年獲紐約大學航空工程碩士。當年回國，曾任重慶大學副教授，西南工業專科學校教授、航空科主任，四川大學教授、工學院院長，成都工學院副教務長、教務長，成都科技大學力學系主任、副校長，四川省副省長等。流體力學家，長期從事空氣動力學、流體力學、生物力學研究，提出雙葉翼型人工機械心瓣設計理論。

　　王清和（1908～1986），河北順義人。1935 年畢業於金陵大學植物病理系。曾任清華大學助教，福建省立農學院講師，福州協和大學副教授、教授兼園藝系主任，湖北省立農學院教授兼病蟲害系主任、教務長等。1949 年後，

曾任山東大學農學院教授兼園藝系、病蟲害系主任，山東農學院教授兼植物保護系主任等。

江西南昌人蔡方蔭（1901～1963），土木建築結構學家、力學專家，正式候選首屆院士，1955 年當選學部委員。時任中正大學土木系主任，獲獎作品發表於《正大土木》第 2 期（1947 年 7 月發刊）。

三等獎 7 件作品除唐燿外，還有 6 位獲獎者。余皓（1910～1991），字祉唐，江蘇阜寧人，土壤學、岩礦分析化學家。1931 年上海勞動大學畢業。曾任中央地質調查所技士、技正、化驗室主任。1950 年後，曾任中科院地質所、貴陽地球化學所研究員等。

諶湛溪（1882～1958），名立，字祖恩，以號行，貴州平遠人，地質礦產學家。1908 年京師大學堂畢業。1910 年二屆庚款留美，入哥倫比亞大學地質系，獲礦業工程師。1915 年回國，曾任礦務工程師、技正，貴州建設廳廳長兼交通局長等，東南大學、北洋大學、廈門大學、交通大學唐山工學院、貴州大學、昆明工學院等校教授。時任貴州大學教授，獲獎作品發表於《美國礦冶工程師學會會刊》。

盛彤笙（1911～1987），江西永新人。1932 年畢業於中央大學動物系，1934 年上海醫學院肄業留德，1936 年獲柏林大學醫學博士，1938 年獲柏林大學獸醫學博士。回國後曾任江西省立獸醫專科學校教授、西北農學院畜牧獸醫系主任、中央大學教授、國立獸醫學院院長等。1950 年後，曾任西北畜牧獸醫學院院長兼中科院西北分院籌備副主任、蘭州獸醫所研究員、江西農科院研究員等，1957 年被劃為右派。對中國畜牧獸醫事業貢獻甚大，1955 年當選學部委員。獲獎作品是其標誌性成就，首先證實成都水牛「四腳寒」為腦脊髓炎，並發現腦脊髓炎由病毒所致。

王仁權，生平不詳，江蘇高郵人，江蘇省立蘇州工專畢業，曾任交通部川滇西路工務局副工程師，1945 年任武漢大學機械系助教，翌年任土木系助教。

陳椿庭（1915～2016），江蘇武進人。1937 年畢業於中央大學土木系，曾任西北農學院助教、講師，1946 年任職中央水利實驗處。1948 年留美，1949 年獲明尼蘇達大學碩士。1950 年回國，曾任中央水利實驗處水工室主任、水利水電科學院水工研究所副所長、所長、副院長等，長期從事水工模型試驗和洩洪消能研究。獲獎作品 1947 年發表於《水利》，反映了當時中國洪水頻率分析水平。

應用科學共有沈霽春、俞啟葆、杜德三、黃如瑾、裘逸葦、陳應霖、周同慶、王恒守、武霈、許植方、鄒鍾琳、郭質良、林一民、李謨熾、孫輔世、夏嘉貞、高克謙、劉述文、王世勳、奚元齡、王善政、王師羲、杜公振、鄧瑞麟、李耀滋、顧毓珍、王之卓、徐冠仁、盧浩然、羅登義、劉君諤、吳襄、林致平、黃文熙、柏實義、魏壽崑、龍丕炎、唐燿、宋達泉、李慶逵、蔡邦華、金善寶、嚴演存、陳百屏、王成發、鄭集、錢令希、朱蓮青、郭祖超、斯行健、張象賢、王志鵠、陳心陶、施珍、朱鼎、齊敬鑫、楊樖、唐余佐、陳永殷、朱成焯、陳禮節、張景賢、黃端芳、張文治、林國鎬、蔡金濤、沈家楠、管相桓、涂敦鑫、康振黃、王清和、蔡方蔭、余皓、諶湛溪、盛彤笙、鍾盛標、王仁權、陳椿庭等 78 位獲獎者（獎助 13 人），其中生平信息很少的有裘逸葦、陳應霖、高克謙、王世勳、王善政、施珍、朱鼎、陳永殷、朱成焯、黃端芳、涂敦鑫、王仁權等 12 人，生平不詳的有杜德三、黃如瑾、王師羲、劉君諤、龍丕炎、張景賢等 6 人，共有 18 人之多，幾乎與「社會科學」相當。另有武霈、郭質良、李謨熾、鄧瑞麟、王志鵠等卒年也不清楚。可以確定離開大陸的有杜德三、裘逸葦、郭質良、林一民、李謨熾、王師羲、李耀滋、林致平、柏實義、嚴演存、張象賢、王志鵠等 12 人（生平不詳的 18 人中離開大陸的比例可能更高），比自然科學人數少，比例也低，其中嚴演存被譽為臺灣「化工之父」，李耀滋 1987 年當選美國工程院院士、林致平 1958 年當選中研院第二屆院士、柏實義 1962 年當選中研院第四屆院士。相較自然科學類離開大陸者無人當選中研院院士或美國科學院與工程院院士，應用科學類有兩位中研院院士和一位美國工程院院士。奇怪的是，整個應用科學獲獎群體中無一人當選首屆中研院院士。

留居大陸當選 1955 年學部委員有周同慶、黃文熙、李慶逵、蔡邦華、金善寶、錢令希、斯行健、蔡方蔭、盛彤笙等 9 人，當選 1980 年學部委員有王之卓、徐冠仁、魏壽崑、楊樖、蔡金濤等 5 人，一共 14 人，與自然科學的 26 人相比，差距相當大。屬於農學（包括土壤、畜牧獸醫）有李慶逵、蔡邦華、金善寶、盛彤笙、徐冠仁 5 人，屬於工程技術（包括力學）有黃文熙、錢令希、蔡方蔭、魏壽崑、楊樖、蔡金濤等 6 人，獲獎人對中國工農業生產發展影響之大，也由此可見。

當然，正如前面所言，這些應用科學獲獎作品有些應歸入自然科學，更有不少屬於技術發明，應歸於工藝製造，在在說明學術審議會對於學科分類的認

知有所偏差。當然，從第一屆 6 件作品中有 4 件、第二屆 15 件作品中有 5 件屬於技術發明，到後來只有個別作品屬於技術發明，說明學術審議會的學科分類認知也有一個不斷變化的過程。〔註 130〕

六、極度稀缺的工藝製造與特殊的美術

教育部的學術獎勵名為「著作發明及美術獎勵」，將「發明」專門提出，其意就是要通過獎勵「發明」來提升國家工農業生產的技術含量與技術水平，設立「工藝製造」對應「發明」。不想，事與願違，六屆評獎中工藝製造獲獎作品數量極少，有多屆居然沒有作品獲獎，僅二等獎 2 件、三等獎 3 件、獎助 4 件共 9 件而已。當然，正如前面所言，不少應用科學類作品應該歸入工藝製造：

> 第一屆獎助 4 件，李春和《計算尺》、何以余《曲線規》、蕭光炯與湯滎《計算尺》、李酉山《圓線尺》；
>
> 第四屆二等獎李善邦《霓式地震儀》；三等獎 3 件，袁開基《熔融製造鈣皂法》、吳建中《地錦試紙》、吳有榮《我國鹽業所用鋼繩及試造之研究》；
>
> 第六屆二等獎鄭重知、鄭咸熙《鉀灰城法（一）冷卻法》

這些工藝製造作品除李善邦「地震儀」，鄭重知、鄭咸熙兄弟《鉀灰城法（一）冷卻法》外，似乎並沒有產生多少影響，表明學術審議會設立這個類別似乎有些欠考慮（與發明專利有衝突）。獲獎作品稀少及其影響甚微，自然與中國當時工農業生產工業化水平極低有關。

這些獲獎人者也有一些值得述說的人物，如李善邦是中國地震學研究奠基人，曾正式候選中研院院士，其他人大致簡歷如下：

第一屆 4 件獎助都是相關數學的器具發明，獲獎人有 5 位，僅有兩位有較為詳細的生平。

李春和，生平不詳。

〔註 130〕 值得注意的是，應用科學類有不少獲獎者後來都是年過百歲的「壽星」，陳椿庭 101 歲、金善寶 102 歲、孫輔世 103 歲、張象賢和魏壽昆 107 歲、鄭集 110 歲，還有仍健在已 106 歲的楊槱（1917～）；自然科學類也有劉建康 100 歲、蘇步青 101 歲、蔡啟瑞和胡秀英 102 歲。相較而言，人文社會科學僅王伊同 102 歲，另有金景芳、施之勉、羅章龍、徐松石 99 歲。其間的差別除個人因素而外，不知是否與學科類別屬性有關？

何以余，生平不詳，曾編中等專業學校教材《隧道》。

蕭光炯（1890～1983），字鑒秋，湖南新化人。湖南高等實業學堂畢業，留學歐洲，獲比利時根特大學工程師學位。1926 年回國，曾任湖北建設廳技正兼漢宜公路總工程師，湘南公路局總工程師。1929 年任教湖南大學直到 1959 年退休，曾任土木工程系主任、總務長、教務長、工學院院長、圖書館館長等。

湯榮，生平不詳，曾任湖南大學機械系講師、副教授、教授等。

李酉山（1905～1968），遼寧義縣人。1923 年就讀東北大學機械工程系，1928 年留美，先後就讀伊利諾州立大學、麻省理工學院，1931 年獲碩士。1933 年回國，曾任教北平大學工學院、重慶大學、中央大學等校機械系等，戰後曾任安東省建設廳廳長。1949 年後，曾任哈爾濱工業大學研究部主任，清華大學機械系、冶金系主任等，文革初期被迫害去世。

第四屆除李善邦外，其他三人僅一人生平不詳。袁開基（1904～1982），浙江上虞人。1923 年金陵大學化學系畢業，1931 年獲美國維吉尼亞大學博士。曾任東北大學教授、中央衛生試驗所技正、軍醫學校教官、南京藥學專科學校教授。1949 年後，曾任上海醫學院藥學系教授等。著有《有機化學講義》《理論有機化學》等。

吳建中（1902～？）生平不詳，福建閩候人。北平師範大學畢業。曾任福建省教育所視導員、省立醫學院講師、暨南大學副教授、福建醫學院教授等。

吳有榮（1911～1992），江蘇無錫人。1932 年畢業於中央大學機械系，1935 年赴美，1937 年獲麻省理工學院碩士。曾任中央大學教授，財政部川康鹽務局機務處長、中央工業試驗所技正兼技術室主任。1949 年後，曾任上海交通大學、西安交通大學教授。

第六屆獲獎者為兄弟倆。鄭重知（1914～2004），浙江黃岩人。1936 年暨南大學化學系畢業，歷任暨南大學助教、福建省立醫學院講師、浙江省造紙廠與鄭氏製城實驗室工程師、英士大學副教授等。1949 年後，曾任東北師範大學副教授，華東師範大學副教授、教授等。

鄭咸熙（1923～），浙江黃岩人，鄭重知弟弟，中學特級教師。暨南大學化學系肄業。先後任教於黃岩扶雅、路橋、黃岩、天台中學，後調入溫嶺中學，曾任浙江省中學化學教學研究會理事、副主席，溫嶺縣第五、六屆政協副主席。曾在《化學通報》等發表論文 20 餘篇。

工藝製造 10 位獲獎人中居然有李春和、何以余、湯榮和吳建中 4 人生平

不詳，比例高達 40%，充分顯現了技術創新的發明者在中國社會的地位，為竺可楨的觀察提出了一個極好的注解。1939 年 5 月 18 日，竺可楨在日記中說：

> 目前各國立大學之工學院院長鮮有知名者，因中國人傳統觀念，凡受教育不外乎讀書，教育受畢即做文章以與人讀。因此受教育者稱為讀書人，而受畢教育之人稱為文人，除讀書作文以外更無所謂教育。而所謂知名之士無非在各大報、雜誌上作文之人，至於真真做事業者國人知之極少。即如永利、久大為我國最大之實業，但有幾人能知永、久兩公司中之工程師侯德榜、傅爾攸、孫學悟。粵漢鐵路以極廉之價、極速之時間造成，但其總工程師凌鴻勳國人亦鮮有能道之者，而天天在報上作文之胡適之、郭沫若則幾乎盡人皆知。在大學工學院做院長、系主任者，統是埋頭苦幹，試問目今各大學之工學院院長有幾人能道其姓名者。……喜做文而有聲望者如顧一樵即一躍而為教育部次長，不復在工業界矣。〔註131〕

與工藝製造獲獎者大多籍籍無名相比，「美術」獲獎者每個都「留名於世」。「美術」類包括繪畫、雕塑、工藝美術和音樂等，共有 21 件正式獲獎，12 件獲得獎助，其中一等獎 1 件、二等獎 7 人，具體如下：

第一屆：**二等獎 2 件**，劉開渠《雕刻》、沈福文《漆器》；**三等獎 4 件**，常書鴻《總裁肖像：湘北大捷、枕戈待旦（油畫）》、雷圭元《工藝美術之理論與實際》、龐薰琹《工藝圖案》、楊守玉《正則繡》。

第二屆：**一等獎**呂鳳子《四阿羅漢（國畫）》；**二等獎 4 件**，黃君璧《山水（國畫）》、秦宣夫《母教（西畫）》、吳作人《空襲下的母親（西畫）》、楊蔭瀏《絃樂器定音計》；**三等獎 4 件**，王臨乙《大禹浮雕》、劉開渠《女像（雕刻）》、劉鐵華《同盟國勝利的預兆（版畫）》、章繼南《陶瓷高溫釉下黑色》。

第三屆：**三等獎 4 件**，張清常《中國上古音樂史論叢》、鄧白《秋汀野鷺圖》、都冰如《正氣歌》、陰法魯《先漢樂律初探》。

第四屆：**獎助 9 件**，陳樹人《雨中桃花》、宗其香《縴夫》、岑學恭《幽林古剎》、楊立光《人像》、艾中信《捷報》、黃顯之《像》、張建關《游擊隊之母》、楊蔭瀏《本國音樂史綱》、許士騏《人體解剖與造形美術之研究》。

〔註131〕 樊洪業主編：《竺可楨全集》，第 7 卷，第 90 頁。

第五屆：**獎助 2 件**，劉北茂（一）《漂泊者之歌》（二）《小花鼓》，陰法魯《唐宋大曲之來源及其組織》（先給予三等獎金額相等之獎助金，並致書鼓勵促其全書完成後再請獎）。

第六屆：二等獎鄧白（一）《瑤臺豔雪圖》（二）《和平春色圖》，三等獎俞雲階《趕場圖》，獎助都冰如《長恨歌》。

第一，與其他類別只有極少數人以兩件作品申請獲獎不同，本類有多人以兩件作品獲獎，這也許就是美術類的特別之處。第二，也有人兩次獲獎，而且比例奇高。鄧白第三屆獲得三等獎第六屆獲得二等獎、都冰如第三屆獲三等獎第六屆獎助、陰法魯第三屆三等獎第五屆獎助、楊蔭瀏第二屆二等獎第四屆獎助都符合規則，劉開渠第一屆獲得二等獎第二屆獲三等獎不符合規則。總共僅 33 件作品，居然有 5 人兩次獲獎，他們就有 10 件作品，比例實在太高。第三，與其他類不同，本類獲得獎助的作品也相對較多，總共 33 件作品中獎助達到 12 件，占三分之一強。第四，獲獎作品中，以美術創作為主，也有雷圭元《工藝美術之理論與實際》、許士騏《人體解剖與造形美術之研究》、張清常《中國上古音樂史論叢》、楊蔭瀏《本國音樂史綱》、陰法魯《先漢樂律初探》和《唐宋大曲之來源及其組織》這樣的理論研究著述，其中 4 件為音樂史作品，相對而言音樂創作較少。

第一屆有 6 位獲獎人。劉開渠（1904～1993），原名大田，安徽蕭縣人。1920 年考入北京美術專門學校，1928 年留法，入巴黎國立高等美術學校習雕塑。1933 年回國，曾任國立藝術專科學校雕塑系主任、教授、校長。1949 年後，曾任人民英雄紀念碑設計處長和雕塑組長，中央美術學院副院長、中國美術館館長等。輯有《劉開渠美術論文集》《劉開渠雕塑集》等。

沈福文（1906～2000），福建詔安人。先後就讀集美師範學校、杭州國立藝術專科學校、北平大學藝術學院。1935 年留日，求學東京松田漆藝研究所，1937 年回國。曾任北平美術專科學校、北平藝術專科學校、國立藝術專科學校等校教員，四川省立藝術專科學校教授兼應用藝術科主任，成都藝術專科學校教授兼實用美術系主任，四川美術學院工藝美術系主任、院長等。編著有《中國漆藝美術史》等。

常書鴻（1904～1994），滿族，浙江杭縣（今杭州）人。1918 年考入浙江省立甲種工業學校預科，畢業後留校任教。1927 年留法，先後就讀里昂美術專科學校、巴黎高等美術學校，1936 年回國。曾任北平藝術學校、國立藝術

專科學校教授，教育部美術教育委員會委員兼秘書，敦煌藝術研究所長、敦煌文物研究所所長等。著有《敦煌藝術的源流與內容》等。

雷圭元（1906～1989），號悅軒，江蘇松江（今屬上海）人。1927 年畢業於北京藝術專科學校，1929 年留法研究工藝美術，1931 年回國。曾任杭州藝術專科學校、國立藝術專科學校教授，四川省立工藝專科學校教授兼教務主任等。1953 年調中央美術學院任教授，1956 年轉中央工藝美術學院，曾任副院長等。著有《工藝美術技法講話》等。

龐薰琹（1906～1985），字虞鉉，號鼓軒，江蘇常熟人。1925 年留法，入巴黎敘利恩繪畫研究所，1927 年轉格朗歇米歐爾研究所，1930 年回國。曾任北平藝術專科學校、四川藝術專科學校、中央大學、國立藝術專科學校、廣東省立藝術專科學校、中山大學等校教授。1949 年後歷任中央美術學院華東分院教授，中央工藝美術學院教授、副院長等。著有《工藝美術設計》等。

楊守玉（1896～1981），女，原名韞，字瘦玉，江蘇武進人。武進縣立女子師範圖工班畢業。曾任江蘇私立正則女校繪繡專科教授兼科主任，創「亂針繡」，以「正則女校」命名為「正則繡」。

第一屆獲獎 6 人，除楊守玉外都出生於 1904～1905 年，曾到世界藝術之都法國巴黎求學、研習，深受世界藝術的薰染，回國後任教於國內當時著名藝術院校，身體力行從事創作外，也言傳身教，培養人才。

第二屆 9 件作品獲獎，呂鳳子獲得藝術類唯一一等獎，他曾擔任學術審議會委員。呂鳳子（1885～1959），名濬，字鳳癡，以號行，江蘇丹陽人。15 歲中秀才，後轉學美術，1909 年畢業於兩江優級師範學堂圖畫手工科。創辦丹陽正則女校，曾任南京高等師範學校、北京高等師範學校、上海美術專科學校、金陵大學教授，正則藝術專科學校、國立藝術專科學校校長。1949 年後，曾任江蘇師範學院教授等。著有《中國書法研究》等。

二等獎獲得者 4 人。黃君璧（1898～1991），字君翁，廣東南海人。1919年廣東公學畢業。曾任廣州市立美術學校教務主任，中央大學講師、副教授、教授。1948 年赴臺，任臺灣師範大學藝術系主任等。輯有《黃君璧畫集》等。

秦宣夫（1906～1998），原名善望，廣西桂林人。1929 年畢業於清華大學外語系，翌年留法，先後入巴黎國立高等美術學校、巴黎盧浮學校學習，並在巴黎大學美術考古研究所研究等。1934 年回國，曾任清華大學講師、北平藝術專科學校教授、國立藝術專科學校教授兼畫科主任、中央大學教授等。1952

年院系調整，任南京師範學院教授兼美術系主任等。

吳作人（1909～1997），安徽涇縣人，生於江蘇蘇州。曾就讀上海藝術大學、上海南國藝術學院、中央大學等。1930 年留法，就讀巴黎高等美術學校，轉比利時皇家美術學院。1935 年回國，曾任中央大學講師、教授，國立北平藝術專科學校教務主任、油畫系主任等。1949 年後，曾任中央美術學院教授、教務長、副院長、院長等。

楊蔭瀏（1899～1984），號清如，江蘇無錫人。1923 年入聖約翰大學經濟系，轉光華大學，因家貧未畢業，任教中學等，後入燕京大學研究院研習。曾任哈佛燕京學社音樂研究員、基督教會音樂及文藝編審、國立音樂院教授、禮樂館樂典組主任等。1949 年後，曾任中央音樂學院教授兼音樂研究所副所長、所長等。著有《中國古代音樂史稿》《國樂概論》等。獲獎作品 1942 年 6 月以《絃樂器定音計述略》為名由教育部音樂教育委員會出版。後還以《本國音樂史綱》獲得第四屆獎助。

三等獎也有 4 位獲獎人，除劉開渠外，還有以下 3 位。王臨乙（1908～1997），號黎然，上海人。曾就讀上海美術專科學校、中央大學，1928 年赴法，先後就讀里昂國立高等美術學校、巴黎國立高等美術學校等。1935 年回國，曾任北平藝術專科學校雕塑系主任、國立藝術專科學校教授等。1949 年後，曾任中央美術學院雕塑系主任等。

劉鐵華（1917～1997），河北薊縣人。1934 年北平美術學院西畫系畢業。曾任重慶育才學校教師、私立惠中女中校長等。1952 年後，曾任新鄉師範學院語文系副主任，鄭州師範專科學校繪畫科副主任，河南大學美術系副教授、教授等。

章繼南（1895～1957），字堯謨，江西餘干人。早年就讀中國窯業學堂，1922 年東京工科大學窯業科畢業。曾任江西省立窯業學校教員、江蘇省立宿遷玻璃職校校長、四川省立窯業學校校長、江津窯業技術學校副校長等。

與第一屆大多留學法國不同，第二屆有超過一半的獲獎者未出國學習研修，這可能也與他們年齡參差不齊相關，從 1885 年的呂鳳子到 1917 年的劉鐵華，相差 32 歲。

與前兩屆以創作為主不同，第三屆三等獎 4 件中有 2 件理論研究，都出自西南聯大中文系。張清常（1915～1997），貴州安順人。1934 年北平師範大學中文系畢業，考入清華大學讀研究生，1937 年畢業。曾任浙江大學講師，

西南聯大中文系講師、副教授、教授。1946 年任南開大學教授兼中文系主任，1957 年曾借調內蒙古大學多年。語言學家，在音韻學、社會語言學等領域有重要貢獻，著有《胡同及其他——社會語言學的探索》等。獲獎作品 1944 年出版。

陰法魯（1915～2002），字少曾，山東肥城人。1939 年畢業於西南聯大中文系，考取北京大學文科研究所研究生，1942 年畢業。曾任華中大學副教授，哈佛燕京學社研究員，北京大學講師、副教授，北京政法學院副教授，中科院歷史所副研究員，北京大學中文系教授兼古典文獻教研室主任。著有《中國古代音樂與舞蹈》《中國古代文化史》等，輯有《陰法魯學術論文集》等。獲獎作品以大學本科畢業論文為基礎，第五屆獎助作品《唐宋大曲之來源及其組織》基礎為碩士論文《詞與唐宋大曲之關係》。

鄧白（1906～2003），原名曙光，廣東東莞人。曾先後就讀廣州市立美術學校、上海藝術專科學校等，1933 年畢業於中央大學藝術系。曾任中央大學助教，中央攝影廠組長，國立藝術專科學校講師、副教授，中央美術學院華東分院副教授，浙江美術學院工藝美術系教授兼主任等。還獲得第六屆二等獎。

都冰如（1903～1987），字能，浙江海寧人。1924 年入杭州藝術大學，翌年轉上海藝術專科師範學校。1927 年入商務印書館工作，曾任廣告主任。抗戰期間曾任重慶國立勞作師範學校教員，戰後回上海任市北中學美術老師。獲獎作品為巨幅長卷，以文天祥《正氣歌》為題。還獲得第六屆獎助。

第四屆有 9 件作品，全為獎助，楊蔭瀏外，其他 8 位簡介如下。**陳樹人**（1883～1948），名韶，廣東番禺人。留日先後就讀京都美術學校、立教大學。曾任教廣東高等師範學校，歷任國民政府秘書長、中央僑務委員會委員長，中央工人部、海外部部長等，國民黨中央執委。與高劍父、高奇峰並稱嶺南畫派三傑，有《陳樹人中國畫選集》等。

宗其香（1917～1999），江蘇南京人。1944 年中央大學藝術系畢業。曾任中國美術學院助理研究員、北平藝術專科學校講師，中央美術學院教授兼水彩畫教研室主任、中國畫系山水科主任等。

岑學恭（1917～2009），滿族，綏遠新城人。1944 年中央大學藝術系畢業。曾任國立杭州藝術專科學校講師，後長期任職四川美術家協會，曾任理事、巴蜀詩書畫研究社社長，四川省文史館館員等。

楊立光（1917～2000），湖北武漢人。1940年武昌藝術專科學校畢業。曾任重慶勵志社美術組油畫創作員，國立社會教育學院講師，武昌藝術專科學校講師、副教授、繪畫科主任，湖北教育學院藝術科主任，華中師範學院圖畫系主任、教授，湖北藝術學院教授兼副院長，湖北美術學院副院長等。

艾中信（1915～2003），字宗洵，江蘇川沙（今屬上海）人。1940年中央大學藝術系畢業。曾任中央大學助教，中國美術學院副研究員，北平藝術專科學校副教授，中央美術學院教授、油畫系主任、副院長等。

黃顯之（1907～1991），湖南湘潭人。1929年就讀杭州國立藝術專科學校，1931年留法入巴黎高等美術學校，1935年回國。曾任重慶師範學校美術科主任，中央大學藝術系副教授、教授，南京大學藝術系主任，南京師範學院美術系主任等。

張建關（1913～2012），江蘇丹陽人。1931年上海新華藝術專科學校畢業。曾任職重慶師範學校美術科、勵志社、江寧師範學校美術科等。1949年後曾任教唐山工學院、北京鐵道學院、天津大學建築系。

許士騏（1900～1993），安徽歙縣人。1922年畢業於上海美術專科學校，曾任教曉莊師範學校。1930年留法，入巴黎高等美術學校，再轉德國德累斯頓衛生博物館研究。曾任中央大學藝術系、建築系教授，南京師範學院美術系、教育系教授。

9人除出生較早的陳樹人、黃顯之、許士騏曾留學日本與法國外，其他人都出生於1913～1917年間，完全在國內接受教育。

第五屆僅獎助2人，除陰法魯外，還有劉北茂。劉北茂（1903～1981），江蘇江陰人，劉半農、劉天華兄弟。1927年燕京大學英語系畢業，曾在暨南大學、北京大學、西北聯大等校教授英語，曾任講師、副教授，後轉任重慶國立音樂院教授，中央音樂學院民族管絃樂系教授，安徽藝術學院、合肥師範學院、安徽師範大學教授。獲獎作品為二胡曲，分別創作於1942年和1943年。

第六屆共有3件作品獲獎，除二等獎鄧白、獎助都冰如外，還有三等獎獲得者俞雲階。俞雲階（1917～1992），江蘇常州人。1941年中央大學藝術系畢業。先後任教國立藝術專科學校、蘇州美術專科學校、行知藝術學校和上海美術專科學校等，上海油畫雕塑院一級美術師。

藝術類共有劉開渠、沈福文、常書鴻、雷圭元、龐薰琹、楊守玉、呂鳳子、黃君璧、秦宣夫、吳作人、楊蔭瀏、王臨乙、劉鐵華、章繼南、張清常、

鄧白、都冰如、陰法魯、陳樹人、宗其香、岑學恭、楊立光、艾中信、黃顯之、張建關、許士騏、劉北茂、俞雲階等 28 人獲獎，陳樹人 1948 年去世，僅有黃君璧一人赴臺，其他人都留居大陸。這是此獲獎群體與其他類別獲獎者在政權轉變之際選擇的最大不同，不知是否與藝術這個類別的本質性特徵相關。更值得注意的是，與其他類別獲獎人有不少生平不詳不同，藝術類獲獎者都有名於世，可見社會對不同類別人群的關注度有極大的差別。這些獲獎者年輕一輩國內多就學於中央大學藝術系，無論是年輕一輩還是前輩，留學多就學於法國巴黎，這是與其他門類留學多美國絕然不同的地方，法國藝術教育對中國影響之大可以想見。不同學科的國內、國外教育差別與影響值得進一步探索。

　　教育部學術獎勵作品與獲獎人簡介表明，抗戰期間（即使戰後評選的第六屆作品絕大多數也完成於抗戰期間）無論是人文社會科學還是在科學技術方面，中國學術界都取得了令人矚目的成就，這些獲獎成果中不少已經成為中國近代學術史上的經典，不僅開啟了該學科的研究新領域與新方法，而且是該領域的標誌性成果，是後輩學人努力的榜樣與標杆。特別是像馮友蘭的哲學體系，陳寅恪的唐史研究仍是迄今為止中國學人難以企及的高度；而華羅庚、許寶騄的數學成就，周培源、吳大猷、張宗燧在理論物理學方面的成果，已經與當時世界學術主流合流，其與世界科學發展差距之小，也是今天中國科學不少門類難以企及的。當然，這些獲獎成果並不是抗戰期間整個中國學術發展的全部，陳省身的數學、王淦昌的物理學研究成果等，在當時也都有世界性影響。

　　對於這些科研成果，時人也曾有充分的認知，他們總結抗戰期間學術成就時，往往以獲獎成果作為標誌。郝景盛在《抗戰七年來之科學》中說：

> 在這七年中，我們的科學家們，為了國家之富強，民族之生存，社會之建設，真是個個都能守著崗位，埋頭苦幹，無論生活環境困苦到何等地步，仍按部就班，在那裡努力工作。以這七年來的科學進步與貢獻，比起過去三十年來，在質在量皆有增無減。

數學有「蘇步青之曲線射影，鍾開萊對於概率論與數論之貢獻，周鴻經之數學論文」等；物理學「發明頗多」，「如吳大猷多元分子振動光譜與結構，馬仕俊之原子核及宇宙射線之間子理論，周同慶磁伸縮式自動化紀錄回聲測深儀創制，王恒守浮遊選礦劑兩種，……張宗燧之於理論物理，趙廣增之於物質光譜

均有研究」；古生物學「馬廷英有以珊瑚層生長斷定古代氣候，孫雲鑄有古代地層之劃分」；植物學方文培、郭質良、高尚蔭等人的獲獎作品；動物學盧於道、劉建康、薛芬、朱壬葆等人獲獎作品；化學、地質、農學等也列舉了獲獎成果作為成就標誌。〔註132〕在一定意義上，也從一個側面證明了教育部學術審議會的獎勵及其獲獎成果得到了當時學術界的廣泛認同。

當時學人們之所以能在艱苦的抗戰條件下取得如是重大的學術成就，與他們所接受的中西方教育有關。他們大都從小就接受了較為紮實的傳統文化的教育，後來又留學西方，接受較為系統的西方學術訓練，在學術發展的道路上具有生物學意義上的所謂遠緣雜交優勢。〔註133〕時人對此也有分析，以為日本帝國主義的侵略是中華民族走向復興的一個契機：

> 空前的戰爭，造成中國空前的劫難，也造成中華民族復興的契機。由這次變亂，使一切都得到新生的機會。雖然整個民族陷於大患難中，但並不能阻止各方面的進步。學術是民族靈魂的表現，同時也是領導民族的明燈，最能表徵民族前途的興衰。〔註134〕

正如前面郝景盛所說，學人們抓住了這個契機，孜孜矻矻，終有所表現。

教育部學術審議會侵奪了中研院評議會的學術評議功能，為有名有姓的316位學人的334件〔註135〕作品頒布了獎項，在民國學術評議體制的創建歷程中留下了濃墨重彩的一頁。中研院評議會自然不願意「大權」就這樣旁落，戰後選取院士遴選為「題目」，向教育部收回權力。教育部學術審議會的獎勵僅僅是對學人一生中一件重要作品的獎勵，相對於名譽性的終身成就獎勵性質的院士而言，完全不能相提並論。正如前面所言，這些獲獎者中有不少人或當選首屆院士或正式候選首屆院士，當然也有更多的人曾在選舉過程中被提名。

〔註132〕郝景盛：《抗戰七年來之科學》，孫本文等《中國戰時學術》，正中書局，1945年，第181、190～193頁。

〔註133〕「當代中國自然科學家科學發現的規律研究」課題組：《科學隊伍中遠緣雜交優勢的出現》，《科學對社會的影響》1994年第2期。

〔註134〕徐文珊：《抗戰以來中國史學之趨向》，孫本文等著《中國戰時學術》，第123頁。

〔註135〕按照學術審議會的類別，獲獎人文學40人、哲學12人、古代經籍研究19人、社會科學65人、自然科學69人、應用科學78人、藝術28人、工藝製造10人總共321人，楊樹達、陳延傑、徐復在文學與古代經籍研究兩個學科獲獎，蔡金濤、鍾盛標在自然科學和應用科學兩類獲獎。社會科學第五屆獎助3件作品名稱有待進一步查證。